Janusz L. Wiśniewski

LOS POWTÓRZONY

LOS POWTÓRZONY

D1457840

Prószyński i S-ka

Projekt okładki
Maciej Sadowski

Redaktor prowadzący serię
Jan Koźbiel

Redakcja
Łucja Grudzińska

Redakcja techniczna
Elżbieta Urbańska

Korekta
Grażyna Nawrocka

Łamanie
Ewa Wójcik

ISBN 83-7469-213-8

Wydawca
Prószyński i S-ka SA
02-651 Warszawa, ul. Garażowa 7

Druk i oprawa
ABEDIK S.A.
61-311 Poznań, ul. Ługańska 1

*Los musi odnieść nad nami zwycięstwo, jeśli my sami
nie wywalczymy całkowitego zwycięstwa nad losem.*

Lucius Annaeus Seneka Młodszy, „Dialogi"

– Bo Marcinowa zawsze robiła coś w poprzek. Nawet po śmierci.
– Staruszka w haftowanej chuście na głowie zaśmiała się głośno,
sięgając po kieliszek.

Wypiła do dna i postawiła kieliszek przed swoje talerze, obok
szklanki w metalowym koszyczku, by wszyscy zauważyli, że jest pusty. Po chwili zwróciła się do Marcina siedzącego naprzeciwko niej
przy dużym owalnym drewnianym stole:

– Nalejesz mi jeszcze jednego? Bo mi tak smutno jest.

Wstał natychmiast z miejsca i podszedł z butelką wódki w jednej
ręce i własnym kieliszkiem w drugiej.

– Pewnie, pani Siekierkowa, pewnie, że naleję.

Nalał staruszce i sobie, podał jej kieliszek do ręki.

Spojrzała na niego zamyślona i powiedziała:

– Samżeś teraz został, Marcinku, sam jak ten palec.

Stara Siekierkowa...

Nikt nie nazywał jej inaczej. Sama też tak się czasami przedsta-
wiała. Niektórzy we wsi twierdzili nawet, że „Siekierkowa była stara
tuż po urodzeniu i zaraz po urodzeniu paliła papierosy". To była
oczywiście nieprawda rozpowiadana przez pijanych górali z gospody. Nikt nie wiedział, kiedy i gdzie Siekierkowa się urodziła. Jedni
twierdzili, że w Krakowie, inni, że w Wilnie, a jeszcze inni, że na Sy-
berii. Ale pewności nie miał nikt. Tak samo jak z tymi papierosami.
Siekierkowa po prostu była w Biczycach zawsze i paliła też zawsze.
Mieszkała w starej chałupie na wzgórzu pod lasem, gdzie rok temu
postawili maszt z parabolicznymi antenami, dzięki którym w Biczycach działały telefony komórkowe. W gospodzie mężczyźni opowia-

dali, że Siekierkowa wcale nie protestowała przeciwko temu „słupowi z telefonami" na jej podwórku. Któregoś dnia latem podjechał pod jej chałupę elegancki samochód z Krakowa i miesiąc później postawili ten maszt. Siekierkowa ponoć tylko zapytała, czy w studni „woda nie skwaśnieje od tych telefonów". Gdy młody mężczyzna w garniturze i krawacie, który wysiadł z tego samochodu, powiedział, że „wodzie w pani studni oczywiście w żadnym wypadku nic się nie stanie", a na dodatek postawią jej nowy płot i wyasfaltują drogę do jej zagrody, bez wahania się zgodziła. Chociaż w gospodzie i pod kościołem opowiadają, że „stara Siekierkowa sprzedała telefonom pół swojego podwórka za dwa kartony popularnych", to tak naprawdę głównie chodziło jej o ten asfalt, bo po wiosennych roztopach nawet do ubikacji w podwórzu musiała chodzić w gumiakach. Od tego czasu Siekierkowa ma, jedyna we wsi, studnię, pomalowany na błękitno nowy płot wokół zagrody i asfaltową ścieżkę prowadzącą przez podwórze do masztu. I dzięki Siekierkowej wieś ma GSM. Gdy patrzy się w kierunku chałupy Siekierkowej z brzegu Dunajca, ma się wrażenie, że ten maszt stoi pomiędzy dwoma starymi rozłożystymi dębami, których korony sięgają linii Tatr. Niektórzy twierdzą, że w Biczycach najpierw były te dęby, a zaraz potem pojawiła się tam Siekierkowa. I że tak będzie zawsze. Gdyby nagle z jakiegoś powodu Siekierkowa znikła z Biczyc, to byłoby tak samo, jak gdyby ktoś przeniósł Tatry w inne miejsce.

Stara Siekierkowa znała Marcinową „od początku". To znaczy od momentu, gdy ją, noworodka, czwartą córkę Janasowej, obmyła w wielkiej miednicy z przegotowaną wodą. Bo Siekierkowa przyjmowała prawie wszystkie porody w Biczycach. Kiedyś człowiek rodził się w Biczycach i umierał w Biczycach, a do szpitala do Sącza jeździło się ze ślepą kiszką lub wtedy, gdy na suchoty nie pomagały bańki i smarowanie piersi smalcem z jagnięcia, a pluło się krwią dłużej niż tydzień. Od tamtych czasów, mimo że dużo się zmieniło, to jedno pozostało jak kiedyś. Górale do dzisiaj nie lubią chodzić do lekarza. Myślą, że jak pójdą do lekarza, to dowiedzą się na przykład, że mają raka, a gdy nie pójdą, jakoś to będzie.

Potem, jeszcze przed wojną, Siekierkowa śpiewała „Ave Maria" w kościelnym chórze na ślubie Marcinowej. W tym samym kościele była przy chrztach jej sześciu synów. Jeden z nich umarł kilka tygodni później. Maciej. Ostatni przed Marcinem. Marcin był najmłodszy. Gdy się urodził, Marcinowa płakała. I wcale nie dlatego, że wydała na świat obciągnięty żółtawą skórą mały brzydki szkielecik wiszący pod ogromną, łysą, pofałdowaną głową. Płakała głównie dlatego, że znowu urodziła syna. Chociaż dawała przez całą ciążę na tacę, zmawiała różaniec i w tajemnicy przed mężem trzymała obrazek Matki Boskiej pod poduszką. Żeby tylko była córka.

Nikt nie wie od kiedy, ale we wsi nazywali zmarłą „Marcinowa". Nie tak jak inne starsze kobiety po ich mężach, ale po synu. I to najmłodszym z całej piątki. Nawet ksiądz, zamykając trumnę stojącą na kamieniach w sypialni chałupy, w której mieszkała już przed wojną, powiedział: „Żegnaj, Marcinowa". Mało kto pamiętał, że naprawdę na imię miała Cecylia.

Synowie wynieśli trumnę do samochodu stojącego przed bramą, stanęli na czele konduktu i ruszyli pod górę do małego kościoła z cmentarzem. Przy ładnej pogodzie z cmentarza widać było góry. Matka, gdy jeszcze mogła chodzić, po niedzielnej mszy brała ich na cmentarz i pokazywała góry. Z tego miejsca przy krzyżu, tuż za dziecięcymi grobami, góry wyglądały najpiękniej.

W nocy przed pogrzebem spadł świeży śnieg. Było bardzo ślisko. Drogi do kościoła nie odśnieżali nigdy, bo Biczyce leżą za daleko od Nowego Sącza, „żeby się opłacało wysyłać piaskarkę", jak to powiedzieli kiedyś w ratuszu w Nowym Sączu. Za zakrętem, przy sadzie Walczaków, gdzie stromizna była największa, samochód z trumną zaczął nagle osuwać się w dół. Kierowca dodał gazu i samochód stanął w poprzek drogi. Mężczyźni z konduktu położyli wieńce i kwiaty z szarfami na ośnieżonej drodze i rzucili się do samochodu. Najpierw ustawili go prosto na osi jezdni, a potem przez kilkanaście metrów pchali pod górę. Po chwili stromizna zmniejszyła się i samochód z trumną powoli ruszył w górę. To ten incydent miała na myśli stara Siekierkowa, mówiąc, że nawet po śmierci „Marcinowa robiła w poprzek".

Marcin po raz pierwszy tak naprawdę zrozumiał, że został sam, po tym jak grabarze usypali już mogiłę z żółtego brudnego piachu i wbili emaliowaną tablicę z krzyżem, imieniem, którego nikt od lat nie używał, i datą jej śmierci. Szesnasty grudnia.

Szesnasty, środa, trzy dni temu. Jak zwykle wstał wcześnie, wyjął masło z lodówki, aby trochę zmiękło, i poszedł do piwnicy po węgiel i drewno na rozpałkę. Gdy wszystko do śniadania było przygotowane, z drewnianą tacą poszedł do sypialni, do matki. Jak każdego ranka. Od ośmiu lat. Od ośmiu lat jedli razem śniadanie, a potem czesał jej włosy.

Tego dnia zastał ją martwą.

*

Przed ośmiu laty miała wylew. Poszła siać na pole przed ich chałupą. Pole jest na Banachu. Tak nazywali miejscowi wzgórze pod lasem. Z tego miejsca jest przepiękny widok na góry. Siekierkowa twierdzi do dzisiaj, że kiedy Bóg tworzył Tatry, siedział właśnie na Banachu i dlatego „mu tak ładnie wyszły". Nigdy nie zapomni, ma ten obraz wyryty w mózgu jeszcze z dzieciństwa – matka idzie powoli między skibami ich małego pola i sieje. Z chustką na czole przewiązaną z tyłu głowy, z wiadrem ziarna wiszącym u łokcia i we włożonym na wzorzystą kretonową sukienkę bez rękawów fartuchu, który prała co wieczór. „Bo na pole wychadza się zasiać nowe życie, synku – mawiała – a nowe życie trzeba zaczynać w czystości".

Wchodziła na pole i zanim sięgnęła po pierwszą garść ziarna, żegnała się jak przed modlitwą. Dopiero potem zaczynała siać. Rozsypywała to ziarno z jakąś taką dumą, uroczyście, dostojnie. Czasami zatrzymywała się, stawiała wiadro między skibami i patrzyła na góry. Już jako mały chłopiec, stojąc przed domem, zachwycał się tym widokiem.

Tamtego dnia, osiem lat temu, nie dane mu było na góry patrzeć, los chciał inaczej. Wezwali go do Piwnicznej. Wyszedł bez pożegnania, wsiadł na motocykl i pojechał. Wrócił około czwartej po południu. Matka leżała na polu twarzą w rozsypanym ziarnie. Lekarze powiedzieli, że przy wylewie trzeba „natychmiast przywozić, nawet traktorem albo koniem". Ale jego przecież nie było tego dnia, bo zdarzyła się ta idiotyczna awaria transformatora w Piwnicznej.

– A innych dzieci matka nie ma? – spytała zaczepnie gruba pielęgniarka.

– Ma – odpowiedział cicho. – Ale wszyscy rozjechali się po Polsce.

*

Tylko najstarszy syn Marcinowej, Piotr, mieszkał blisko Biczyc, w Nowym Sączu. Pracował jako listonosz. Od kiedy owdowiał, rzadko przyjeżdżał do matki. Już częściej był tam jego syn Szymon. I to nie po to, aby odwiedzić babcię, ale żeby pożyczać od wujka Marcina motocykl i wozić dziewczyny drogą od gospody do masztu na podwórku Siekierkowej. Reszta braci rozproszyła się po Polsce. Czasami przychodziły od nich listy, kartki z pozdrowieniami z urlopów lub świąteczne życzenia. Do Biczyc przyjeżdżali tylko w drodze do Zakopanego na narty lub – jeśli znaleźli czas – by uczestniczyć w pierwszych komuniach albo ślubach dzieci przyjaciół z dzieciństwa. Ostatnio także na pogrzeby tych przyjaciół. Adam, który zaczął, ale nigdy nie ukończył studiów rolniczych w Olsztynie i miał przejąć gospodarstwo rodziców, bywał w Biczycach najrzadziej ze wszystkich. Mieszkał najpierw we Wrocławiu, a od kilku lat w Łodzi. W czasie studiów ożenił się z dziewczyną z Wrocławia, zaraz potem wyjechał przez Austrię do Kanady i słuch po nim zaginął. Marcinowa jeździła do synowej do Wrocławia i uspokajała ją – „Adaś to przecież dobry chłopak, na pewno wróci". Wrócił. Po czterech latach. Z nową kobietą i jej dzieckiem. Po rozwodzie przenieśli się do Łodzi, gdzie najpierw otworzył sklep z ekskluzywną biżuterią na Piotrkowskiej, a później dwie firmy ochroniarskie. Zatrudnia głównie byłych milicjantów i esbeków, którzy nie mogli odnaleźć się w nowej policyjnej rzeczywistości, albo takich, których negatywnie zweryfikowano.

Błażej, starszy od Adama o pięć lat, nie znosił go i nawet w czasie rzadkich wizyt u matki w Biczycach – choć wiedział, jaką wyrządza jej tym przykrość – nie potrafił tego ukryć. Pracowity, ambitny i czasami aż do dziwactwa uczciwy, gardził wszelkim cwaniactwem i kombinatorstwem. Adama traktował jak kogoś, kto dla pieniędzy gotowy byłby zdradzić swoje ideały – gdyby w ogóle jakiekolwiek posiadał – a z pewnością nie zawahałby się sprzedać lub zastawić własną rodzinę. Czasami, najczęściej sprowokowany przez Adama, wybuchał i wyrzucał z siebie całą pogardę, jaką czuł do niego. Nie powstrzymywały go przed tym ani prośby, ani płacz matki. Adam, broniąc się, twierdził, że Błażej chorobliwie zazdrości mu bogactwa.

Jego nowych samochodów, domów budowanych na Helu i na Mazurach, a nawet jego opalenizny z wakacji. A że sam „ten utytułowany, strasznie ważny profesorek uniwersytetu" mieszka z rodziną w blokowisku ze śmierdzącą klatką schodową na peryferiach Gdańska, z tej zawiści i poczucia życiowej porażki dobudowuje sobie filozofię, która jego, „poważnego, uczciwego i cenionego nie tylko w Łodzi, ale i w Warszawie biznesmena", umieszcza pośród mafii i ciemnych interesów.

To była oczywiście nieprawda, Błażej bowiem zazdrościł ludziom tak naprawdę tylko tego, że mają od niego więcej książek i więcej czasu na ich czytanie.

– Więc tobie z pewnością niczego nie zazdroszczę, bo ty miałeś w życiu więcej samochodów, niż przeczytałeś książek. A teraz jeśli już w ogóle coś czytasz, to wyłącznie SMS-y lub tatuaże na tyłkach panienek, które na weekendy wyrywasz, jak to ujmują moi studenci, do swoich dacz na Helu lub Mazurach. Ja ci nie odmawiam prawa do głoszenia własnych poglądów na mój temat, ale mojej zgody nie powinieneś mylić z przyzwoleniem na puszczanie śmierdzących bąków w towarzystwie. A jeśli już jesteśmy przy odbycie, to... to dla pieniędzy potrafiłbyś zjeść nawet własną kupę – kończył dyskusję z bratem.

Zaraz potem bez pożegnania wychodził, trzaskał drzwiami, aż cała chałupa drżała, wsiadał do swojej starej zdezelowanej skody i przez całą Polskę wracał z żoną i córką do Gdańska. Na drugi dzień dzwonił, przepraszał matkę, że się niepotrzebnie uniósł, i przysięgał, że to się już nigdy nie powtórzy.

Ale to „nigdy" trwało tylko do następnego spotkania. Nie pomagało nawet, że Stanisław – najspokojniejszy z synów Marcinowej – za każdym razem prosił i zobowiązywał oddzielnie i Adama, i Błażeja, aby darowali sobie kłótnie w domu matki i chociaż przez te kilkanaście godzin nie „powtarzali tego, co i tak wszyscy już znają na pamięć". Stanisław przyjeżdżał do Biczyc z trzema córkami i żoną, która przywoziła ze sobą dla „babci Marcinowej i Marcinka" cały bagażnik wypieków i kilogramy wędzonego węgorza od rybaków z Giżycka. Stasieniek, jak nazywała go matka, był przy tym tak dumny, jak gdyby to on sam własnoręcznie złowił te węgorze lub sam piekł te makowce, serniki i drożdżówki.

Stasiu, najbardziej postawny z pięciu synów Marcinowej, absolwent szkoły oficerskiej w Toruniu, na co dzień podpułkownik i dowódca w jednostce wojskowej w Giżycku, przyjeżdżał do matki i do brata, do Biczyc, zawsze na kilka dni. Stasiu miał taką biografię, jaką on zawsze chciał mieć. Dałoby się ją spisać na kartce z małego zeszytu. Biografie, o których nie da się napisać żadnej interesującej noweli, nie mówiąc o powieści, to przeważnie biografie ludzi najszczęśliwszych. Kto zresztą kupiłby książkę z jednym nużącym wątkiem, opowiadającą w kółko to samo: spokojna satysfakcjonująca praca, szczęśliwa rodzina, ta sama żona, w której główny bohater jest zakochany od dwudziestu pięciu lat, normalne dzieci. Żadnych afer, żadnych zdrad, żadnych kochanek i kochanków, żadnego pozamałżeńskiego seksu, żadnych przekrętów i zakrętów...

Uśmiechnięty, radosny i zadowolony, traktował te wizyty jak powrót do świata najpiękniejszych wspomnień. Wieczorami, gdy napalili pod kuchnią i pachniało barszczem i kapustą do pierogów, Stasiek zapalał papierosa, sadzał córki i żonę na drewnianych zydlach wokół babci Marcinowej i prosił ją, aby opowiadała, jak to kiedyś, gdy on był jeszcze małym chłopcem, żyło się w Biczycach, a marzyło o tym, by pojechać gdzieś bardzo, bardzo daleko. Na przykład do Nowego Sącza na odpust. Babcia Marcinowa opowiadała te historie już wiele razy, wnuczki i synowa znały je prawie na pamięć, ale to zupełnie nie przeszkadzało im w słuchaniu z zaciekawieniem po raz kolejny. Jak to „Stasiu musiał dostawać zawsze nowe buty, bo miał tak duże stopy, że buty po Adasiu były dla niego za małe". I jak bardzo szanował i dbał o te buty. Jak to szedł na bosaka pod górę, buty związywał sznurówkami i niósł przewieszone na kiju przez ramię, aby je włożyć tuż przed wejściem do kościoła. Po mszy natychmiast je znowu zdejmował, wracał boso do chałupy, smarował tłustą pomadą, chował w kartonie i zanosił na strych.

*

– Czy ma pan w tych Biczycach jakiś telefon, gdyby coś się stało? – z zamyślenia wyrwał go głos grubej pielęgniarki. – To znaczy gdyby ona... No wie pan, nigdy nic nie wiadomo... w tym wieku...

Matka nie umarła. Po miesiącu pod ich dom późnym wieczorem podjechała karetka i on razem z sanitariuszem przenieśli matkę na rękach do sypialni. Już stamtąd nigdy nie wyszła o własnych siłach. Afazja i kłopoty z mówieniem minęły po pół roku, ale paraliż nie minął nigdy. Przez długi czas mogła ruszać tylko głową i lewą ręką. Po prawie dwóch latach rehabilitacji i ćwiczeń, najpierw z pielęgniarką, która przyjeżdżała do Biczyc, a potem z nim, pokonała niedowład prawej ręki. Po następnym roku wyszydełkowała swoją pierwszą serwetkę...

Zmienił pracę. Z szefa działu zabezpieczeń zakładów energetycznych – on, inżynier po gliwickiej politechnice – dzięki znajomościom załatwił sobie etat dyrektora administracyjnego w muzeum w Nowym Sączu. Tylko przy takiej pracy mógł mieszkać w Biczycach, opiekować się matką i być rolnikiem jednocześnie.

Wspominał to wszystko, stojąc przy jej grobie. Gdy ksiądz z ministrantami odeszli od mogiły i złożono już kondolencje, wszyscy rozproszyli się cicho i schodzili powoli po zasypanej świeżym śniegiem drodze, prowadzeni przez jego braci na dół do ich domu, gdzie miała odbyć się stypa. Najpierw przez krótką chwilę szedł za innymi, ale tuż za bramą prowadzącą do kościoła coś pchało go, aby wrócić do jej grobu i chwilę tam jeszcze być z nią. We dwoje. Tak jak zawsze przez ostatnie osiem lat.

Przestraszyła go. Nie słyszał, jak podchodziła. Karolina, najstarsza córka Stasia. Pierwsza wnuczka babci Marcinowej. Ta z tymi „ogromnymi oczami jak jeziora" – tak mówiła babcia. Wzięła go pod rękę, oparła mu głowę na ramieniu i powiedziała:

– Wujku, przyjedź kiedyś do mnie. Mam mieszkanie w Warszawie. Pójdziemy na wyścigi. Przecież mi mówiłeś, że zawsze chciałeś postawić na jakiegoś konia i patrzeć, który dobiegnie. Tutaj jest moja wizytówka – wepchnęła mu kartonik w rękę. – Wujku, zadzwoń albo napisz do mnie e-mail. A teraz już chodź do domu. Oni tam na dole nie zaczną nic bez ciebie. Nawet herbaty nie potrafią w twojej kuchni ugotować. Chodź. Dosyć już byłeś tylko dla babci...

Znalazł jej dłoń i uścisnął mocno. Odwrócił głowę tak, aby nie mogła dostrzec jego łez, i odczekał chwilę, by uspokoić łkanie. Rzekł cicho:

– Przyjadę, Karolinko. Na wiosnę. Postawię pomnik babci, posadzę kwiaty... i potem przyjadę. Będę miał teraz dużo czasu. Przyjadę na pewno.

Zerknął na wizytówkę, wyjął portfel i schował ją pomiędzy kartki pogniecionego dowodu osobistego.

– Zaraz pójdziemy.

Puścił jej dłoń, przyklęknął, rozsunął wieńce i dotknął ręką plamy żółtego piasku w usypanej mogile. Chwilę potem wolno schodzili przykrytą świeżym śniegiem drogą. Zapadał zmrok. Góry majaczyły w oddali, odcinając się czernią od szarzejącego nieba. W dole, we wsi, zapalały się w domach pierwsze światła. Zaczynał się kolejny wieczór. Jak każdego dnia.

Stara Siekierkowa została najdłużej. Piła wódkę, paliła papierosy, poprawiała haftowaną chustę na głowie i opowiadała o Marcinowej. O tym, jak urodziła swojego najstarszego, Piotra, wieczorem, a rano była już ze wszystkimi przy żniwach. O tym, jak Błażej dostał zapalenia opon mózgowych po szczepieniu przeciw gruźlicy i Marcinowa niosła go zawiniętego w kołdrę, w nocy, pieszo, przez pola do szpitala w Sączu.

– Lekarze nagadali Marcinowej, że Błażejek najpewniej durny będzie przez te opony – powiedziała, zaciągając się głęboko papierosem ⌕ i że ma go na tę durność oglądać i dobrze na niego uważać. Co miesiąc na msze za jego zdrowie dawała i przez trzy lata przychodziła do mnie w piątki zmawiać różaniec. I wymodliła, bo nasz Błażejek jest mądrzejszy od tych wszystkich lekarzy i nawet w gazetach o nim piszą – zaśmiała się chrapliwym głosem, wypuszczając kłąb papierosowego dymu.

O tym, jak to Adam uciekł z domu, gdy ojciec przyłapał go na paleniu papierosów w stodole, a Marcinowa pojechała szukać go do Krakowa i uderzyła torbą milicjanta, który nie chciał wypuścić „jej małego Adasia" z Izby Zatrzymań.

Czasami przerywała te opowieści i powtarzała, patrząc w okno:

– A Marcinka to ona sobie urodziła dla siebie. Na stare lata...

Kolejni goście podchodzili najpierw do Siekierkowej, potem do Marcina i żegnali się, składając kondolencje. Jak gdyby tak naprawdę tylko Siekierkowa i Marcin pochowali dzisiaj kogoś bliskiego.

Dom powoli pustoszał. Z podwórka odjeżdżały kolejne samochody. Spośród braci został tylko Stanisław. Gdy już wszyscy wyszli, wstał, dał znak córkom i żonie. Podeszli razem do siedzącego przy Siekierkowej Marcina. Stanęli przed nim. Stanisław poprawił mundur i powiedział:

– Marcin, słuchaj... tak myślę... to znaczy tak myślimy... Sprzedaj chałupę i przyjedź do nas. Teraz, gdy mama nie żyje... Tyle dla niej zrobiłeś. Dla nas także. Osiem lat byłeś przy niej. My tylko przyjeżdżaliśmy jak na wczasy. A ty... ty ją pielęgnowałeś. Dla nas wszystkich...

Przerwał na chwilę. Otarł łzy i mówił dalej:

– Na początku zamieszkasz u nas. Karolina jest w Warszawie, więc mamy pokój dla ciebie. Załatwię ci pracę u nas w jednostce. Kupisz sobie mieszkanie. Mógłbyś zacząć wszystko od nowa...

Marcin, zaskoczony, próbował nerwowo wstać z krzesła. Wydawało mu się, że ignoruje ich, siedząc. Krzesło zakleszczyło się pomiędzy nogą stołu i krzesłem starej Siekierkowej. Ani drgnęło. To, co się tutaj i teraz działo, było takie... takie wzruszające. I ważne. A ważnych rzeczy nie wolno przyjmować na siedząco. Wtedy także się podniósł...

*

To było jeszcze na długo przed chorobą matki. Pojechali trzema samochodami na zawody hipiczne. Ruszyli późnym wieczorem z Nowego Sącza i przez całą Polskę ciągnęli przyczepy z końmi, aby na rano zdążyć do Białogóry. Zawody zaczynały się o dziesiątej rano. Dopiero około ósmej mijali Gdańsk. Wprawdzie na każdy samochód przypadało po dwóch kierowców, ale Marcin i tak nie mógł spać podczas jazdy. Wydawało mu się, że jedynie on pozna po odgłosach dochodzących z przyczepy, czy z Gracją wszystko jest w porządku. Gdyby było wolno, najchętniej siedziałby w tej przyczepie, rozmawiałby z koniem, poprawiał pled na jego grzbiecie i przepraszał za to, że musi w ciemności stać długimi godzinami w tej klatce na kołach. Tak więc nie spał całą noc, a o jedenastej rano skakał na Gracji przez przeszkody. Organizatorzy niewłaściwie ustawili jedną z przeszkód. Gracja po skoku potknęła się i wpadła na belki odgradzające tor od widzów. Kość piszczelowa jego lewej nogi pękła jak zapałka. Jechał dalej. Dopiero w stajni, gdy koledzy musieli go zdjąć z siodła, poczuł ból. Zajął drugie miejsce. Do ceremonii wręczenia nagród podepchnięto go na wózku inwalidzkim, który udało się organizatorom wypożyczyć na kilka godzin z pobliskiej przychodni zdrowia. I wtedy, gdy podeszli do niego z tym dyplomem i medalem, nie mógł przecież siedzieć. Wysunął się z tego wózka, podniósł się do góry na rękach i stanął na zdrowej nodze. Zaciskając zęby z bólu, oparł złamaną nogę delikatnie o ziemię, by utrzymać równowagę. Stał podczas przyjmowania medalu. Usiadł, dopiero gdy członkowie jury przeszli do następnej dekoracji. Zaraz potem koledzy odwieźli go do szpitala.

*

Karolina wybawiła go z opresji. Położyła mu dłonie na ramionach i przyciskając go do krzesła, powiedziała:

– Wujku, nie musisz zaczynać wszystkiego od nowa już teraz, zaraz. Tata tylko chce ci powiedzieć w naszym imieniu, że wprawdzie w Giżycku nie ma gór i Dunajca, ale są przepiękne jeziora. I kilka stadnin w pobliżu, więc mógłbyś poznać nowe konie... Przyjedź do nas.

Nachyliła się i pocałowała go w czoło. Marcin rozglądał się wkoło niespokojny. Gdy tylko Karolina zdjęła dłonie z jego ramion, znowu spróbował wstać. Z rumieńcem wstydu na twarzy wyglądał jak dorastający chłopiec przyłapany na podglądaniu przez dziurkę od klucza starszej siostry w kąpieli.

Po chwili dwie pozostałe córki Stanisława zbliżyły się i też go pocałowały. Marcin zrezygnowany i pogodzony w końcu z tym, że nie uda mu się wydostać z pułapki, opuścił głowę i powtarzał tylko:

– Dziękuję wam, dziękuję...

W tym momencie stara Siekierkowa, nie wyjmując papierosa z ust, zaczęła śmiać się ochryple. Wypuszczając kłęby dymu, postawiła przed nim kieliszek z wódką.

– Marcinku, no, nie wstydź się, przepij do panien.

Wtedy Stanisław stanął za bratem i mocno pociągnął jego krzesło. Marcin wstał natychmiast. Objęli się. Po chwili podszedł do żony Stanisława i pocałował ją w rękę. Potem wyszedł razem z nimi. Stał na progu i długo wpatrywał się w znikające światła ich samochodu, zanim wrócił do izby.

Stara Siekierkowa siedziała przy stole i odmawiała na głos różaniec. Usiadł na drugim krańcu stołu, patrzył na nią i słuchał. Szybko przesuwała bursztynowe paciorki w palcach i zawodzącym głosem monotonnie wypowiadała modlitwy, kiwając się na krześle. W pewnym momencie przerwała, sięgnęła po kieliszek, wypiła, przeżegnała się. Otworzyła oczy i patrząc z pokorą i religijnym uniesieniem w sufit, wróciła do różańca. Uśmiechnął się. Po raz pierwszy tego dnia.

To był drugi różaniec, który przeżył sam na sam z Siekierkową. Tego pierwszego nigdy nie zapomniał...

*

Był wtedy jeszcze studentem. Któregoś wieczoru, wiosną, matka zadzwoniła do niego do akademika. Nigdy tego nie robiła. Chociażby z tego powodu, że jedyny telefon w Biczycach był wtedy tylko na plebanii kościoła. Ksiądz Jamroży pozwalał z niego dzwonić, tylko gdy ktoś umierał lub się rodził, a w innych sprawach tylko tym, którzy w czasie kolędy podali mu kopertę z największą ofiarą. Poza tym zawsze mogła dzwonić wdowa Walczakowa, której mąż powiesił się w chlewni, gdy okazało się, że mała Anetka, córka Walczaków, jest córką tylko Walczakowej. Oficjalnie wieś sądziła, że Walczak powiesił się, bo miał długi po tym, jak wziął kredyt na kombajn i nie mógł go spłacić. Po samobójstwie Walczaka ksiądz nie tylko przyszedł na cmentarz go pochować, ale także jedną z niedzielnych ofiar przeznaczył na pomoc „pogrążonej w smutku i cierpieniu naszej parafiance". W miesiąc później Walczakowa zaczęła sprzątać plebanię. Dwa lata później, wtedy trzydziestoletnia, wdowa Walczakowa urodziła Tereskę. Obie, Anetka i Tereska, są podobne do siebie jak dwie krople wody. Oprócz tego z telefonu w plebanii mogła bezwarunkowo dzwonić, jak się okazało tamtego wiosennego wieczoru, stara Siekierkowa lub ktoś w jej imieniu. Zanim jego matka, w imieniu Siekierkowej, zadzwoniła do akademika, sama Siekierkowa wyprosiła bez żadnych skrupułów Walczakową i księdza Jamrożego z pokoju, w którym znajdował się telefon na plebanii.

Miał przyjeżdżać natychmiast do Biczyc. Siekierkowa przed kilkoma dniami dostała list z ambasady Wielkiej Brytanii w Polsce, z którego wynikało, że zmarł jej syn, pułkownik Royal Air Force, i jego żona Shilla FitzPatrick-Siekierka, synowa Siekierkowej, zaprasza ją z „tej okazji" do Królestwa Wielkiej Brytanii. Do listu z ambasady dołączony był bilet lotniczy. Siekierkowa powiedziała jego matce, że jeśli już, to ona do „królestwa pojedzie tylko z Marcinkiem".

Wrócił do Biczyc następnego dnia. Sam fakt, że samotna Siekierkowa, do której nigdy nie przychodziły żadne listy, miała syna, tylko raz pojawił się w rozmowie.

– Syna chciał nicpoń, to mu go urodziłam – powiedziała – a jak mu urodziłam, to uciekł ze wsi i do dzisiaj się nie odezwał. Z walącą się chałupą i jedną krową mnie zostawił. Ale dobrze, że uciekł, bo inaczej musiałabym się z nim męczyć do końca życia. Pewnie zapił się gdzie na śmierć, bo pijakiem był. Chwaliłby Boga, gdyby we wsi kościół się spalił, a karczma ostała. Kaziczka mu urodziłam. Prawdziwego górala. Pułkownika... – I kończąc, dodała: – Marcinku, nie pytaj mnie więcej, bom dość łez już wylała przez tego drania.

Siekierkowa wynajęła adwokata w kancelarii w Nowym Sączu.

– Niech pan napisze, że... – powtarzała adwokatowi kilka razy – tylko po angielsku! Że bez Marcinka nie pojadę.

Synowa przysłała drugie zaproszenie. I drugi bilet na samolot. „Dla Marcinka".

Latem z Warszawy polecieli do Londynu. Wchodząc do samolotu, Siekierkowa ucałowała różaniec, który wyciągnęła z kieszeni płaszcza, i zrobiła znak krzyża. Gdy tylko zajęła miejsce, wyciągnęła papierosy i zapaliła. Przybiegła przerażona stewardesa, a Siekierkowa zaczęła ją częstować papierosami. Zaraz po starcie, gdy tylko wolno było wstać z fotela, zaczęła chodzić po samolocie i opowiadać wszystkim pasażerom, że leci na grób syna, angielskiego pułkownika z dywizjonu „trzysta trzy albo jakoś tak". Opowiadała to także tym, którzy zupełnie nie rozumieli polskiego. Patrzyli z uśmiechem na egzotyczną babinkę w góralskiej chuście na głowie biegającą po samolocie, mówiącą coś bez przerwy i podsuwającą im pod nos czarno-białą fotografię młodego mężczyzny w mundurze brytyjskiego oficera. Jedyną rzeczą, która ją niepokoiła w czasie lotu, było pytanie, czy róże, które wiezie na grób syna, dotrą tak świeże, jak je wykopała z ogródka przed chałupą w Biczycach. Wykopała z ziemią, pocięła prześcieradło na wąskie pasy, owinęła nimi sadzonki i zrosiła wodą. Gdy stewardesy zaproponowały jej napoje, Siekierkowa – upewniwszy się, że nie musi za nie płacić – poprosiła o dwie wódki i butelkę wody mineralnej. Najpierw wypiła wódkę, a zaraz potem zaczęła skrapiać wodą mineralną owinięte w prześcieradło róże.

W Londynie czekała na nich Shilla FitzPatrick-Siekierka. Elegancka wysoka, szczupła kobieta w fantazyjnym kapeluszu, ogromnych przeciwsłonecznych okularach i z jedwabną żółto-niebieską apaszką przewiązaną pod kołnierzem żakietu ciemnogranatowego kostiumu. Trzymała w rękach ponad głową kawałek kartonu z napisem „Mrs Siekierka". Zauważył to i podeszli do niej. Shilla zdjęła kapelusz. Położyła go na posadzce lotniska i skłaniając głowę, ucałowała dłoń Siekierkowej.

Z lotniska pojechali samochodem Shilli do jej willi pod Nottingham. Siekierkowa siedziała na przednim siedzeniu. Gdy opuścili Londyn, znużona zasnęła. Na kolanach trzymała róże. Po ponad trzech godzinach dotarli na miejsce. Siekierkowa nie wysiadła z samochodu. Poprosiła Marcina, by przetłumaczył, że chciałaby najpierw pojechać na cmentarz.

Pojechali. W pewnym momencie, gdy samochód znalazł się na wąskiej asfaltowej, zalesionej z obu stron drodze, poprosiła, żeby Shilla zatrzymała. Odwróciła się, podała mu ostrożnie róże i bez słowa wysiadła z samochodu, znikając na chwilę w lesie. Po chwili pojawiła się na wąskiej ścieżce, poprawiając spódnicę.

– A czy ja to tam wiem, gdzie sika się w samolocie. Może ludziom na głowę... – powiedziała, wsiadając ponownie do samochodu.

Shilla zaparkowała przed bramą otoczonego kamiennym płotem parku. Gdy weszli, nie można było dostrzec żadnych grobów. Po krótkiej chwili dotarli do dużego, równo przystrzyżonego trawnika. Wokół stały metalowe ławki. Shilla usiadła na jednej z nich. Siekierkowa, sądząc, że to tylko krótki przystanek, przysiadła do niej i zapaliła papierosa.

Shilla, zwracając się do Marcina i prosząc, aby przetłumaczył, powiedziała cichym głosem:

– To tutaj...

Syn Siekierkowej nie miał grobu. Nie chciał. Poprosił Shillę, żeby po śmierci spopieliła jego ciało i prochy rozsypała na tym właśnie trawniku. To był ich ulubiony park. Tutaj byli na pierwszym spacerze. Tutaj pierwszy raz trzymali się za ręce. W południowej części tego parku znajduje się mała anglikańska kaplica, w której brali ślub. Za każdym razem, gdy przejeżdżali obok niej, zjeżdżał na pobocze, zatrzymywał się, wysiadał, przechodził przed samochód, odwracał się twarzą w jej kierunku i stojąc na baczność, salutował. Gdy ona dzisiaj przejeżdża obok tej kaplicy, także zatrzymuje samochód i także salutuje. Tutaj, do tego parku przyjechali na ostatni spacer przed jego śmiercią – zanim jego mięśnie zanikły i już nie mógł chodzić.

Jest jedynaczką. Przyjechała tutaj jeszcze jako dziecko z Australii. Nie ma tutaj w Anglii nikogo, dla kogo ich groby mogłyby mieć jakiekolwiek znaczenie. Nie mogli mieć dzieci. Jej rodzice już dawno poumierali. Porośnięty i zbezczeszczony przez zaniedbanie grób jest najbardziej osamotnionym miejscem na świecie. O tym wiedzą i ptaki, które zostawiają na nim swoje odchody, i wiedzą także chwasty i trawa, które porastają go ze zdziczałą szybkością. Ludziom wydaje się, że taki grób może mieć tylko przez wszystkich zapomniany lub pogardzany żałosny nieszczęśnik, którego nigdy nikt nie kochał. I że jego całe życie przypominało z pewnością taki zaniedbany grób.

– A ja przecież przeżyłam z pani synem największą miłość tego świata. Jedyną, najszczęśliwszą, najpiękniejszą... – powiedziała, patrząc w oczy Siekierkowej. – Dziękuję pani za niego.

Ocierając ukradkiem łzy, dodała po polsku:

– Dziękuję...

Siekierkowa milczała, kiwając się na ławce. Czasami tylko ściskała mocno swoją laskę lub dotykała dłonią kolana Shilli. W pewnym momencie wstała, zdjęła chustę z głowy i przykryła nią leżące na ławce róże. Odwróciła się i przeszła przez żwirową alejkę oddzielającą ławkę, na której siedzieli, od trawnika. Przed wejściem na trawę zdjęła buty. Wolnym krokiem przeszła do środka trawnika. Zatrzymała się i uklękła na obu kolanach. Złożyła ręce do modlitwy.

Dwa dni później, w sobotę, Shilla zorganizowała powitalne przyjęcie na cześć Siekierkowej. Biała willa na przedmieściach Nottingham, w której mieszkali, znajdowała się na skraju łąki, przez którą przepływał wąski strumień. Pomiędzy strumieniem a posiadłością Shilli przebiegała droga wysypana żwirem i zakończona kolistym placem stanowiącym rodzaj prywatnego parkingu. Jedyne wejście do domu prowadziło przez wyłożone cementowymi płytami podwórze zamknięte po obu stronach płotem z wysokich stalowych, pomalowanych czarną farbą prętów obrośniętych krzakami dzikiej róży. Szeroka brama prowadząca poprzez podwórze do domu i do sąsiadującego garażu była zawsze otwarta. Przed bramą stał zaparkowany niedbale biały ford escort. Ustawiony skosem do drogi, przednimi kołami stał na żwirowej drodze, a tylnymi na trawie tuż obok strumienia. Utrudniał dojazd do garażu i przejazd do placu parkingowego. Gdy późnym wieczorem zaczęli zjeżdżać się goście, Marcin obserwował, z jakim trudem przejeżdżali przez wąski prześwit pomiędzy bramą a fordem. Przy kolejnym samochodzie, który przeciskał się z trudem na parking, podszedł do Shilli i zapytał, czy nie mógłby przeparkować tego samochodu. Shilla, rozmawiająca akurat ze starszym mężczyzną w mundurze pilota, przerwała natychmiast rozmowę i biorąc go za rękę, przeszła z nim z podwórza, na którym odbywało się przyjęcie, do salonu.

– Tego samochodu nikt nigdy nie przeparkuje – powiedziała, gdy zamknęła drzwi – przynajmniej jak długo ja żyję...

Zachorował przed dwoma laty, a umierał przez ostatnich sześć miesięcy. Miał rzadką chorobę polegającą na powolnym zaniku mięśni. Także tych, które biorą udział w oddychaniu. Ukrywał to przed nią i przed światem. Nie wyobrażał sobie życia bez latania. Choroba wyszła na jaw przy rutynowych badaniach, którym poddawani są regularnie wszyscy piloci. Proponowali mu przeniesienie do rezerwy. Nie zgodził się. Zrobili go dowódcą sztabu, ale definitywnie zakazali mu latać. Wiedział, że mają rację. On też jako dowódca zakazałby latać oficerowi, który przyszedłby do niego z taką diagnozą. Pomimo to w duszy nigdy się z tym nie pogodził. Tak naprawdę zaczął umierać już tego dnia, gdy dowiedział się, że już nigdy nie wsiądzie do samolotu. On, który swoje samoloty nazywał imionami kobiet, nie mógł zasnąć, jeśli dłużej niż kilka dni nie słyszał ich hałasu, a wysiadając na lotnisku po zakończonym locie, głaskał i poklepywał stalowe kadłuby, tak jak inni poklepują ukochane konie.

Całe życie latał. Od czasów lotniczej szkoły oficerskiej w Toruniu, gdzie dla jednych bohatersko, dla innych idiotycznie zasłynął tym, że jako pierwszy i jedyny w historii pilot przeleciał dwupłatowcem pod mostem drogowym łączącym oba brzegi Wisły. Zrobił to tylko po to, aby zaimponować dziewczynie, która mu się podobała. Chcieli go za to wyrzucić ze szkoły, ale skończyło się tylko na degradacji. Potem była przegrana walka o Warszawę we wrześniu trzydziestego dziewiątego. Gdy tuż przed kapitulacją Warszawy wysadzali w powietrze swoje samoloty, aby nie dostały się w ręce Niemców, obiecał sobie, że się zemści. Dotrzymał słowa. Dotarł do Anglii, latał w Dywizjonie 306, w tak zwanym dywizjonie Toruńskim, i na kadłubie swojego spitfire'a kazał po polsku, aby Anglicy nie zrozumieli, napisać: „Zajebię was, Fryce, za Warszawę!". Zestrzelił w swoim dywizjonie najwięcej messerschmittów. W brytyjskim mundurze, ale z polskim orłem na czapce. Gdy Churchill mówił swoje słynne słowa: „Nigdy tak wielu nie zawdzięczało aż tyle tak nielicznym", to miał na myśli głównie takich jak on. Po wojnie został w RAF-ie. Sami go o to prosili. Zgodził się pod jednym warunkiem: że nie zwolnią go z polskiej przysięgi, którą składał, wstępując do Dywizjonu 306. Na początku porucznik, a potem pułkownik RAF-u. *Colonel Siekierka, the wilde from Poland*, ten dziki z Polski. Zawsze go tak nazywali...

Do końca jeździł na lotnisko w koszarach w Nottingham. Nie chciał, aby ona, jak jakiegoś kalekę, odwoziła go tam swoim samochodem. Ostatni raz pojechał tam na trzy miesiące przed śmiercią. Gdy wrócił, był tak osłabiony, że nie mógł o własnych siłach wysiąść z samochodu. Zaparkował auto, tak jak w tym stanie potrafił najlepiej. Na tylnym siedzeniu leży jego oficerska czapka z Polski, którą jako pamiątkę zawsze woził w samochodzie. Ryzykował życie, przywożąc ją tutaj, gdy w czasie wojny przez Rumunię, a potem Francję dostał się do Anglii. Z wysuniętej popielniczki wystaje niedopałek jego ostatniego papierosa. Na siedzeniu obok kierowcy leży otwarta gazeta, którą czytał, stojąc w ulicznych korkach tego dnia. Z magnetofonu wystaje kaseta, której słuchał wtedy. Na podłodze po całym aucie porozrzucane są pozostałe kasety. Podpisane jego ręką, wszystkie wyłącznie z nagraniami oper, które były jego jedyną oprócz latania pasją i które uwielbiał. Czasami, gdy go poprosiła albo gdy wypił zbyt dużo wina, śpiewał jej fragmenty arii. We wszystkich językach. Czasami opowiadał jej całe libretta. W jego pokoju jest ponad osiemset płyt. Same opery. Większość z nich przegrał na kasety i woził ze sobą w samochodzie. W schowku na rękawiczki są jego mapy drogowe. Jedna z nich to mapa Polski. Zawsze najbardziej aktualna. Chociaż wiedział, że jako oficerowi RAF-u, po powojennym podziale świata i przy szczelnej żelaznej kurtynie nigdy nie będzie mu wolno tam pojechać, to i tak zawsze woził ją ze sobą.

– Ten samochód będzie tam stał, tak jak on go zostawił...

Wykupiła od miasta pas ziemi przy strumieniu, na którym parkują tylne koła escorta. Tak dla pewności. Wszyscy jego i jej przyjaciele wiedzą o tym. Dla nich nie ma w tym nic dziwnego. Czasami podchodzą i dotykają tego auta. A reszta? Jest jej zupełnie obojętna. Nawet jeśli uważają to za kiczowate dziwactwo i śmieją się za jej plecami, ona nie dba o to.

Następnego dnia opowiedział to Siekierkowej. Pokiwała tylko głową i powiedziała:

– Dobrą mam synową. Dobrą. Chociaż ona nie nasza. Nawet niepolska może być dobra...

Ostatniego wieczoru przed powrotem do Polski Siekierkowa siedziała na krześle przed bramą domu Shilli. Krzesło postawiła tak, aby móc kolanami dotykać drzwi escorta. Odmawiała różaniec. Przerywała czasami na chwilę, aby wyciągnąć papierosa z ust i strząsnąć popiół. Marcin usiadł na porośniętej trawą ziemi tuż obok niej. Gdy skończyła, wepchnęła bursztynowy różaniec do kieszeni spódnicy, zaciągnęła się głęboko papierosem i wypuszczając dym, powiedziała:

– Marcinku, myślę, że Bóg nie chce, aby ten samochód tutaj stał. Ja też tego nie chcę. Powiedziałam mu to przed chwilą. Samochód nie jest przecie od stania. Od stania są góry. W Boga trzeba wierzyć, ale Bogu niekoniecznie. On ma tyle spraw do załatwienia, że często zapomina. Dlatego jutro rano sama poproszę Kazikową, aby podarowała ci ten samochód... Tyś przecie jak mój syn.

– Nie trzeba, pani Siekierkowa – powiedział, ściskając jej rękę. – Co mi po takim samochodzie? Prawa jazdy nie mam i na benzynę też mi nie wystarczy. Poza tym mama musiałaby sprzedać pole, żeby zapłacić za cło. Lepiej niech tutaj stoi, a nie w Biczycach, pani Siekierkowa. Przykro będzie Shilli, gdy pani ją o to poprosi.

Na dzień przed ich powrotem do Polski, w tajemnicy przed Siekierkową, otworzyli z Shillą escorta i zebrali wszystkie kasety leżące na podłodze auta. Zostawili tylko tę wystającą z magnetofonu. Shilla spakowała je do jednego kartonu i na lotnisku przy pożegnaniu wręczyła go Siekierkowej. Podczas lotu Siekierkowa trzymała karton na kolanach, nie rozstawała się z nim nawet podczas posiłku. W Warszawie na lotnisku o mało nie pobiła laską celnika, który chciał jej odebrać kasety, gdy okazało się, że nie ma dość pieniędzy na pokrycie opłaty celnej za „nośniki magnetyczne przewożone w ilościach wskazujących na cel handlowy". W końcu, gdy zagroziła, że bez kaset nie „wyciągną jej z tego lotniska najmocniejszymi wołami", po interwencji szefa służby celnej zgodzili się „w drodze wyjątku" wypisać rachunek kredytowy i Siekierkowa mogła zabrać kasety ze sobą. Chyba nie zapłaciła tego rachunku do dzisiaj. Po powrocie do Biczyc, zanim kupiła sobie radio z magnetofonem, chodziła przez dwa i pół miesiąca, dzień w dzień, wieczorami, słuchać tych kaset do Gąsieniców, którzy jedyni we wsi mieli wtedy magnetofon. Ziutek Gąsienica do dzisiaj opowiada w gospodzie, że to były najlepsze dwa i pół miesiąca jego życia, bo Siekierkowa na każdy wieczór przynosiła „flaszkę, a czasami dwie plus dobrą zagrychę" i nawet mu się po tygodniu „to wycie" z kaset zaczęło podobać, nie mówiąc już, jak „zapunktował u swojej baby", spędzając z nią w domu całe wieczory przez „prawie kwartał". Gdy w Polsce pojawiły się walkmany, Siekierkowa miała pierwszy we wsi. Marcin nigdy nie zapomni widoku, gdy pierwszy raz zobaczył Siekierkową z czarnymi słuchawkami opinającymi jej kwiecistą chustę na głowie, kuśtykającą przez wieś i słuchającą oper.

*

„W Boga trzeba wierzyć, ale Bogu niekoniecznie".
Do dzisiaj pamięta te słowa, jakby to było wczoraj...

Z zamyślenia wyrwał go chłód, który dostał się do mieszkania. Siekierkowa ubrana w kożuch stała gotowa do wyjścia w otwartych drzwiach izby. Odprowadził ją pod jej dom. Mróz najpierw go orzeźwił, ale potem stał się dokuczliwy i przeszywał dotkliwym zimnem, gdy Marcin wracał już sam poboczem oblodzonej szosy. W domu natychmiast wszedł do kuchni, aby zaparzyć herbatę. Z aluminiowego zasmolonego czajnika stojącego na żeliwnej kuchennej płycie wlał wrzątek do dwóch szklanek w metalowych koszyczkach, postawił je na drewnianej tacy, wyjął cukiernicę z kredensu, dwie łyżeczki z szuflady komody i poszedł z tym wszystkim do sypialni. Dopiero przechodząc przez skrzypiący próg oddzielający kuchnię od pokoju, którego matka nie opuszczała przez ostatnie osiem lat, zauważył, co zrobił. Z tacą w dłoniach wpatrywał się w puste, przykryte ciężką haftowaną narzutą łóżko. Odwrócił się gwałtownie, rozlewając herbatę i parząc sobie ręce. Cofnął się w pośpiechu do kuchni. Postawił tacę na parapecie okna i usiadł ciężko na zydlu. Przez łzy widział parę wydobywającą się z czajnika. Z opustoszałego pokoju, gdzie odbywała się stypa, jak echo powracał głos Siekierkowej: „Samżeś teraz został, Marcinku, sam jak ten palec. Samżeś teraz został...".

*

Minęły prawie cztery miesiące. Czasami zdarzało mu się jeszcze zapominać i wyciągał z kredensu dwie szklanki zamiast jednej, kładł dwie łyżeczki na dwóch talerzykach i na kolację kroił kilka kromek chleba za dużo. Pustka po matce ciągle była wyraźna, ale już tak nie bolała.

Gdyby miał opisać wszystko, co działo się w jego życiu w tym czasie, zmieściłby ten opis na małym skrawku papieru. Takim samym jakich wiele, niezdarnie wydartych z uczniowskiego zeszytu, znalazł pewnego wieczoru w szufladzie stolika nocnego przy łóżku w sypialni matki. Podczas długich miesięcy rehabilitacji matka, gdy on wyjeżdżał do pracy w muzeum, za wszelką cenę chciała nauczyć się pisać lewą ręką. Robiła to w tajemnicy przed nim. Brała książeczkę do nabożeństwa i starała się przepisywać modlitwy. Przeglądając plik znalezionych kartek, widział, jak z początkowych nieczytelnych gryzmołów powoli wyłaniały się litery, potem słowa, jeszcze później całe zdania. Nie było żadnego powodu, aby musiała cokolwiek pisać. Po prostu chciała udowodnić sobie, że ciągle może się czegoś nauczyć. Przez całe życie taka była...

Omijał ten pokój. Pewnego dnia po powrocie z muzeum zamknął drzwi do niego na klucz. Otwarte na oścież przez osiem lat wypaczyły się i została szeroka szpara przy wyszlifowanym jego krokami progu. Musiał to zrobić. Taki akt samoobrony – nie będzie już nigdy więcej nosić tam dwóch herbat, w zapomnieniu przygotowywać miseczki jej ulubionego twarogu z rzodkiewkami, wstawać w nocy, aby zgasić lampkę nocną i ostrożnie wyjąć matce z dłoni książkę, przy której zasnęła. Delikatnie zdejmował kota śpiącego na jej piersiach i przeganiał psa leżącego w nogach łóżka.

Zamknięte drzwi do tego pokoju – tak mu się wydawało – miały przypominać, że jej naprawdę nie ma. Przez kilka tygodni tak było w istocie. Ale potem, szczególnie wieczorami, przypominały mu o wiele więcej. Przypominały mu, że zamknął za nimi dotychczasowy cel swojego życia. Cały ustalony program, niemalże ceremoniał, który wyznaczały praca i opieka nad matką. Samotność, a nawet myśl o samotności nie należały do tego ceremoniału. Obowiązki w muzeum, opieka nad matką i praca na polu – taki schemat dni, miesięcy i pór roku nie zostawiał mu czasu na myślenie o tym, że jest sam. Teraz wraz z zamknięciem drzwi zburzył ten schemat i nagle poczuł się opuszczony, zapomniany, niepotrzebny.

*

Każdego dnia było podobnie. Tak przeraźliwie podobnie. Wstawał rano, ubierał się, rozpalał w piecu i bez śniadania jechał do pracy do Nowego Sącza. Zatrzymywał się przed bramą na tyłach muzeum na Lwowskiej, wysiadał z samochodu, otwierał stalową bramę pomazaną graffiti, wracał i parkował auto na podwórzu pod zakratowanymi oknami parteru. Skrzypiącymi schodami szedł na górę do swojego biura na poddaszu, z którego wychodził tylko wtedy, gdy trzeba było załatwić coś w mieście. W południe, kiedy na wieży pobliskiego kościoła biły dzwony na Anioł Pański, wyciągał z czarnej aktówki bułkę z pasztetem i jadł, patrząc na ulicę przed muzeum.

Czasami pisał jakieś dokumenty lub sprawozdania na wysłużonym komputerze, a czasami rozmawiał z panią Mirą, kustoszką muzeum. To było dla niego szczególnie trudne. Onieśmielała go i wprawiała w zakłopotanie, a nawet w zawstydzenie, gdy czasami podczas tych rozmów siadała obok niego za biurkiem, na którym stał komputer, i pokazując coś na ekranie monitora, przypadkowo go dotykała kolanem lub ramieniem. Robił się wtedy czerwony na twarzy i musiał koncentrować się na tym, aby ona nie zauważyła jego zakłopotania. Zapach jej perfum po każdej takiej rozmowie czuł w swoim biurze na poddaszu jeszcze przez parę dni.

Około czternastej schodził z grubym brulionem na obchód muzeum, w którym tak naprawdę od lat nic się nie zmieniało. A jednak był to kulminacyjny moment jego dnia. Obchód sal muzeum.

W dwóch salach mieli ikony. Jedną z największych kolekcji ikon zachodniołemkowskich w Polsce. Perły sztuki cerkiewnej z czterech wieków, od piętnastego począwszy. Gdy matka dostała wylewu i musiał zmienić pracę, przyszedł do muzeum głównie z oczarowania tymi ikonami. I pomimo tylu lat za każdym razem czuł to oczarowanie. Salę z ikonami zostawiał sobie zawsze na koniec obchodu. Miał swoją ulubioną ikonę. Ikonę Łukasza. Kazał ją przewiesić w centralny punkt ściany i oddalić inne, by nie zakłócały jej piękna. Gdy przez wysokie okna padało na nią słoneczne światło i odbijało się od złocistych ornamentów, wydawało mu się, że słyszy pieśń chóralną. Nie tylko on miał takie uczucie. Kiedyś pani Mira na jedno ze spotkań z nim przyniosła ze sobą grubą, oprawioną w skórę księgę gości muzeum. Ktoś wpisał tam dwa zdania, które i jego poruszyły: „Istnieją muzea, w których chce się klęknąć i modlić. To małe muzeum także ma coś takiego".

*

Na początku kwietnia postawił marmurowy pomnik na grobie matki. Chciał, aby na Wielkanoc, gdy przyjadą do Biczyc bracia z rodzinami, mogli pójść na cmentarz przy kościele i stanąć przy prawdziwym grobie. Zabrał któregoś dnia starą Siekierkową i pojechali samochodem do Nowego Sącza, aby wybrać kamień. Jeździli od cmentarza do cmentarza, aż w końcu znaleźli. Czarna ciężka bryła marmuru o nieregularnych, startych do szarości krawędziach. Wyglądała tak, jak gdyby była odłamana z większej całości. Wszyscy kamieniarze i grabarze, których odwiedzali, witali starą Siekierkową jak dobrą znajomą. Niektórzy nawet częstowali ją wódką, a poproszeni prowadzili do grobów, przy których modliła się na kolanach. Gdy tego dnia późnym wieczorem wrócili do Biczyc, Siekierkowa poprosiła go, aby pozwolił jej wejść do sypialni matki. Nie pytał nawet dlaczego. I nie wszedł z nią do tego pokoju. Zdjął klucz z haka na framudze, otworzył drzwi – po raz pierwszy od tamtego dnia, gdy je zamknął – i kiedy znikła w ciemności za progiem, cofnął się do kuchni. Potem, gdy odwoził Siekierkową pod jej chałupę, powiedziała do niego:

– Marcinku, bez niewiasty i dzieci chałupa jest pusta jak grób. A ty masz już przecież jeden grób na cmentarzu na górce. Nie rób sobie drugiego w domu. Życie jest po to, aby żyć. Tak zawsze mówiła twoja matka. Ona żyła naprawdę. Nawet wtedy, gdy mogła poruszać tylko głową i małym palcem lewej ręki.

Nie musiała mu o tym przypominać. On to wiedział, ale nic z tego nie wynikało. Żeby przeżywać życie, trzeba widzieć w nim sens. Żeby chcieć rano wstać z łóżka, trzeba widzieć w tym jakiś cel. Ze śmiercią matki on ten cel nagle utracił. Nie był już więcej nikomu potrzebny. Miał uczucie, że ze śmiercią matki wszystko ważne nieodwracalnie odeszło w przeszłość, a trudno było mu uwierzyć, że cokolwiek istotnego może jeszcze w jego życiu nadejść w przyszłości. Opieka nad matką określała jego teraźniejszość i utracił także ją, gdy matka zmarła.

Siekierkowa nawet lepiej niż jego matka potrafiła żyć teraźniejszością. Pomimo swojej fanatycznej religijności ani na chwilę nie zrezygnowała z przeżywania życia tutaj i teraz w oczekiwaniu na jakiś drugi lepszy czas po śmierci. Nie powstrzymywały jej przed tym ani nieszczęścia i cierpienia, które ją spotkały, ani monotonia codzienności, ani nawet choroby i niedołęstwo, które innym odebrałyby wszelką nadzieję. Siekierkowa jak nikt inny, kogo znał, była pogodzona z faktem, że człowiek przychodzi na świat bez własnej woli i zostaje tu na jedno życie, z którym musi sobie jakoś poradzić. Nawet jeśli wierzyła w zbawienie obiecywane przez proboszcza Jamrożego, z pewnością miała wątpliwości co do tego, czy koniecznie trzeba cze-

kać na spełnienie tej obietnicy, umartwiając się i rezygnując z radości, które niesie ze sobą najczęściej grzech. Tym bardziej że Jamroży
przypominający każdej niedzieli o tej obietnicy tył z roku na rok, robił się coraz bardziej czerwony na twarzy, a jeśli się umartwiał, w co
stara Siekierkowa nie bardzo wierzyła, to Walczakowa, szczególnie
w nocy, z pewnością go pocieszała, pomagając jakoś przetrwać.

Z zamyślenia wyrwał go głos Siekierkowej, która zdążyła już wysiąść
z samochodu. Odwrócona do niego plecami powiedziała:

– Gospodyni ci trzeba. Dobrej kobiety ci trzeba. Boś sam dobry
jest, Marcinku.

Kobiety...

Gdyby nie matka, kojarzyłyby mu się wyłącznie z lękiem i niebezpieczeństwem. Dokładnie tak. Z trudem przypominał sobie ten okres
swojego życia, kiedy nie bał się kobiet. Gdy wracał pamięcią do czasu
„przed Martą", wydawało mu się, że przypomina sobie fragment biografii innego mężczyzny. Jego życie podzielone było trochę jak historia świata na czas „przed" i „po". Tylko że u niego był to czas nie przed
narodzinami, ale przed śmiercią.

*

Marta pojawiła się w jego życiu jak wiosenny deszcz, którego nikt
się nie spodziewał. Zresztą zjawiła się naprawdę z deszczem. Czekał
w Gliwicach na pociąg do Nowego Sącza. Na weekendy nie zostawał
w akademiku, tylko wracał do matki i braci, by pomóc im w gospo-
darstwie. Wiosną, gdy pracy było szczególnie dużo, jeśli udało mu się
zorganizować zwolnienie z zajęć na politechnice, wracał do Biczyc
już nawet w czwartki. I właśnie w czwartek czekał na przyjazd pociągu, wraz z innymi schowany pod dziurawym dworcowym dachem.
Mimo świecącego słońca nagle spadł deszcz z chmury przygnanej
przez silny wiatr. Pociąg wjeżdżał na peron, gdy z tunelu dworcowe-
go wyłoniła się młoda kobieta z walizką w jednej ręce i otwartym parasolem w drugiej. Biegła jak szalona, przystając co chwilę i stawiając swoją najwidoczniej ciężką walizkę na cementowych płytach
peronu. Rozwiane włosy przykrywały jej twarz. Wiatr wywrócił parasol na drugą stronę, w pewnym momencie wyrwał go z jej dłoni, cis-
nął na tory wprost pod nadjeżdżający pociąg. Stanęła i zakrywając

usta dłonią, z przerażeniem patrzyła, co się stało. Marcin przepchnął się przez tłum ludzi próbujących dostać się do przepełnionego pociągu. Podbiegł, podniósł jej bagaż i zawołał:

– Proszę biec za mną, zdążymy!

Z walizką w ręku popędził do najbliższego wagonu.

– Niech pan ją zostawi... nigdzie nie jadę. Proszę natychmiast postawić moją walizkę! Nigdzie nie jadę! Słyszy pan?! Nigdzie nie jadę, do cholery! Nigdzie!! – krzyczała za nim histerycznie.

Stanął i powoli się odwrócił. Usiadła na dworcowej ławce. Płakała.

Nie wie dlaczego, ale widok tej płaczącej dziewczyny poruszył go na tyle, że wszystko inne stało się nagle nieistotne, bez znaczenia. Przysiadł obok niej na ławce. Milczeli, gdy peron opustoszał i pociąg ruszał w dalszą drogę.

Tak poznał Martę.

Studiowała w Krakowie teatrologię. Była jedynaczką wychowywaną przez matkę, która po przedwczesnej śmierci męża, znanego warszawskiego dziennikarza, kochała córkę zaborczo. Ogarnięta panicznym lękiem o los Marty, zaplanowała dla niej całe przyszłe życie. A Marta zaczęła mieć, często tylko z przekory, własne plany, co jedynie umacniało matkę w przekonaniu, że tym bardziej musi ją chronić przed „czyhającymi na każdym kroku niebezpieczeństwami". Potrafiła godzinami czekać w samochodzie pod domami przyjaciół córki, licealistki, jeśli młodzież organizowała prywatkę. Marta buntowała się coraz bardziej, nie chciała być traktowana jak przedszkolak. Najpierw były długie rozmowy z matką, potem nieustanne dyskusje, w końcu codzienne kłótnie. Matka nie dopuszczała do siebie myśli, że popełnia największy błąd, chcąc uchronić córkę przed popełnianiem błędów. W akcie rozpaczliwego protestu Marta postanowiła wyjechać z Warszawy i rozpocząć studia w Krakowie. Minęły dwa lata, nim matka pogodziła się z tą decyzją. Wtedy, w ten czwartek na dworcu, Marta wracała z Pragi, gdzie była kilka dni z matką. Od dwóch lat spędziły z sobą po raz pierwszy więcej niż kilka godzin. Matka, znany kardiolog, zatrzymała się w Gliwicach, aby spotkać się z profesorem Religą, a Marta wracała na swoją stancję w Krakowie.

Marcin dowiedział się o tym wszystkim któregoś wieczoru prawie rok po pierwszym spotkaniu. Kochał ją już wtedy. Kochał wszystko w niej. I wokół niej także. Nawet tę jej walizkę z dworca. I ta miłość nie była tylko namiętnością, która oszałamia, oślepia, odurza i... mija po jakimś czasie. Wprawdzie nieustannie czuł tę namiętność, ale bardziej czuł bliskość, szacunek i przekonanie, że oto spotkał kobietę, z którą by mógł, a nie tylko chciał, zaczynać każdego dnia wszystko od nowa. Nie dopuszczał myśli, że ona wcale nie widzi w nim swego przeznaczenia. Czcił ją, uwielbiał, ignorując fakty, które wskazywały, że ona chce uciec od jego zaborczości, tak jak uciekła od matki. Dla niej miłość – potem mu to powiedziała – jest stanem ducha. Takim samym, jakiego się doświadcza na przykład po wysłuchaniu Dziewiątej Symfonii Beethovena. Ten stan może przerodzić się w coś permanentnego, ale może się także skończyć.

Marcin pojawił się w jej życiu, gdy czuła się zagubiona i potrzebowała kogoś, kto będzie słuchał. Ale tylko wtedy, gdy ona będzie miała czas i ochotę na rozmowę. Poza tym był – dla niej i jej przyjaciół – egzotyczny, z innego świata. Nie warszawskiego, nie teatralno-krakowskiego. Góral z Biczyc, które musiał pokazać jej na mapie. Silny mężczyzna, dla którego „tak" zawsze znaczyło „tak". Wielbił ją i mówił jej o tym. Był gotowy zrobić dla niej wszystko. Gdyby kazała mu nauczyć się pisać lewą ręką, zrobiłby to, nie pytając nawet dlaczego.

Niczego nie żądał. Czekał na przyzwolenie, wierząc, że i bez tego przyzwolenia „są razem". Wystarczyło mu, że na spacerze dała trzymać się za rękę lub pozwoliła się pocałować w ciemnym kinie. Po dziesięciu miesiącach tego „bycia razem" został u niej na noc. Nic wielkiego – przynajmniej dla niej – się nie stało. Dotknął pierwszy raz jej piersi, całował jej plecy. Noc spędził na dywanie przy jej łóżku. Budził się, wstawał i sprawdzał, czy jest przykryta kołdrą. Od tej nocy traktował ją jak „swoją kobietę".

Ona nigdy tej miłości nie odwzajemniała. Po kilku miesiącach czuła skrępowanie, gdy pojawiała się z nim wśród znajomych. Nie pasował do tej sztucznej i napuszonej grupy kandydatów na artystów, którym się wydawało, zwłaszcza po dużej ilości taniego piwa, że tworzą „bohemę wschodniej Europy". Naiwnie sądzili, że gdy do piwiarni przyniosą ze sobą tomik poezji i położą go demonstracyjnie obok kufla, to upiją się bardziej dostojnie.

Nie umiał nic udawać, nie znał nikogo ważnego, kto mógł „coś załatwić", a to, że był jak „ze skansenu", zaczęło po pewnym czasie nudzić. Im bardziej Marta oddalała się od niego, tym bardziej przywiązywał się do niej, szukając błędów w sobie. Zamiast jeździć do Biczyc, zostawał na weekendy w Gliwicach, czekając na jej telefon. Czasami dzwoniła i wtedy jechał, aby spędzić kilka godzin w zadymionych klubach, wśród ludzi, których nie lubił, w których towarzystwie czuł się źle. Im częściej wśród nich przebywał, tym bardziej go drażnili przekonaniem o swojej wyjątkowości. Wydawało im się, że gdy nauczą się na pamięć kilku cytatów z książek filozofów lub gdy po pijanemu będą recytować ciągle te same wiersze, to świat powinien wpaść w zachwyt nad ich intelektualną awangardową wrażliwością. Ponieważ świat ani myślał o wyrażeniu zachwytu, chętnie czuli się niezrozumiani i niedopasowani do tych „proli", co to „przeżuwają mdłą papkę komercji podrzucaną im przez skorumpowane media". Każdy koncert, którego oni wysłuchali, był albo „psychodeliczny", albo „psychodelicznie odjechany", każda książka, którą przeczytali – tak twierdzili, ale najczęściej czytali tylko kilka wybranych stron oraz uczyli się na pamięć recenzji z elitarnych niskonakładowych czasopism literackich – była „perełką z najwyższej półki, do której nie dosięga pospólstwo", każdy spektakl teatralny, który obejrzeli, „zawierał ponadczasowe metafizyczne przesłanie". Koniecznie chcieli uchodzić za erudytów i intelektualistów, chociaż bardzo często przypominali introligatorów oprawiających książki, których nie przeczytali nigdy.

Opowiadali przy tym wierutne bzdury. Każdy mówi czasami głupstwa, ale oni swoje wypowiadali uroczyście. Patetycznym, teatralnie modulowanym głosem, zawsze wyczekawszy na sekundy ciszy pomiędzy kolejnymi łykami piwa. I to było dla niego chyba najbardziej nieznośne. Nie potrafił zrozumieć, że Marta tego nie zauważa i podoba się jej ten pseudointelektualny bełkot. Mimo to przychodził z Martą. Tłumaczył sobie jednak, że to przecież żadne poświęcenie. Że robi to jedynie i wyłącznie dla niej.

Którejś soboty po teatrze poszli dużą grupą na stancję Marty. Przez nieuwagę zostawił tam swój plecak z indeksem i notatkami.

Potrzebował ich na poniedziałkowe zajęcia. W niedzielę wieczorem zauważył brak plecaka. Następnego dnia wstał bardzo wcześnie rano i pociągiem pojechał do Krakowa. W sklepie przy dworcu kupił mleko. Wiedział, że Marta bardzo lubi zaczynać każdy dzień od szklanki ciepłego mleka.

– Mam dla ciebie mleko, dwa procent tłuszczu, takie jak lubisz – powiedział z uśmiechem, gdy otworzyły się drzwi do mieszkania Marty.

W drzwiach stał mężczyzna. Nagi, tylko z białym ręcznikiem okręconym wokół bioder. Zmierzył go nieufnie od stóp do głów i krzyknął w głąb mieszkania:

– Marta, zamawiałaś jakieś mleko?!

– Nie. Ja nigdy nie zamawiam mleka. Bo co? – dał się słyszeć zdziwiony głos Marty, a potem kroki bosych stóp na deskach podłogi.

Stanęła obok tego mężczyzny. Tylko w bieliźnie. Z rozrzuconymi w nieładzie wilgotnymi włosami i grzebieniem w prawej dłoni. Zobaczyła go. Spojrzeli sobie krótko w oczy. Upuścił karton z mlekiem na podłogę. Odwrócił głowę i zaczął zbiegać na oślep schodami w dół.

– Marcin... Proszę, wróć! Marcin! – słyszał za sobą jej krzyk.

Nie wrócił. Uciekał. W panicznym lęku uciekał. Nie czuł wściekłości lub poniżenia. Nie czuł nawet złości. Czuł jedynie paniczny strach. Tam na tych schodach, gdy zbiegał jak oszalały, po raz pierwszy poczuł wszechogarniający go lęk. Nie czuł przy tym niczego innego. Ani bólu stłuczonego kolana po upadku na śliskiej posadzce między piętrami, ani nawet bólu rozrywanej skóry na czole po tym, jak uderzył głową w blaszaną skrzynkę na listy przy drzwiach wyjściowych. Czuł jedynie strach.

Gnał chodnikiem, potrącając ludzi śpieszących do pracy. W pewnym momencie, nie odwracając głowy, wbiegł na jezdnię ulicy prowadzącej do dworca kolejowego. Nagle poczuł uderzenie w udo i usłyszał pisk hamulców. Upadł. Z taksówki, która go potrąciła, wyskoczył kierowca i pochylił się nad nim.

– Wbiegłeś mi pod koła, nie mogłem nic zrobić. Mam na to świadka w taksówce! – krzyczał. – Słyszysz mnie? Rozumiesz? – pytał, ocierając mu ręką krew z czoła.

Marcin odepchnął jego dłoń, podniósł się i bez słowa zaczął biec dalej. W tunelu dworcowym skręcił w pierwszy boczny korytarz prowadzący schodami na peron.

Wsiadł do odjeżdżającego pociągu. Otworzył drzwi pierwszego przedziału. Starsza kobieta siedząca pod oknem spojrzała na niego z przerażeniem. Wstała, zdjęła bagaż z górnej półki i wyszła w popłochu. Siadając, zatrzymał wzrok na swoim odbiciu w lusterku nad siedzeniami w przedziale. Rozmazana zakrzepnięta krew zmieszana z czarnym pyłem i grudkami brudu z jezdni, na którą upadł potrącony przez taksówkę, pokrywała całe jego czoło i nasadę włosów. Z ran na czole sączyła się krew, spływała strużką za ucho. Wybiegł z przedziału i zamknął się w toalecie. Obmył twarz, wycierając skrawkami papieru toaletowego. Na pierwszej stacji wysiadł. Wciąż ogarnięty lękiem, zaczął znowu uciekać...

Jedni uciekają od cierpienia w jakiś fikcyjny świat podlewany etanolem lub kreowany jakimiś podejrzanymi substancjami chemicznymi, inni żyją szaleńczo, jak gdyby każdy dzień miał być ostatnią datą w kalendarzu świata, jeszcze inni stają się soplem lodu. On zaczął się bać. W lęku, panicznym albo nawet takim stałym, trwającym godzinami, cierpienie schodzi na drugi plan lub znika zupełnie. Najważniejsze jest to, aby się nie bać. On bał się dwa lata. Nie potrafił nazwać powodu swojego strachu. To przychodziło nagle. Bez ostrzeżenia. Czasami o czwartej nad ranem, wyrwany ze snu atakiem paniki, pośpiesznie wkładał kurtkę na mokrą od potu piżamę i wychodził do lasku przed akademikiem. Wszystkie portierki w recepcji na dole wiedziały o jego „dziwnej chorobie" i bez słowa otwierały drzwi. Chodził tak długo, aż atak minął. W kieszeni kurtki zawsze nosił plastikową lub papierową torebkę, którą przykładał do ust, gdy czuł, że drgają mu powieki albo drżą mięśnie rąk czy nóg. Kiedy oddech staje się zbyt krótki i zbyt płytki, dostaje się do krwi zbyt dużo tlenu. Lekarze nazywają to hiperwentylacją. Zbyt dużo tlenu i zbyt mało dwutlenku węgla we krwi. Drżenie mięśni to najmniej groźny symptom hiperwentylacji. W skrajnym przypadku grozi omdlenie i zapaść. Aby było więcej dwutlenku węgla, należy wdychać powietrze z torebki. Zemdlał tylko raz podczas ataku. Znalazła go portierka zaniepokojona faktem, że zbyt długo nie wraca. Przebudził się w karetce wiozącej go na sygnale do szpitala. Badali go przez cały tydzień. Nie znaleźli żadnych organicznych przyczyn jego ataków paniki. Wypisali go ze szpitala z diagnozą „nerwica lękowa". Młody lekarz wręczający mu wypis powiedział:

– Pan za czymś goni albo przed czymś ucieka. To jest w pana mózgu... Niech pan się tym zajmie.

Od tego czasu nie wychodził nigdzie, dopóki nie upewnił się, że ma papierową torebkę w kieszeni.

Dwa tygodnie po wypisaniu ze szpitala miał kolejny atak. To było w trakcie wykładu. Starał się opanować, oddychając jak najwolniej. Dłońmi przyciskał do podłogi trzęsące się nogi. W pewnym momencie koleżanka siedząca obok szepnęła przestraszona:

– Marcin, co ci jest? Jesteś blady jak pergamin, pot się z ciebie leje. Czy ty się dusisz? Oddychasz tak dziwnie...

Nie zdążył jej odpowiedzieć. Musiał wybiec z sali wykładowej.

Tego samego dnia znalazł w książce telefonicznej adres psychiatry. Jego uczelnia miała wprawdzie swojego psychologa, ale nie uważał, że akurat on może mu pomóc. Był bardzo lubiany wśród studentów, głównie dlatego, że bez zbędnych pytań wystawiał zwolnienia. Marcin nie chciał, aby ktokolwiek ze znajomych zobaczył go w poczekalni. Wszyscy wiedzieli, że on nigdy nie bierze takich „zwolnień". Wolał pojechać do Katowic.

Gabinet psychiatryczny mieścił się w prywatnym mieszkaniu na siódmym piętrze obskurnego szarego wieżowca stojącego pośród wielu podobnych. W przedpokoju przerobionym na poczekalnię stały cztery białe krzesła. Mały wiklinowy stolik pod kryształowym lustrem pokryty był kserokopiami ulotek namawiających do wstąpienia do klubu Anonimowych Alkoholików. Na ulotkach czarny ogromny kot spał z na wpół otwartymi oczami. Ściany przedpokoju obwieszone były czarno-białymi fotografiami przedstawiającymi zabytki Wilna. Na jednym z krzeseł siedziała młoda kobieta obgryzająca nerwowo paznokcie. Przegub i przedramię jej lewej ręki obwiązane były elastycznym bandażem poplamionym resztkami jedzenia. Usiadł na krześle obok tej kobiety. Natychmiast wstała i przeniosła się na krzesło najbardziej oddalone od niego. Po chwili otworzyły się drzwi jednego z pokoi i wyszła niska kulejąca staruszka o siwych włosach. Zapinając guziki białego lekarskiego kitla, skinęła do niego głową. Gdy zobaczyła kobietę z bandażem na przegubie, zatrzymała się i powiedziała:

– Magda, dlaczego tutaj znowu czekasz? Nie zapiszę ci już żadnych tabletek! Nie mogę. Mówiłam ci to bardzo wyraźnie wczoraj wieczorem...

Młoda kobieta spojrzała na nią błagalnym wzrokiem.

– Tylko jeszcze raz. Ostatni raz. Pani doktor, ostatni raz. Proszę! Tak mnie wszystko rozrywa i boli...

Lekarka ją zignorowała. Odwróciła głowę w jego kierunku.

– Niech pan wejdzie do gabinetu. Zaraz tam przyjdę. Napije się pan herbaty? – zapytała.

Wstał, ruszył do otwartych drzwi. W tym momencie młoda kobieta zerwała się z krzesła i jednym ruchem ręki zrzuciła kota ze stolika pod lustrem. Uderzył głową o framugę drzwi łazienki, zamiauczał żałośnie i uciekł do gabinetu.

– Ty stara ruska kurwo! – wykrzyknęła z nienawiścią w kierunku lekarki.

Zaraz potem wybiegła z przedpokoju i trzasnęła drzwiami. Lekarka wydawała się zupełnie nieporuszona tym zdarzeniem. Pokiwała tylko głową i spokojnie zwróciła się znowu do niego.

– To chce pan w końcu tej herbaty czy nie? Bo idę właśnie do kuchni.

– Tak, proszę – powiedział niepewnym głosem, nie wiedząc, czy wejść do gabinetu, czy wybiec tak jak ta kobieta przed nim i nigdy więcej tutaj nie wracać.

W trakcie pierwszych trzech wizyt opowiadał głównie o swoim lęku. O sercu, które przyśpiesza do dwustu uderzeń na minutę. O zawrotach głowy, które powodują, że musi trzymać się ściany, mając wrażenie, że zaraz upadnie. O klatce piersiowej, którą, gdy ma atak, ściska wyimaginowana zbyt ciasna stalowa zbroja. O niewyobrażalnym uczuciu zagrożenia, które zmusza go do ucieczki. O ucieczce, która tylko bardziej przyśpiesza uderzenia jego serca, rozdyma żebra, jak gdyby chciał nimi rozerwać tę zbroję. O nieustającym wewnętrznym niepokoju, z którym się budzi rano i zasypia wieczorem. O utracie nadziei, że to kiedyś minie, że tak nie będzie zawsze. O świecie poza jego ciałem, który wydaje się mu wrogi, niebezpieczny. O powracających makabrycznych snach, w których jest przysypany piaskiem jak w grobie i w ciemności nie może znaleźć swojej papierowej torebki. A gdy już ją w końcu znajduje, to jest ona wypełniona zawiesiną krwi pomieszanej z piaskiem. O wstydzie, gdy inni nie potrafią zrozumieć jego lęku, traktują go jako niedostosowanego do świata psychola, a w najlepszym przypadku dziwaka. O papierowych torebkach noszonych w każdej kieszeni i o natręctwie nieustannego sprawdzania, czy ma przy sobie tabletki. Wreszcie także o tym, że stał się egoistą, hipochondrycznym narcyzem nieustannie obserwującym swoje ciało, które jest mu coraz bardziej obce, jak gdyby składał się z samych przeszczepów. Także o lodowatym chłodzie, w którym żyje. O tym, że od roku nie płacze, nie potrafi się wzruszać, nie czuje wściekłości i nie potrafi się cieszyć, śmiać ani współczuć. O tym, że przeżycie dnia bez lęku jest dla niego ostatnio jedynym i ostatecznym celem życia.

Zapytany nie potrafił powiedzieć, czego tak naprawdę się boi. Nie boi się przyszłości, bo dla niego przyszłość to maksimum dwanaście godzin, które ma do przetrwania po przebudzeniu. Właśnie tak, do przetrwania. Kto myśli o przeżyciu tylko dwunastu godzin, to ma bardzo krótki horyzont przyszłości i nie powinien mieć żadnych egzystencjalnych lęków, prawda? Nie czuje, że musi o coś zabiegać. Wszystko się zdarza obok, bez jego udziału. Jest jak wyciągnięty zbyt wcześnie na świat mały, skurczony, bezbronny embrion, którego jedynym zadaniem jest oddychać, trawić i wydalać.

Zalicza wprawdzie kolokwia i zdaje egzaminy, ale ma to dla niego tak samo małe znaczenie jak umycie zębów rano. Należy jedynie do rytuału czekania na zmianę. Czeka na dzień lub noc, podczas której to wszystko się zakończy i ten wypełniający go i krążący w jego ciele i mózgu demon znajdzie sobie jakiś otwór, wydostanie się na zewnątrz, wymiesza się z powietrzem i więcej do niego nie powróci. W trakcie tego czekania robi to wszystko, co robił dotychczas, aby – gdy ten moment w końcu nadejdzie – nie stanąć nad rumowiskiem, pod którym legną jego plany na życie. Te plany z przeszłości, bo przecież nowych planów nie robi. Czasami wydaje mu się, że nawet to czekanie nie ma sensu i że jest czekaniem na Godota.

Nie życzy sobie śmierci, ale także się jej niespecjalnie obawia. Gdy oddycha się do papierowej torebki, siedząc w kabinie zadymionej śmierdzącej dworcowej toalety i zastanawiając się, jak daleko stamtąd jest do jakiegoś szpitala, zupełnie inaczej myśli się o śmierci. Nie chciałby umrzeć w tej toalecie. Jeśli już, to wolałby na czystym łóżku w szpitalu.

Wie prawie wszystko o biologii lęku. Lekarz internista w przychodni akademickiej przepisuje mu wszystko, o co poprosi. Czasami przychodzi do niego z nazwą leku, o którym on dotychczas nie słyszał. Wie, że te tabletki to opiaty i że uzależniają. Relanium, ellenium, xanax, diazepam, valium, lorazepam, oxazepam. Brał je wszystkie. Nie da się uzależnić. Wpadł na pomysł, jak oszukać swój organizm. Przed upływem sześciu tygodni zmienia cyklicznie tabletki, które łyka. Poprosił kolegę studiującego farmację, aby narysował mu struktury substancji w tych tabletkach. Każda z nich różni się minimum jednym atomem od innych. Zrobił sobie grafik. Ma go nad łóżkiem w akademiku. Organizm przyzwyczaja się do jednej substancji w całości. Zmiana jednego atomu w tym, co łyka, to oszukańcza niespodzianka dla organizmu. Nagle jest fluor zamiast bromu. Trzeba uzależniać się od czegoś innego i zapomnieć to, do czego się przyzwyczaił przez ostatnie sześć tygodni. Przy siedmiu różnych specyfikach ma się na uzależnienie czterdzieści dwa tygodnie. Po takim czasie można zacząć cykl od początku. Po czterdziestu dwóch tygodniach żaden organizm z pewnością nie pamięta już xanaksu z początku. Lekarz w przychodni uważa, że to genialny pomysł, i przepisuje opiaty według jego wzoru. Gdy to mówił, lekarka uśmiechała się z lekceważeniem.

– Dawno nie słyszałam takiej bzdury – powiedziała, patrząc mu prosto w oczy. – Powinien pan zmienić internistę. Jeśli ten idiota uwierzył w tę pana baśń o atomach, to znaczy, że może leczyć co najwyżej przeziębienia, anginę, a najlepiej tylko katar. Mózg powinien raczej zostawić w spokoju. Durak jest, ot co – dodała, podnosząc głos. – Receptory w mózgu przepuszczają korpus struktury. Benzodwuazepinę. To, co na nim wisi, czy fluor, czy brom, nie ma najmniejszego znaczenia. Magda, ta dziewczyna, którą miał pan wątpliwą przyjemność poznać przed pana pierwszą wizytą, podcięła sobie żyły, kiedy skończył jej się oxazepam. Zamknęli ją w klinice, gdy nie wytrzymywała odwyku. Ale nawet to nie pomogło. W nocy, zimą, w piżamie i boso uciekła ze szpitala i wybiła cegłą szybę w aptece. Była po kolei na wszystkim, co pan wymieniał, i jeszcze na kilku innych lekach. Jeśli nie uda się jej ponownie zamknąć w klinice, niedługo stanie na parapecie okna w jakimś wysokim budynku lub wsadzi głowę do piekarnika... Niech pan natychmiast wyrzuci ten swój grafik i nikomu więcej nie przedstawia swoich absurdalnych teorii. Szczególnie lekarzom. Im się wydaje, że jak ktoś rozumie ulotkę załączoną do lekarstwa, to mógłby już pracować w pogotowiu ratunkowym po godzinach.

Dopiero podczas czwartej wizyty opowiedział o Marcie. Wprawdzie pamiętał, że pierwszy atak paniki przeżył po tym wydarzeniu z Martą, ale wcale nie uważał, że to jest główna przyczyna nerwicy lękowej. Nie miał żadnego powodu bać się Marty. Mógł jej nienawidzić, czego momentami bardzo chciał, a co nigdy mu się nie udało, mógł czuć do niej żal lub nią pogardzać, ale nie uważał, że ma powód jej się bać. Gdy byli razem, cokolwiek to znaczy, zawsze czuł się przy niej bardzo bezpiecznie.

Psychiatra przyjęła jego opowieść bez specjalnego zdumienia.

– Czy pan ją ciągle kocha? – zapytała nagle, nie podnosząc oczu znad notatek, które nieustannie robiła w jego karcie pacjenta.

Odwrócił głowę, rozglądając się po pokoju, aby upewnić się, czy to pytanie jest na pewno do niego. Zapytała go o coś tak ważnego w taki sposób, jak gdyby pytała, czy boli go pęcherz lub czy ma twardy stolec. Zupełnie obojętnie, bez żadnych emocji. Spojrzał na nią z wyrzutem. Czekała z długopisem w dłoni, tak jak gdyby odpowiedź miała wpisać do jakiejś rubryki w tabeli.

*

Minął ponad rok, odkąd widział Martę po raz ostatni. W tydzień po tym, jak uciekł sprzed drzwi jej mieszkania, odebrał od portierki w akademiku plecak, który ktoś dla niego tam zostawił. To po ten plecak pojechał wtedy do jej krakowskiego mieszkania. Kilka dni później, w trakcie wykładu, gdy porządkował notatki, które odzyskał wraz z plecakiem, znalazł kopertę z listem od Marty.

Ten mężczyzna nie ma dla mnie żadnego znaczenia. Został u mnie, ponieważ nie miał gdzie nocować. Nie pozwoliłam mu nawet spać na podłodze obok mojego łóżka. Ten kawałek podłogi jest tylko Twój. Gdy stąpam po nim, to czuję, jak bardzo mnie szanowałeś. Może za bardzo. Nie zdradziłam Cię nigdy. Brzydziłabym się sobą, gdyby było inaczej. Nie mogłabym być z Tobą. Zamknąłbyś mnie w kolejnej klatce. Można, z braku wyboru, kochać matkę, która to robi, ale nie można kochać takiego mężczyzny. A Ty zasługujesz na miłość.

Marta

PS Nie piję już mleka. Wracam na stałe do Warszawy. Pozdrów góry ode mnie...

Mimo że zna go na pamięć, czytuje ten list do dzisiaj. Głównie po to, aby sprawdzić, czy jest w stanie cierpieć. Chciałby jak inni ludzie w takiej sytuacji normalnie cierpieć. Po prostu cierpieć. Tęsknić za nią, drzeć i sklejać na powrót jej fotografie, przeklinać ją, brzydzić się nią, obrażać słowami, gardzić nią, przysięgać jej zemstę, walić pięściami w stół, czuć się poniżony, bezgranicznie skrzywdzony, upokorzony i podeptany. Znajdować przypadkowo pamiątki po niej, niszczyć je z wściekłością i na drugi dzień żałować, że już nic po niej nie pozostało. Nieustannie wmawiać sobie, że nigdy nie była i nigdy nie będzie jego warta, że stać go na lepszą kobietę. Chcieć sobie wytatuować te słowa na ramieniu, gdyby to wmawianie mu nie pomagało.

Pisać do niej pełne nienawiści listy i nigdy ich nie wysyłać, dzwonić do niej w nocy i nie móc wykrztusić z siebie słowa. Czuć ból, nienawiść, niedowierzanie i odrętwienie. Albo chociaż upijać się do granicy letargu, który przynosi zapomnienie, i rano budzić się z pustymi butelkami przy łóżku. Obiecywać sobie, że nigdy jej nie wybaczy, i wybaczać już pół godziny później. Zapominać ją każdego dnia i obiecywać sobie, że następnego zapomni ją już naprawdę. Pragnąć jej obecności, gdy jest mu źle, i czując się jeszcze gorzej, przeklinać siebie w myślach za to pragnienie.

Nie! On nie czuł nic takiego. Nie potrafił wtedy i tym bardziej nie potrafi dzisiaj wykrzesać w sobie tego cierpienia. Tak bardzo by chciał. Ale nie może. Tak jak gdyby coś nie zezwalało mu na to. Przez ten cholerny lęk nie potrafi poczuć w sobie smutku na tyle silnego, aby mógł się rozczulić nad sobą i chociaż raz zapłakać. Przy tym ciągle pamięta, jak to jest, gdy czuje się w sobie oczyszczające łkanie. Kiedyś lubił się wzruszać. Najpierw gdy matka opowiadała mu różne historie lub czytała na głos książki, potem gdy sam zaczął czytać. Kiedy chodzili z Martą do kina, musiał koncentrować się na tym, aby nie pokazać jej, że płacze, jeśli na ekranie zdarzało się coś, co go poruszyło, a czego ona często nawet zupełnie nie zauważała.

Drażniło go, że Marta wykpiwała czasami tę jego – jak nazywała – „ludową wrażliwość z kanapy przed telewizorem". Potrafił wzruszyć się nad jej fotografią, na której jako mała dziewczynka tuliła się zapłakana do ojca. Ona widziała w tym tylko zarejestrowane na kliszy jedno z wielu zdarzeń w swojej biografii.

– Co jest w tym takiego specjalnego? – pytała zdziwiona. – Każdy ma takie zdjęcia w albumie. Zresztą ja nie znoszę być fotografowana. Co komu po wiedzy o tym, że byłam tam, robiłam to i miałam taki a nie inny podkoszulek – dodała rozdrażniona.

Nie mógł pogodzić się z nutą pogardy w jej głosie, gdy wymawiała słowo „każdy". Tracił wtedy poczucie, że ma dla niej jakieś wyjątkowe znaczenie, jeśli zalicza go także jedynie do tych pospolitych „każdych".

– Twoja wrażliwość graniczy z neurozą. Wzruszasz się losem biedronki na brudnym chodniku, tak samo jak wzruszasz się Pasją Bacha. Sam sobie robisz krzywdę. Przestajesz odróżniać, co jest naprawdę ważne – powiedziała mu kiedyś. – Ty byś chciał, abym, gdy zalewasz się łzami w kinie, suszyła ci je pocałunkami i ściskała przy tym do bólu twoją rękę, prawda? Nie gniewaj się, ale mnie w takich momentach najczęściej chce się śmiać i nie mogę się zdobyć na empatię.

Od tego dnia zaczął ukrywać przed nią swoje wzruszenia.

Marta potrzebowała do wzruszeń uroczystego nastroju, świec, sali koncertowej i przekonania, że uczestniczy w czymś mistycznym, zastrzeżonym wyłącznie dla wybranych i niedostępnym dla „przeciętnej masy". Nie zdążył jej tego powiedzieć, ale wydawało mu się, że najbardziej istotne jest dla niej nie samo przeżycie wzruszenia, ale jego elitarność potwierdzająca jej przeświadczenie, że jest kimś lepszym, ważniejszym lub wyróżnionym. Przy tym on sam zawsze przecież robił wszystko, by czuła się szczególna.

Nie, nie kocha już Marty. Miłość to dla niego pragnienie stałej obecności tej drugiej osoby. On nie czuje dzisiaj tego pragnienia. Kiedyś czuł, ale teraz już z pewnością nie. Jeśli już, to kocha jedynie kalejdoskop różnych „chwilowych Mart" z jego wspomnień. I to tylko z niektórych. Innych boi się jak koszmarnego snu. Miewa takie sny. Czasami śni w nich o Marcie. Nigdy erotycznie. W niektórych jego snach jest wprawdzie naga, ale jej nagość jest jak nagość kobiety z pomnika Nike w Warszawie. Lodowato zimna i niedostępna gdzieś wysoko na piedestale.

Poza tym w jego snach Marta ma twarze wielu kobiet. Sprzedawczyni w sklepie, koleżanki z roku, konduktorki z pociągu, portierki w akademiku czy twarz dziewczyny, którą mijał kiedyś w drzwiach apteki. Jak gdyby była jedyną kobietą na świecie.

Dotychczas z nikim o tym nie rozmawiał. Był taki okres w jego życiu, że chciał to z kimś podzielić. Głównie po to, aby usłyszeć, że nie jest jedyny, który coś podobnego przeżywa. Wiedział z opowieści matki, że jego brat Błażej „choruje na smutek". Że nawet z tego powodu był w szpitalu.

Pojechał kiedyś na zawody hipiczne do Gdańska. Całą drogę zbierał odwagę, aby porozmawiać o tym z Błażejem. Zadzwonił, telefon odebrała jego żona Sylwia. Nie zastał Błażeja, który pojechał na jakąś konferencję do Brisbane w Australii. Zapraszała go, aby ich odwiedził. Chciała natychmiast przyjechać samochodem do stadniny i porwać go na popołudnie i wieczór. Wykręcił się brakiem czasu. Więcej do myśli o rozmowie z Błażejem już nie powrócił.

Z matką także o tym nie rozmawiał. Ze wstydu, z upokorzenia i w akcie samoobrony przed nawrotami złych wspomnień, które są jak porażenia prądem. Nie kocha Marty, ale także nie potrafi jej zapomnieć. Wie, że nigdy też nie stanie się „jedną z kobiet jego życia". Broni się przed tym, ale i tak wszystko mu ją przypomina. Kraków, teatry, mleko, wiosenny wiatr, a nawet walizki podróżnych na dworcu.

Psychiatra słuchała go w skupieniu.

– Pan boi się kobiet. – Powiedziała, gdy zamilkł. – Wszystkich kobiet, do których mógłby się pan przywiązać i które mogłyby potem pana porzucić. Kojarzą się panu z cierpieniem, zdradą i bólem. Z tego skojarzenia wyhodował pan w sobie chroniczny neurotyczny lęk, który ma przeciwdziałać każdemu zbliżeniu do kobiet. Innych zdrada lub jakieś ogromne poczucie krzywdy zegnie jak bambusowy kij do ziemi i po dwóch lub czterech tygodniach, czasami miesiącach, to zależy, zaczną się powoli prostować. Pana ta zdrada nie zgięła, ale złamała. Ten pana lęk ma swoją funkcję. Ma pana chronić przed kolejnym złamaniem. To dość pokrętne, ale tak jest. Na to nie ma żadnych tabletek. Na to pomaga jedynie czas. Złamana dusza musi się zrosnąć, tak samo jak zrastają się połamane kości... Jeśli będzie miał pan ochotę, może pan zawsze do mnie przyjść. Ale nie sądzę, abym mogła panu więcej pomóc. Musi pan to przeczekać. Pozwolić czasowi pokryć to patyną...

Był u niej jeszcze tylko jeden raz. Chciał jej podziękować. Sam fakt, że wysłuchała go, sprowokowała, aby wyrzucił z siebie opowieść o Marcie, w jakiś sposób mu pomógł. Miała rację z tym czasem. Ataki lęku stawały się rzadsze, rzadziej także łykał tabletki. Wszystko z czasem przyblakło. Gdy zachorowała matka, stało się to jakby zupełnie nieistotne.

Po czterech latach przestał nosić przy sobie papierowe torebki. Do dzisiaj trzyma je w szufladzie w nocnym stoliku. Tak samo jak małe buteleczki z tabletkami. Owinięte starannie w wyblakły arkusz papieru milimetrowego, na którym wyrysował swój grafik, przypominają mu czas jego lęku. I ostrzegają...

*

„Dobrej kobiety ci trzeba. Boś sam dobry jest, Marcinku...". Od dnia, w którym stara Siekierkowa pożegnała go tym zdaniem, było jakoś inaczej. Nie zamknął już więcej drzwi do pokoju matki. Dla pewności je wymontował. I od tych drzwi się wszystko zaczęło.

Nagle poczuł, że wiosna wokół to nie tylko przebudzenie na łąkach, które mijał w drodze do muzeum. On także się przebudził.

Zaczął od remontu domu. Wiedział, że nie zdąży przed Wielkanocą, przed przyjazdem braci. Nie dbał o to. Ten dom był jego, a nie gości, którzy zatrzymywali się tutaj tylko w drodze do ważniejszych miejsc. Wyniósł wszystko z pokoju matki. Spakował jej rzeczy, tak jak pakuje się coś, czego już więcej się nie zobaczy. Najpierw jej książki obłożone w gruby papier kawowego koloru. Matka do końca życia czytała. Nie potrafiła bez książek żyć. Wspominał ich wyjazdy do Nowego Sącza na zakupy. Kobiecina w chustce na głowie ciągnie za rękę chłopczyka bez butów i dźwiga siatki, w których oprócz sera, mięsa, cukru i zapasu kostek szarego mydła na następny miesiąc zawsze były biblioteczne książki owinięte w poplamiony szary papier...

Zapakował też jej listy do ojca, którego nie pamiętał, ale wiedział, że zabrany przez Urząd Bezpieczeństwa, nie wrócił z więzienia w Warszawie. Matka robiła wszystko, aby jak najmniej odczuwali jego brak. Nigdy nie wtajemniczyła żadnego z nich w polityczną przeszłość ojca. Mówiła o tym bardzo oględnie i bez żadnych szczegółów. Jak gdyby w ten sposób chciała ochronić swoich synów przed tym, co spotkało ich ojca. Czasami zazdrościł kolegom ich wspomnień o ojcach zabierających ich w zimie na sanki, wracających z pracy z torebką słodyczy, przynoszących mamie kwiaty, czytających bajki do snu.

Z cenzurowanych przez strażnika na Rakowieckiej listów wynikało tylko tyle, że rodzice bardzo się kochali. Ojciec pisał: „Wychowaj synów na godnych i uczciwych Polaków". I tak ich wychowywała. To od niej nauczyli się, że jest jedna prawda. Do dzisiaj dziwi się, że jej uwierzył. I że ona, pomimo wszystkich doświadczeń i cierpień, do końca życia sama w to wierzyła.

Kolekcja aniołów powędrowała do wielkiego kartonu. I kiczowaty obraz Jezusa z sercem w gałęziach z cierniami, wiszący nad jej łóżkiem. I fluorescencyjna Matka Boska, którą ktoś jej przywiózł i podarował po pielgrzymce do Lourdes. I książeczki do nabożeństwa pełne zasuszonych kwiatów i liści.

Potem zerwał tapety ze szlaczkami pod sufitem, wyrzucił wszystkie meble i pobielił ściany. Następnie zajął się kuchnią. Odciął komin do kuchenki na węgiel i kupił elektryczny piecyk.

Zerwał spróchniałą podłogę. Przez tydzień jeździł samochodem nad Dunajec, wchodził do lodowatej wody i wyciągał kamienie na brzeg. Wyłożył nimi podłogę. Wszystko miało być naturalne. Żadnego betonu lub cementu. Czysta natura. Oszlifowane wodą i czasem kamienie z Dunajca i na to dębowe deski.

Wieczorami, wyczerpany po całym dniu pracy, siadał ze szklanką herbaty na ławce przed domem, od strony ulicy, tam gdzie ścianę oplata dzikie wino, które zasadził jeszcze jego dziadek. Patrzył na góry. W takie wieczory czuł się najbardziej samotny. Właśnie tam, na tej ławce, która kojarzyła mu się zawsze z gwarem, śmiechem, radością i beztroską.

Pamiętał, że dawno temu, gdy byli jeszcze dziećmi, wieczorami siadał z braćmi na tej samej ławce i tak jak on dzisiaj, patrzyli na góry. Matka szła do kuchni i po chwili przynosiła dla każdego z nich kromkę chleba ze smalcem. Rozdawała im po kolei, siadała na zydlu przed nimi tyłem do gór i patrząc im w oczy, opowiadała góralskie historie lub legendy. Czasami nie różniły się niczym od siebie. Przytuleni do siebie, oparci o ścianę domu słuchali z zapartym tchem. Czuł w takie wieczory, jak bardzo są rodziną i jak są sobie bliscy. Świat był wtedy dla niego mały i bezpieczny, zdefiniowany powtarzalnością wydarzeń regulowanych porami roku, niedzielną mszą, nadejściem września lub czerwca dzielącymi rok na dwie części. Zamknięty ścianami domu pełnego znajomych sprzętów, jednoznacznie rozpoznawalnych dźwięków, uspokajających zapachów. Domu otoczonego podwórkiem, za którym było ich pole graniczące ze wsią, potrzebną tylko po to, aby spotykać ludzi znanych „od zawsze", mających takie same domy, takie same podwórka i widzących takie same góry. Wszystko nieznane, niezrozumiałe, niepokojące lub przerażające tłumaczyła im matka lub objaśniał ksiądz. Potem, gdy zaczął chodzić do szkoły, księdza zastąpili mu nauczyciele, jeszcze później książki.

Gdyby w tamtym czasie zapytano go, co to jest samotność, nie zrozumiałby pytania. Otoczony nieustannie braćmi, strzeżony przez matkę, nie stykał się z uczuciem osamotnienia. Do czasu studiów nie miał potrzeby przyjaźnienia się z kimkolwiek poza rodziną. Tak naprawdę nie rozumiał nawet, co to znaczy „przyjaźnić się". Dopiero gdy wyjechał na studia do Gliwic, zrozumiał, że istnieje coś takiego jak przyjaźń z ludźmi, z którymi nie mieszka się w jednym domu. I jakie to potrafi być ważne. Dopiero w Gliwicach odczuł potrzebę takiej przyjaźni. Rozmawiał o tym czasami z Martą. Nie chciała i nie mogła uwierzyć, gdy powiedział jej, że nie istnieje w jego życiu nikt, kogo mógłby nazwać swoim przyjacielem. Zdumiewało ją także to, że przeżył ponad dwadzieścia lat i nie wydostał się poza świat złożony tylko z kilku osób, których nawet nie wybrał, tylko zastał w swoim życiu. Gdy Marta mówiła o tym, wyczuwał w jej zdziwieniu nuty drwiny i wyższości. Dla niej rodzina ograniczała się do dominującej, despotycznej matki, z którą łączyło ją wszystko, tylko nie przyjaźń. Dla niej przyjaciele – dzisiaj wie, że nie udało mu się stać się jej przyjacielem – to byli ludzie, którzy pytają, jak minął ci dzień, którzy podają ci paczkę chusteczek, gdy płaczesz, którzy o północy wpuszczają cię do swojego mieszkania, piją z tobą wódkę, a potem ścielą dla ciebie łóżko na nocleg, którzy przed podróżą mówią ci: „Uważaj na siebie", którzy o drugiej nad ranem podnoszą słuchawkę telefonu i przez godzinę słuchają, jak przeklinasz życie. Marta twierdziła, że takich przyjaciół ma przynajmniej kilkunastu.

On miał dotychczas tylko jednego przyjaciela. Jakuba.

*

Na trzecim roku studiów – znał już wtedy Martę – musiał odbyć obowiązkową dwumiesięczną praktykę zawodową. Pomysł i cel takich praktyk w swoim zamyśle był uzasadniony: zbliżyć studentów do rzeczywistości przyszłego życia zawodowego i przełożyć teoretyczną wiedzę na praktykę funkcjonującego zakładu pracy. Ale w tamtych czasach zazwyczaj na wytyczeniu celu się kończyło, realizacja okazywała się jedną wielką katastrofą. Zakłady pracy zmuszane do przyjmowania praktykantów były zupełnie nieprzygotowane, aby przez dwa miesiące zajmować się studentami, którzy tak naprawdę niewiele potrafili i od których, z racji ich statusu, niewiele można było wymagać. We wrocławskich zakładach ochrony trakcji energetycznej, gdzie on trafił, studenci na praktyce byli tylko dodatkowym niechcianym balastem przerzucanym z działu do działu. Nikt ani nie był przygotowany, ani nawet nie miał ochoty się nimi zajmować. Pamięta, że głównym celem jego praktyki miało być zapoznanie się z technikami informatycznymi zabezpieczenia trakcji.

Cieszył się nawet na obiecany kontakt z komputerami. Miał taki kontakt dokładnie osiem razy w ciągu dwóch miesięcy. Każdego piątku brodaty inżynier, główny informatyk zakładów, zabierał go przed obiadem do zamykanego na klucz pomieszczenia i uruchamiał komputer tylko po to, aby specjalny program wydrukował mu serię numerów, które on następnie skreślał na swoim kuponie totolotka. Nie trwało to dłużej niż piętnaście minut. Przez ten czas Marcin mógł przyglądać się temu, co robi inżynier, ale w żadnym wypadku nie wolno mu było niczego dotykać. Zaraz potem komputer był wyłączany i czekał na użycie do następnego piątku. Wylosowanie numerów do skreślenia na kuponie było najważniejszym wydarzeniem w pracy tego inżyniera w ciągu całego tygodnia pracy i jedynym zastosowaniem komputera, z którego posiadania zakład ochrony trakcji był – o czym pisano w zakładowej gazetce – bardzo dumny. Zaraz po tym wydarzeniu inżynier wychodził na obiad do stołówki akademickiej znajdującej się w budynku pobliskiego uniwersytetu, mówiąc, że zaraz wróci, i więcej już nie wracał. Marcin także jadał obiady w tej stołówce. I to tam właśnie poznał Jakuba.

Któregoś dnia podszedł do stolika, przy którym siedziała dziewczyna pochylona nad książką. Nie zareagowała, gdy zapytał, czy może się przysiąść. Gdy zapytał głośniej drugi raz i dziewczyna nie podnosiła oczu znad książki, postawił swój talerz i kubek z kompotem na blacie stołu i usiadł. Dopiero wtedy dziewczyna popatrzyła na niego i uśmiechnęła się. Miała długie, gładkie ciemne włosy spięte z tyłu głowy jedwabną wzorzystą apaszką i duże brązowe oczy. Jej dłonie były popisane po obu stronach długopisem aż do nadgarstków. Siedząc naprzeciwko, obserwował ją. Czytając, podnosiła czasami rękę i dłonią dotykała policzka, nosa i ust, zostawiając jasnoniebieskie plamy od tuszu długopisu na skórze. Zupełnie nie zwracała na niego uwagi. W pewnym momencie do stolika podszedł młody mężczyzna. W obu rękach niósł talerz. Uśmiechnął się do Marcina, postawił talerze na stole i do dziewczyny powiedział ze śmiechem w głosie:

– Oj, Natalko, znowu rozmazałaś na nosie naszą rozmowę…

Z kieszeni marynarki wyciągnął chusteczkę, nachylił się i zaczął bardzo delikatnie ścierać z jej twarzy plamy po długopisie. Dziewczyna milczała, bezwolnie poddając się temu, co on robi. Gdy skończył, wyciągnęła swoją rękę po jego dłoń i przycisnęła ją mocno do swoich warg, zamykając oczy. Mężczyzna pocałował ją w czoło i delikatnie dotknął jej policzka. Po chwili usiadł na krześle obok Marcina i podsunął talerz w kierunku dziewczyny. Przez krótką chwilę jedli w milczeniu. W pewnym momencie dziewczyna podniosła obie dłonie nad blat stołu i zaczęła szybko nimi poruszać. Mężczyzna wpatrywał się w skupieniu i po chwili odpowiedział jej podobnym ruchem rąk. Dziewczyna sięgnęła po długopis leżący obok książki, napisała coś na wewnętrznej stronie swojej lewej dłoni i podsunęła ją pod oczy swojemu rozmówcy. Zaraz potem, nie dokończywszy jedzenia, wstała, zamknęła książkę, schowała ją pośpiesznie do torby i odeszła. Po kilku krokach zatrzymała się i odwróciwszy się w ich kierunku, pokazała coś, poruszając energicznie obu dłońmi. Mężczyzna, próbując jej odpowiedzieć, łokciem wytrącił mu z rąk kubek z kompotem.

– Cholera, przepraszam. Naprawdę nie chciałem – powiedział, patrząc mu w oczy. – Przepraszam, bardzo przepraszam – powtórzył.

– Nic się nie stało. Tam już prawie nic nie było – odpowiedział Marcin z uśmiechem i schylił się, aby podnieść kubek z podłogi.

Był poruszony. Zupełnie się nie spodziewał, że ta śliczna dziewczyna, do której się przysiadł, jest głuchoniema. Ludzie naznaczeni takim kalectwem kojarzyli mu się – nie wie nawet dlaczego – dotychczas z kimś nieustannie cierpiącym i śmiertelnie smutnym. Atrakcyjność fizyczna takich ludzi wydawała się jak kolorowe wyzywające ubranie w trakcie pogrzebu, uderzający niepoprawnością i zupełnym niedopasowaniem do sytuacji dysonans. Dzisiaj nie znajduje w takim postrzeganiu kalectwa żadnej logiki. Co więcej, uważa, że jest w nim podświadomy wyraz wywyższania się, a nawet pychy ludzi uważających się za tak zwanych zdrowych.

Poza tym wzruszyła go niespotykana czułość w zachowaniu tej niewątpliwie zakochanej w sobie pary. Wymarzona piękna czułość, której on w relacji z żadną kobietą, także z Martą, nigdy nie doświadczył.

Z zamyślenia wyrwał go głos mężczyzny siedzącego obok.

– Mam na imię Jakub, a potrąciłem cię z powodu Natalii. Jest strasznie roztrzepana i zapominalska. Zawsze najważniejsze rzeczy mówi, gdy odchodzi, a ja nie jestem przygotowany do odpowiedzi... Zaczęli rozmawiać. Jakub mieszkał z ojcem we Wrocławiu. Studiował matematykę na uniwersytecie i równolegle informatykę na politechnice. Gdy dowiedział się, że Marcin przyjechał na praktykę z Gliwic, mieszka w akademiku i nie zna nikogo we Wrocławiu, bez wahania zaoferował, że pokażą mu z Natalią miasto. A kiedy usłyszał, że Marcin jest z Biczyc, zaczął wspominać swoją wizytę w Nowym Sączu wiele lat temu, gdzie spędził niezapomniany tydzień w domu przyjaciela z technikum, górala, który postanowił zostać rybakiem dalekomorskim i chodził z nim przez pięć lat do jednej klasy w szkole morskiej w Kołobrzegu.

– Absolutnie najsilniejszy człowiek, jakiego spotkałem w życiu. Gdyby bosman kazał mu wyciągnąć sieci pełne ryb, pewnie by to zrobił. Poza tym słynął z tego, że miał bardzo mocną głowę. Nawet starzy rybacy na kutrach podczas praktyki w Ustce nie dali rady wypić tyle wódki co on. Do końca szkoły mówił góralską gwarą. Nawet po angielsku! – zaśmiał się głośno.

Od tego spotkania w stołówce zaczęła się ich znajomość, która w krótkim czasie niespełna sześciu tygodni przerodziła się w prawdziwą przyjaźń. Jak dotychczas dla Marcina jedyną. Jakub był ujmująco skromny, momentami aż nieśmiały. Mądrzejszy od innych, ale nigdy im tego nie okazywał. Gdy spotykali się czasami w większej grupie, w pokojach akademika lub w studenckich klubach, zazwyczaj milczał i uważnie słuchał, co mówią inni. Rzadko się odzywał, ale gdy zaczynał mówić, wszyscy milkli. Marcin zaobserwował, że wiele osób biorących udział w takich spotkaniach starało się za wszelką cenę naśladować Jakuba. Niektórzy nawet starali się gestykulować tak jak on lub używać takich samych zwrotów lub słów. Jakub w jakiś magiczny sposób skupiał na sobie uwagę. Od pierwszej chwili, gdy się go poznało. Marcin także przyłapywał się na tym, że momentami go naśladuje.

Czasami Jakub zabierał na takie spotkania Natalię. Był wtedy praktycznie nieobecny. Nieustannie stenografował rozmowę prowadzoną przez innych, podtykając dziewczynie zapisane kartki, albo cały czas delikatnie głaskał jej rękę. Nie uczestniczył zupełnie w rozmowie. Marcinowi wydawało się, że stara się nie słyszeć kolegów, aby niczym nie odróżniać się od Natalii.

Na trzy tygodnie przed końcem praktyki Marcina Natalia wyjechała do Lwowa. O jej planowanym wyjeździe rozmawiał z Jakubem wielokrotnie. Nie widział dotychczas przyjaciela bardziej szczęśliwego niż właśnie tego dnia, gdy odprowadził ją na pociąg. Miała w specjalnej klinice u światowej sławy radzieckiego specjalisty od audiologii poddać się operacji, po której – Jakub był o tym przekonany – odzyska słuch. Tydzień później spotkali się w akademiku po raz ostatni. Na kolejne umówione spotkanie Jakub nie przyszedł, co zupełnie do niego nie pasowało. Nie bywał także w stołówce. Marcin go szukał. Wypytywał wszystkich napotkanych kolegów z jego roku. Żaden nic nie wiedział. Jakub po prostu zniknął. Marcin zdał sobie sprawę, że nie zna jego adresu ani numeru telefonu. Dotychczas zawsze spotykali się w mieście, pod zakładem energetycznym, gdzie odbywał praktykę, albo, tak było najczęściej, wieczorami w akademiku. Znali tylko swoje imiona i nazwiska. Nic poza tym. Po tygodniu bezskutecznych poszukiwań poszedł do dziekanatu wydziału matematyki na uniwersytecie. Wyjątkowo nieuprzejma urzędniczka nie chciała udzielić mu żadnych informacji. Gdy przyszedł tam drugi raz, na dzień przed swoim powrotem do Gliwic, i kategorycznie zażądał rozmowy z dziekanem, dowiedział się, że „dziekan nie ma czasu na takie idiotyzmy jak tropienie zaginionych studentów", a poza tym „pana szanowny koleś to zwykły przestępca właśnie relegowany z naszej uczelni". Nie uwierzył w tę bzdurę. Była poza granicami wszelkiego absurdu.

Nie odnalazł Jakuba. Po powrocie do Gliwic wielokrotnie dzwonił do dziekanatu we Wrocławiu, za każdym razem dowiadując się, że „taka osoba u nas nie studiuje". W kilka miesięcy po powrocie z Wrocławia wydarzyła się ta historia z Martą i wszystko poza jego lękiem przestało być ważne. Także Jakub.

*

Nie wiedział dlaczego, ale podczas samotnych wieczorów na ławce przed domem często wracał wspomnieniami do przyjaciela. Choć upłynęło wiele lat, dokładnie pamiętał barwę głosu Jakuba, sposób, w jaki się poruszał, a nawet takie szczegóły jak wyraz jego oczu, gdy była obok Natalia. Ciągle też czuł żal i nie mógł się pogodzić z jego nagłym zniknięciem. Tajemniczym i niezrozumiałym. Jak gdyby ktoś przerwał rozmowę w pół zdania, wyszedł na chwilę z pokoju wywołany pukaniem do drzwi i nigdy już nie powrócił.

Przez remont domu miał znowu jakiś cel. Bywał w Nowym Sączu, nie tylko w muzeum. Któregoś dnia spotkał kolegę, instruktora ze stadniny. Dał się namówić i pojechali do stajni. Wszyscy witali go jak dobrego znajomego. Jak kogoś, kto był tam zawsze. Po tygodniu przyjechał znowu i dosiadł konia. W stadninie rozniosło się, że „Marcin znowu skacze".

W poniedziałek Wielkiego Tygodnia wyszedł z muzeum już w południe. Musiał się stawić na spotkanie w banku, gdzie złożył podanie o kredyt na renowację dachu. Miał dosyć łatania dziur po każdej zimie, smrodu stęchlizny, suszenia strychu, wilgoci w całym domu. Gdy przyszło do podpisywania umowy, wyciągnął z portfela dowód osobisty. Na marmurową posadzkę banku upadła biała wizytówka. Schylił się po nią. Wizytówka Karoliny. Córki Stasia. Tej z ogromnymi oczami jak jeziora. Uśmiechnął się, przypominając sobie jej słowa z cmentarza: „Wujku, zadzwoń albo napisz do mnie e-mail... Pójdziemy na wyścigi".

Potem, w muzeum, gdy siedział przy komputerze, wyciągnął tę wizytówkę jeszcze raz. Adres e-mailowy Karoliny... Dlaczego nie napisać? Wszyscy teraz piszą e-maile! Włożył marynarkę. Szybko zbiegł po schodach. Wsiadł do samochodu i pojechał do Domu Towarowego w centrum miasta. Po godzinie był z powrotem w biurze. Obok komputera postawił karton z modemem. Postanowił zaczekać z podłączeniem do momentu, aż wszyscy wyjdą z muzeum. Dawno nie czuł takiego podniecenia.

Wydawało mu się, że zna się na modemach. Stacje transformatorowe, które obsługiwał, gdy jeszcze nazywano go „inżynierem energetykiem", dawno temu przed chorobą matki, były wyposażone w modemy. Ogromne szare lub czarne skrzynki z pokrętłami połączone z jednej strony czerwonymi kablami z licznikami i miernikami transformatora, z drugiej – z automatyczną linią telefoniczną sieci obsługiwanej z najbliższego zakładu energetycznego w okolicy. W ten sposób energetyk dyżurny mógł sprawdzać zdalnie wskazania liczników transformatora na swojej konsoli. Gdy coś uległo uszkodzeniu, natychmiast to zauważał, lokalizował i wysyłał ekipę. Marcin był wtedy kierownikiem takiej ekipy. Musiał być nieustannie pod telefonem. Dlatego też jako jedni z pierwszych mieli w Biczycach telefon. W razie awarii wsiadał na motocykl i jechał. Tak jak tego dnia, gdy matka dostała wylewu.

Modem komputerowy był jednak zupełnie inny. W niczym nie przypominał tych z transformatorowni. Marcin wiedział, że bez tej małej czarnej skrzynki nie połączy swojego komputera w muzeum z Internetem, który był gdzieś tam za gniazdkiem wtyczki jego telefonu w biurze. Dotychczas nie potrzebował Internetu. Słyszał o nim, czytał o nim, rozmawiał o nim. Doskonale pamiętał, jak jego brat Błażej, naukowiec z Gdańska, powiedział mu kiedyś:

– Ja bez Internetu mógłbym zamknąć swoje biuro na uczelni, wyłączyć światło i nigdy tam nie wracać. Gdy nie jestem kilka dni w sieci, to mam wrażenie, że świat, nie tylko ten naukowy, się zmienia, a ja nic o tym nie wiem.

Adam, którym Błażej pogardzał i z którym kłócił się nieustannie, tylko w tym jednym zgadzał się ze starszym bratem, nie mówiąc tego zresztą oficjalnie, ale powtarzał, gdy Błażeja nie było w pobliżu:

– Bez Internetu nie miałbym zleceń, informacji i znajomych. Poza tym dzięki Internetowi mam żywą kasę! Ostatnio mogłem zwolnić pięciu strażników, bo zamontowaliśmy na obiekcie kamery podłączone bezpośrednio do Internetu. Przynajmniej wiem, że nie płacę tym starym esbekom za spanie na służbie.

Marcin tak naprawdę nie rozumiał do końca, o czym bracia mówią. Świat w Biczycach i ten jego muzealny w Sączu doskonale obywał się bez Internetu. Ale teraz chciał napisać do Karoliny. Nie wiedział jak, nie wiedział nawet po co. Przecież i tak nie pojedzie do niej do Warszawy. Ale chciał. Teraz i tutaj. Nie po to kupił tę skrzynkę, aby siedzieć nad nią jak analfabeta nad książką. On, magister inżynier! Zszedł do samochodu po okulary. Muzeum było zamknięte. Wszyscy już dawno poszli do domu. Wrócił do biura po klucze, aby otworzyć główną bramę. Zaparzył sobie herbatę i zaczął czytać instrukcję obsługi modemu. Strona po stronie.

Zrobił wszystko, jak kazali. Nie działało. Był na skraju rezygnacji, gdy przypomniał sobie, że Szymon, jego bratanek, używa Internetu. Mieszka niedaleko, tutaj, w Nowym Sączu. Zadzwonił. Odebrał Piotr. Po krótkiej rozmowie – nigdy nie mieli tak naprawdę sobie nic ważnego do powiedzenia, chociaż mieszkali blisko siebie – oddał słuchawkę Szymonowi.

– Jasne, wujku, zaraz będę. Internet w muzeum... super! Nareszcie idziesz do przodu, wujku. Mogę wziąć ze sobą Aśkę? Ty jej pokażesz ikony, a ja ci w tym czasie ustawię modem.

Czuł się zawstydzony, że musi prosić Szymona o pomoc. To „idziesz do przodu" trochę go zabolało. Jak ten świat się zmienia, pomyślał. Niedawno uczyłem smarkacza jeździć na rowerze, a teraz on mi tu mówi „idziesz do przodu, wujku".

Było już ciemno, gdy usłyszał podjeżdżający pod muzeum motocykl. Zdał sobie sprawę, że jeszcze nigdy nie był w swoim muzeum po zmroku. Szymon po kilku słowach powitania pobiegł natychmiast schodami do jego biura „ustawiać modem". Marcin chciał iść za nim, aby podpatrzyć, jak on to robi, ale Aśka, z którą przyjechał Szymon, została na dole w holu muzeum i czekała. Filigranowa blondynka o niebieskich oczach, z rozwianymi od jazdy na motocyklu włosami. Wstukał na klawiaturze urządzenia alarmowego kod zabezpieczający. Zgasła mrugająca czerwona lampka nad klawiaturą i ze zgrzytem puściło zabezpieczenie kraty. Otworzył kluczem salę z ikonami. Dziewczyna położyła na kaloryferze owinięty w folię notatnik, który trzymała w rękach, i zaczęła zdejmować buty.

– Nie, nie trzeba. Tu nie jest Wawel – powstrzymał ją z uśmiechem.

Weszli do ciemnej sali. Światło z holu padło wprost na ikonę Łukasza. Marcin podszedł do włącznika światła.

– Proszę, niech pan nie zapala – powiedziała dziewczyna. – Jeszcze chwilę nie. Proszę!

Odwrócił się. Stała zachwycona. Odbite od złoceń ikony światło rozproszyło się, tworząc rodzaj poświaty. Wszystko stało się trójwymiarowe i wyolbrzymione. Stali tak krótką chwilę w milczeniu, wpatrując się w ikonę. Pomyślał, że niektóre muzea powinny być otwarte nocą...

– Modem działa – usłyszeli nagle za sobą głos Szymona. – Ustawiłeś, wujku, wybieranie tonowe, a wy tutaj macie ciągle dziewiętnasty wiek w telefonii i wybieracie impulsowo. Założyłem ci adres e-mailowy, wujku, chodź ze mną na górę, pokażę ci co i jak. Zostawmy tutaj Aśkę, niech sobie pochodzi po sali. A co wy tak po ciemku? – dodał, podchodząc do włącznika światła.

Przekręcił gałkę i poszedł na górę. Oślepiło ich światło jarzeniówek podwieszonych pod sufitem. Aśka nie ruszyła się z miejsca, dalej wpatrując się w ikonę.

Szymon nie był już tym smarkaczem, którego uczył jeździć na rowerze. Gdy siedzieli przed komputerem w jego biurze, to on raczej czuł się jak mały chłopiec przed swoją pierwszą jazdą rowerem. Szymon objaśniał mu podniecony serwery poczty przychodzącej i wychodzącej, pokazywał strony internetowe, klikał w jakieś podkreślone teksty lub graficzne miniaturki, a wtedy nagle pokazywały się obrazy, dochodziły sygnały dźwiękowe lub muzyka z głośników. Nawet nie wiedział, że ma te głośniki.

– Wujku, te małe grafiki to ikony. Takie jak te twoje tutaj w muzeum, tylko mniejsze – śmiał się Szymon. – Wpisałem ci adres Karoliny do książki adresowej – rzekł, podając mu wizytówkę leżącą przy monitorze komputera.

Gdy zeszli na dół, Aśka ciągle była w sali z ikonami. Po ich odjeździe zamknął muzeum i wrócił pośpiesznie do biura. W szufladzie znalazł stary zeszyt, na okładce napisał drukowanymi literami „Internet" i zanotował wszystko, co zdołał zapamiętać z rozmowy z Szymonem. Minęła północ, gdy był wreszcie gotowy. Zaczął pisać swój pierwszy w życiu e-mail.

Droga Karolino!
Jeśli ten list (czy to można nazwać listem???) wyjdzie poza szkło mojego monitora i dotrze do Ciebie jakąś magiczną nitką zaczynającą się z drugiej strony mojego komputera i prowadzącą przez dziurę w ścianie mojego muzeum, to koniecznie napisz mi o tym. Spędziłem bowiem, Karolinko, kilka długich godzin, aby móc zadać Ci tą drogą takie pytanie. I wiesz co? To były bardzo radosne godziny...
Szymon pokazał mi konie w Internecie! Jest ich tutaj tyle, że nie wiem, od czego zacząć.

Mam nadzieję, że radzisz sobie w tej Warszawie.

Serdecznie Cię pozdrawiam

wujek Marcin (ten z Biczyc)

W drodze do domu czuł, że coś zmieniło się tej nocy w jego życiu. Włączył radio w samochodzie. Muzyka. Odruchowo wyciągnął rękę, aby wyłączyć. Nie, dzisiaj nie... – pomyślał. Dzisiaj właśnie chciał słuchać muzyki.

Jeszcze było ciemno, gdy obudziło go bicie zegara w pokoju matki. Nie zdarzało mu się to dotychczas w ostatnich miesiącach. Próbował ponownie zasnąć. Nie mógł. Było zbyt wcześnie, by jechać do muzeum. Wyłączył budzik, wstał i poszedł do kuchni. Nastawił wodę w czajniku. Słyszał szczekanie psów w oddali. Spojrzał przez okno. Góry czerniały na tle szarości budzącego się dnia. Wyszedł przed dom. Chłód obudził go i otrzeźwił. Nagle usłyszał niewyraźny przytłumiony głos dochodzący z podwórka. Przez chwilę nie potrafił go zlokalizować.

Zapomniał wyłączyć radio!

Muzyka. Przecież słuchał w nocy muzyki w samochodzie.

Uśmiechnął się. Wrócił do mieszkania, zdjął klucz z haka na framudze. W komórce pod stertą książek i czasopism znalazł stare radio, które po śmierci matki spakował w karton i wyniósł. Dotychczas nie potrzebował radia, bo mogłoby zakłócić jego poranną smutną ciszę. Denerwowałoby roześmianym głosem spikerów, którzy nie wiadomo dlaczego przekonywali wszystkich o tym, że wstaje nowy dobry dzień. Irytowałoby reklamami czegoś, czego nigdy nie będzie potrzebował. Drażniłoby muzyką. A teraz poczuł, że chce znowu słuchać muzyki. Od wczorajszej nocy znowu chce. Ustawił radio w kuchni na kredensie.

Muzyka...

Zaczynało świtać. Ze stolika nocnego przyniósł swój zeszyt z napisem „Internet", usiadł z herbatą przy stole i zaczął czytać.

Tego dnia był w muzeum przed wszystkimi. Wbiegł schodami do swojego biura, rzucił kurtkę na krzesło i natychmiast włączył komputer. Rozczarowany wpatrywał się w ekran. Karolina nie odpowiedziała. Znalazł leżącą przy klawiaturze wizytówkę. Wybrał numer telefonu do Warszawy.

– Dzień dobry, Karolinko – powiedział, gdy tylko ktoś po drugiej stronie odebrał telefon. – Czy dostałaś...

Męski głos przerwał mu w połowie zdania:

– Karolina wraca dzisiaj z Nowego Jorku. Będzie w biurze dopiero po południu. Czy życzy sobie pan, aby coś jej przekazać?

– Przekazać? Nie, nie trzeba... to nie jest ważne. Przepraszam. Do widzenia.

Odłożył szybko słuchawkę, zawstydzony swoją niecierpliwością. W tym momencie usłyszał pukanie do drzwi.

– Proszę wejść! – krzyknął zniecierpliwiony.

Kustoszka muzeum, pani Mira, stanęła w drzwiach. Widać było po wyrazie jej twarzy, że jest zdenerwowana.

– Panie dyrektorze, przepraszam, że przeszkadzam, ale chciałam tylko zapytać, czy wszystko w porządku...

Zdziwiony, spojrzał na nią uważnie.

– Oczywiście, że w porządku. Dlaczego pani pyta?

– Nigdy nie przychodzi pan tak wcześnie do muzeum, poza tym... – Zaczerwieniła się. – Alarm w sali ikon nie był włączony. Nie wiem, co się stało. Wczoraj przed wyjściem jak zawsze włączyłam, a dzisiaj był wyłączony.

Poczuł się jak mały chłopiec przyłapany na kłamstwie. Odwrócił głowę do ekranu komputera, by nie mogła widzieć wyrazu jego twarzy, i powiedział:

– Widocznie zapomniałem włączyć. Wczoraj w nocy byłem w tej sali. Musiałem przez roztargnienie... no wie pani... musiałem zapomnieć.

Uśmiechnęła się.

– Tak? To pan? A tak się martwiłam. Sprawdziłam całą salę. Nic nie zginęło. Ale chciałam się upewnić. Ja także czasami oglądam nasze ikony w nocy, gdy jedynie światło z holu oświetla tę salę. Prawda, że są wtedy zupełnie inne? – Podeszła bliżej i stanęła za jego plecami. Czuł zapach jej perfum.

– Tak. Ma pani rację... są... są zupełnie inne – odpowiedział cicho.

Położyła na blacie biurka owinięty w folię notatnik.

– Znalazłam to na kaloryferze przy wejściu do sali z ikonami. Pewnie pan go tam wczoraj w nocy położył i zapomniał zabrać.

– To nie jest mój notatnik – powiedział. – Wczoraj w nocy pokazywałem ikony bratankowi i jego koleżance. To ona musiała go przez roztargnienie zapomnieć. Dziękuję bardzo. Będę pani wdzięczny za dyskrecję – dodał, patrząc jej w oczy.

Nagle zauważył, że pani Mira nie jest jak zwykle w swoim szarym kostiumie. Miała na sobie oliwkowy roboczy fartuch kończący się wysoko nad jej kolanami. Włosy spięła w kok. Wyglądała zupełnie inaczej. Miała długą smukłą szyję. Zawsze lubił, gdy Marta upinała włosy do góry.

– Czy robi pani dzisiaj miesięczną inwentaryzację? – zapytał, patrząc na jej fartuch.

– Nie. Zapomniał pan? – Roześmiała się. – Przecież wysyłamy dzisiaj ikony do Gdańska. Pakujemy je z panem Romanem w skrzynie. Samochód będzie około południa. – I kładąc wydrukowany dokument na jego biurku, dodała: – Czy mógłby pan podpisać protokół wysyłkowy?

Zawstydził się. Drugi raz tego dnia przyłapała go na roztargnieniu.

– Ależ tak... oczywiście. Dzwonili kilka dni temu do mnie... – Próbował ukryć zmieszanie.

Podpisał dokument bez czytania. Podając go pani Mirze, spojrzał jej w oczy i powiedział:

– Powinna pani częściej spinać włosy w kok...

Zaczerwieniła się. Wzięła od niego protokół, wsunęła w skoroszyt, odwróciła się i bez słowa wyszła, zamykając drzwi.

Wyłączył komputer i zapakował notatnik do swojej skórzanej torby. Postanowił, że wieczorem zadzwoni do Szymona i mu o tym powie. Zszedł na dół. W sali ikon pod oknami stały niewielkie drewniane skrzynie ponumerowane białą farbą. Kustoszka uśmiechnęła się, gdy wszedł.

Do południa spakowali wszystkie ikony. Na ścianach zostały ciemne od kurzu prostokąty. Kiedy późnym popołudniem samochód z Gdańska wyjechał za bramę muzeum, Marcin zapukał do drzwi kustoszki i zapytał:

– Czy mógłbym z panią wypić herbatę... – zawahał się przez chwilę – ...pani Mirko?

– Ależ oczywiście... panie dyrektorze – odpowiedziała, zapinając guziki fartucha i poprawiając włosy.

Po raz pierwszy był w tym pokoju. Zobaczył mnóstwo kwiatów doniczkowych na parapetach, na biurku, a nawet na podłodze. I półki z książkami na wszystkich ścianach. Drzwi pokryte były przypiętymi pinezkami arkuszami papieru z dziecięcymi rysunkami. Każdy z rysunków miał datę wpisaną pomarańczowym mazakiem. Na biurku oprócz segregatorów, kalendarza i otwartej książki stała oprawiona w grubą mahoniową ramę duża fotografia uśmiechniętej dziewczynki bawiącej się z psem.

– Mam tylko zieloną herbatę – odezwała się pani Mira, wysuwając szufladę biurka. – Pije pan zieloną?

– Z przyjemnością wypiję – odpowiedział.

Wyjęła torebkę z herbatą i podeszła do elektrycznego czajnika stojącego na parapecie okna.

– Śliczna mała – rzekł, biorąc w dłonie fotografię z biurka. – To pani córeczka? Jak ma na imię?

Stała odwrócona do niego plecami i wsypywała herbatę do szklanek.

– Agnieszka. Umarła trzy lata temu.

Wpatrzony w fotografię, stał osłupiały. Nie mógł wydobyć z siebie głosu. Odstawił powoli zdjęcie na biurko, w to samo miejsce. Dokładnie w to samo. Tak jak gdyby to, czy ta fotografia będzie stała dokładnie w tym samym miejscu, miało jakieś niezwykłe, absolutnie najważniejsze znaczenie. Słyszał bulgotanie wrzącej wody w czajniku. Podszedł do parapetu. Uprzedził panią Mirę. Wziął czajnik do ręki i nalał wodę do jednej ze szklanek. Odstawił czajnik. Chwycił jej dłoń, uścisnął i powiedział:

– Tak bardzo mi przykro. Nie wiedziałem. Ja przez wszystkie te lata nawet nie wiedziałem, że ma, to znaczy... że miała pani córeczkę. Jest mi tak bardzo przykro... Proszę mi wybaczyć.

Odwrócił się i wyszedł.

Pojechał do miasta. Zatrzymał się przy pierwszej napotkanej restauracji. Zamówił kieliszek wódki. Potem drugi.

„Agnieszka. Umarła trzy lata temu”.

A on, do cholery, myślał, że to on w tym mieście przeżył największy ból tego świata! Co za bezgraniczna arogancja! Ciekawe, kiedy ona zaczęła słuchać znowu muzyki? Może nie potrafi słuchać do dzisiaj?

Zatrzymał spoconą kelnerkę przemykającą obok jego stolika.

– Proszę jeszcze jedną wódkę. Nie, od razu dwie.

Zostawił samochód przy restauracji. Pieszo wrócił do muzeum. Było już ciemno. W biurze włączył komputer. W jego skrzynce pocztowej były dwa e-maile.

Karolina pisała:

Wujku, jestem z Ciebie dumna! Zawsze byłam, ale teraz jestem jeszcze bardziej. Nie zadzwonię do Ciebie, bo wiem, że sobie z Internetem poradzisz. To jest o niebo prostsze niż obsianie pola w Biczycach. Dzwoniłam do taty. Powiedziałam mu, że w całej naszej rodzinie to on teraz pozostał ostatnim „sieciowym analfabetą". Obiecał mi, że wstawi do mojego pokoju komputer, aby Ci nic nie brakowało, gdy przyjedziesz do nich, to znaczy do nas, do Giżycka.

Wszyscy czekają tam cały czas na Ciebie.

Babcia ma pojutrze urodziny. Zapalisz na jej grobie znicz ode mnie? Proszę!

Karolina

I drugi list:

Jutro podam Ci adres internetowy najlepszego polskiego czatu o koniach. Rozmawiają tam ludzie tak samo – albo nawet bardziej – zakręceni na punkcie koni jak ty.

Karolina

PS :-) Teraz przechyl głowę w lewo i popatrz na te znaki. Widzisz ten uśmiech? Widzisz, prawda?! To mój. Dla Ciebie. Od Karoliny z Warszawy

Posłusznie przechylał powoli głowę w lewo. W pewnym momencie zobaczył. Zaczął się śmiać. Nie śmiał się od tak dawna...

*

Nie wiedział, co to jest czat. Nie miał jeszcze tego w swoim zeszycie. Poza tym nie potrafił sobie wyobrazić, jak można w ogóle „rozmawiać" w Internecie. Ale dowiem się, pomyślał. Dowiem się wszystkiego...

Wrócił do domu dobrze po północy. W swoim biurze w muzeum wypił dwie mocne kawy. Gdy poczuł, że kofeina pokonała alkohol, zszedł na dół, wrócił pod restaurację po samochód i przejechał bardzo wolno, aby nie kusić losu i być może gdzieś zaczajonych w radiowozie policjantów, do Biczyc. Był zbyt podniecony wydarzeniami minionego dnia, aby zasnąć. Siedział w kuchni, pił herbatę i wpatrywał się w okno. Światło księżyca zarysowywało góry majaczące w oddali. Wstał i podszedł do teczki, którą rzucił na łóżko. Szukając swoich okularów, zauważył notatnik, który przyniosła mu kustoszka. Wyciągnął go razem z okularami i wrócił na krzesło przy oknie. Przez chwilę wahał się, czy w ogóle ma prawo zaglądać do tego zeszytu. Pomyślał jednak, że musi się przynajmniej upewnić, do kogo należy. Otworzył go i zaczął przeglądać. Gruby zeszyt miał dwie części przedzielone wklejonymi kilkoma kartkami grubszego pomarańczowego papieru. Niektóre z nich zapisane były zdaniami w języku angielskim. Na jednej naklejona była czarno-biała fotografia młodej atrakcyjnej uśmiechniętej kobiety stojącej przed tablicą w pełnej młodych ludzi sali wykładowej. Część za tymi kartkami zapisana czerwonym atramentem była poplamiona i porwana w kilku miejscach. Pismo w tej części różniło się od tego w pierwszej części. Wprawdzie można było zauważyć, że pisała to ta sama osoba, ale litery były większe, nieregularne i jak gdyby pisane w pośpiechu i nerwowości. Zaciekawiony wrócił do pierwszej części. Na pierwszej kartce w poprzek strony napisano grubym mazakiem: „Mozart dla opornych, czyli objaśnienie geniusza – zapiski z podsłuchanej biografii". Zafrapował go ten tytuł.

Przypomniał sobie twarz dziewczyny, która oniemiała z zachwytu wpatrywała się w ikony, gdy wprowadził ją nocą do zaciemnionej sali muzeum. Aśka, pomyślał. Chyba tak miała na imię...

Podsunął pod nogi małe krzesełko stojące pod stołem, usiadł wygodnie, opierając się plecami o ścianę przy oknie, i zaczął czytać.

*

Joannes Chrystosomus Wolfgang Gottlieb, siódme dziecko Leopolda i Marii Anny Mozart, urodził się 27 stycznia 1756 roku w Salzburgu i gdy przeżył trzy miesiące, rodzice odetchnęli z ulgą. Pięcioro jego wcześniej urodzonych braci i sióstr zmarło przed upływem tego czasu. Oprócz niego z całej siódemki przeżyła tylko jedna siostra, Maria Anna Walburga Ignatia.

Gdy jako niemowlę płakał, jego ojciec, koncertmistrz biskupa w Salzburgu, wyjmował skrzypce i grał. Wolfgang natychmiast przestawał płakać, milkł, ssał palec i się uśmiechał. Kiedy w nocy budził się z płaczem, ojciec, aby go uspokoić, wstawał i kluczem od domu wygrywał melodię na mosiężnym świeczniku. Jako trzylatek wdrapywał się do klawiatury fortepianu w pokoju rodziców i brzdąkał swoje melodie. W wieku czterech lat grał i pisał nuty. Któregoś dnia siadł przy biurku swojego ojca – miał cztery lata (!) – i małymi rączkami poplamionymi atramentem od gęsiego pióra, które ledwo mógł utrzymać w dłoni, napisał swój pierwszy koncert na fortepian. Gdy podał ojcu poplamiony atramentem arkusz z nutami, ten miał powiedzieć: „To jest zbyt piękne i zbyt trudne, by jakiś człowiek mógł to zagrać". Mając pięć lat, skomponował swój pierwszy menuet. Był małym, bladym i chudym chłopcem. Nigdy nie chodził do szkoły. Ojciec, najlepszy nauczyciel gry na skrzypcach w tamtejszej Europie, zrezygnował ze swojej kariery. Był jego nauczycielem, menedżerem i jak Amadeusz kiedyś wyznał w liście do siostry, „właścicielem najlepszego niewolnika".

Amadeusz. Sam wymyślił sobie to imię. I tylko tego imienia używał. Najpierw z „Gottlieb" przeszedł do greckiej formy „Theophilius", potem do łacińskiego „Amadeus", a zakończył na ulubionej i stosowanej przez niego do końca francuskiej, romantycznie brzmiącej i robiącej wrażenie na kobietach formie „Amadé".

Rzadko w domu, najczęściej w podróży towarzyszyli mu ciągle nauczyciele. W przydrożnych zajazdach lub gospodach, wieczorami przy świecach uczył się kompozycji, rachunków, łaciny, włoskiego, francuskiego, angielskiego. Gdy miał sześć lat, ojciec zabrał go na muzyczne tournée. Na dziesięcioletnie tournée! Dzieciństwo spędził tak naprawdę w pocztowym dyliżansie, którym wraz z ojcem podróżował od miasta do miasta. Więcej nocy przespał na twardej drewnianej ławce dyliżansu lub pocztowej kuczy niż we własnym łóżku. W którymś z listów do matki pisał:

„Ten dyliżans obija nie tylko mój tyłek, ale także moją duszę. Siedzenia są twarde jak kamień. Mój tyłek jest cały opuchnięty i najprawdopodobniej czerwony jak ogień. Dwie stacje jechałem z dłońmi pod pośladkami, aby powietrze mogło się pod nie przedostać i je schłodzić".

Z zawiązanymi oczyma grał na dworze wiedeńskiej rodziny cesarskiej. Gdy oczarowana muzyką cesarzowa Maria Teresa de Bourbon podarowała mu złoty strój dworski, skoczył jej na kolana, by dać całusa. Po koncertach na dworze bawił się z dziećmi rodziny cesarskiej. Pewnego razu poślizgnął się i upadł, i podniosła go księżna Maria Antonina, przyszła królowa Francji. Powiedział wtedy do ojca: „Ona jest odważna i piękna. Chcę się z nią ożenić". Po kilku latach stał się najsłynniejszym dzieckiem Europy. Mały chłopiec o wielkich dłoniach. Dziecko wędrujące z muzycznym cyrkiem, który wymyślił jego ojciec, od jednej stolicy europejskiej do drugiej. Geniusz pozbawiony dzieciństwa. Mały wrażliwy chłopiec słuchający chórów w Kaplicy Sykstyńskiej w Rzymie, oglądający więzienia londyńskiej Tower, odurzony perwersyjną dekadencją Wersalu, zachwycony wybrzeżem śródziemnomorskim Włoch, podniecony obrazami Rubensa w Brukseli. Dojrzały zbyt wcześnie. Także seksualnie zbyt wcześnie.

Był nienasyconym samcem. Ciągle zakochany. Ciągle w innych kobietach. Playboy Mozart. Miał jedną żonę, dziesięć dużych romansów i sto małych. Flirtował, uwodził, zdobywał i porzucał, a w międzyczasie odwiedzał prostytutki. Potrafił być przy tym zazdrosny i „wierny sercem". Jego żona Konstancja Weber – młodsza siostra Aloysii, która go odrzuciła i prawdopodobnie była jego jedyną prawdziwą miłością – przymykała na wszystko oczy i przebaczała mu te „młodzieńcze wybryki", rodząc mu kolejne dzieci.

Być może, właśnie zaniechaniu i rezygnacji Konstancji świat zawdzięcza symfonie i opery, które inaczej nigdy by nie powstały. Seks był cieniem geniusza Mozarta. Ucieleśnieniem jego natchnień. Nie było kobiety, której nie próbował zdobyć. Uczennice śpiewu, którym dawał korepetycje, pieśniarki, z którymi ćwiczył przed premierami swoich oper, wielbicielki, które poznawał po koncertach. Był wierny tylko muzyce. Nigdy kobietom. Po zakończonym romansie ze swoją kuzynką Anną Marią Mozart pisał do niej listy, które dzisiejszy czytelnik zaliczyłby do pornografii. Był przy tym niezwykle pracowity. Nie było dnia, w którym nie koncertowałby mniej niż sześć godzin. To, co napisał, przekracza wszelkie granice wyobraźni. Gdyby chcieć piórem przepisać nuty jego kompozycji, normalny człowiek potrzebowałby sześćdziesięciu lat i dwudziestu czterech godzin każdej doby w ciągu tych lat. On wymyślił i na dodatek zapisał to w ciągu trzydziestu pięciu lat swojego krótkiego życia.

Gdyby Mozart żył w dzisiejszych czasach, byłby jet-setowym playboyem karmiącym swoimi skandalami pierwsze strony bulwarowej prasy, nagradzanym Oscarami musicalowym gigantem. Krytycy muzyczni by dyskutowali, nie rozumiejąc do końca jego awangardowych kompozycji, wydawano by w milionowych nakładach płyty kompaktowe z jego nagraniami, pokazywano by jego koncerty na DVD, plakaty z jego fotografiami wisiałyby w pokojach nastolatek.

Wiedeńskie brukowce by się interesowały, co robi ze swoimi pieniędzmi, a trwonił je tak samo szybko, jak szybko komponował koncerty i opery, które mu te pieniądze zapewniały. Dochodziło do tego, że pożyczał pieniądze od swojej służby, aby zimą kupić drewno i ogrzać dom. Potrafił w jeden wieczór przegrać całe honorarium za operę. Materialna egzystencja była tym, co interesowało go najmniej. Gdy miał pieniądze, wydawał je natychmiast. Gdy ich nie miał, żebrał u arystokratycznych kochanek, wielbicielek swojej muzyki lub ich mężów. W okresach największej biedy komponował największe arcydzieła. Tak jak gdyby pośpiech i dotkliwe ubóstwo jeszcze bardziej stymulowały jego talent. W 1788 roku, w ciągu sześciu tygodni, w dzień pisząc żebracze listy, wieczorami skomponował *Eine kleine Nachtmusik*, symfonię Es-dur, symfonię g-moll oraz symfonię C-dur Jowiszową, bez których historia muzyki byłaby niepełna.

W Wiedniu jest „oficjalny" grób Mozarta. Pusty. Ten grób w Wiedniu to tylko symboliczne miejsce, które ma służyć jako miejsce pielgrzymek i zaspokajać próżność Austriaków. Śmierć Mozarta to do dzisiaj niewyjaśniona tajemnica. Tak naprawdę nikogo ważnego nie było przy jego śmierci. Niektórzy twierdzą, że został otruty. Przeczuwając swoją śmierć, w ostatnich dniach życia komponował własne *Requiem*, które było formą medytacji i rozrachunkiem z kończącym się życiem.

Nie dokończył go. Umarł w swoim domu w Wiedniu w zupełnym osamotnieniu 5 grudnia 1791 roku. Żona Konstancja była w tym czasie w sanatorium i nawet nie wróciła na pogrzeb. Jego ciało owinięte w lniany worek grabarz przewiózł na cmentarz za murami miasta i wrzucił do zbiorowej mogiły. Za wozem z ciałem nie szedł żaden człowiek.

*

Przerwał czytanie. Po ostatnim zdaniu załączona była szczegółowa tabela z życiorysem Mozarta. Rok po roku. Od urodzenia aż do śmierci. Dziwne, że to, co z Mozartem kojarzy się najbardziej, jego muzyka, w tej chronologii grała drugorzędną rolę. Istotniejsze były fakty z jego osobistego życia. Nigdzie nie były cytowane żadne źródła. Mimo to miał wrażenie, że wszystko to jest prawda, jak gdyby autorka naprawdę podsłuchiwała rozmowę o życiu Mozarta i spisywała to pośpiesznie w swoim notatniku.

Jemu także Mozart kojarzył się nie tylko z muzyką. Pamiętał swoją fascynację jego osobą po słynnym filmie Miloša Formana. Był to jeden z nielicznych filmów, który w tamtym czasie oglądał wielokrotnie, i za każdym razem odnajdywał w nim coś nowego. Mozart jawił mu się po tym filmie jako niezrozumiały geniusz, który zjawił się jak kometa, uderzył w Ziemię i zniknął, pozostawiając po sobie ukryte diamenty. To, co przeczytał, było jak powrót do jego myśli sprzed wielu lat. Do tych samych myśli. Zastanawiał się, dlaczego ta dziewczyna napisała ten tekst. Zastanawiał się także nad zbieżnością ich myśli. Być może tajemnica geniuszu pociąga wszystkich zawsze jednakowo. Niezależnie od płci i wieku...

Wstał i przeszedł do pokoju. Znalazł płytę ze składanką kompozycji Mozarta, przeniósł radio z odtwarzaczem do kuchni, postawił na podłodze przy krześle, na którym siedział, zaparzył herbatę. Włączył muzykę. *Sinfonia Concertante*...

Wrócił na krzesło i przerzucił kilka stron. Zatrzymał się na fotografii kobiety w sali wykładowej. Wśród osób na sali rozpoznał Aśkę.

Sięgnął po herbatę. Otworzył na pierwszej stronie zapisanej czerwonym atramentem. Zaczął czytać.

*

Pan jest mężczyzną...

To musi być mężczyzna. Kobieta tylko udawałaby, że rozumie. Kobieta by tego nie rozumiała. Ona by tego nie czuła. Co najwyżej współczuła, skrywając odrazę.

A ja nienawidzę współczucia. Ja chcę zrozumienia. Nawet jeśli jestem do bólu inna. Wyklęta, pogardzana, szokująca, perwersyjna i pierwsza w kolejce do spalenia na stosie.

Jeszcze nie wiem, po co piszę ten list...

Nawet nie wiem do kogo. Ale to nieważne. Nawet jeśli piszę do siebie samej, to wiem, że chcę go napisać. Muszę. Może po to, aby pozbyć się kolejnego fragmentu tego ciężaru, który od tylu miesięcy dźwigam na swoim sercu i sumieniu? Może po to, aby ta historia została jeszcze raz opłakana? Może po to, aby tylko mieć pewność, że nie przeminie, nawet jeżeli ja przeminę? Może po to, aby się usprawiedliwić i rozgrzeszyć? A może ze wszystkich tych powodów naraz?

Podobno gdy nie wiadomo, od czego zacząć, najlepiej zacząć od początku. Zacznę więc najbanalniej – od przedstawienia się. Na imię mam Joanna, dla przyjaciół – Aśka, dla najważniejszej kobiety mojego życia – Ashia. Od urodzenia mieszkam w Nowym Sączu, mam niebieskie oczy, nie wierzę w Boga, mój ojciec bardziej kocha alkohol niż moją matkę, moja matka stara się udawać, że jest odwrotnie, mam dwadzieścia trzy lata, trzy lata temu zdałam maturę, tego samego roku poznałam miłość swojego życia, półtora roku później ją utraciłam, gdzieś pomiędzy jednym a drugim dostałam się na swoją wymarzoną polonistykę, której dyplom uzyskam – jak wszystko dobrze pójdzie – za cztery miesiące, trzynaście miesięcy temu zaprzyjaźniłam się z Dominiką, która najprawdopodobniej uratowała mi życie.

Opowiem to Panu.

Na imię miała Victoria. Ja miałam dwadzieścia lat. Poznałyśmy się na kursie angielskiego; trafiłyśmy do tego samego ośrodka, do tej samej grupy i w tym samym czasie, tyle że w różnych rolach: ona – lektorki, native speakera, ja – słuchaczki...

Nasza historia to najbardziej klasyczny, najbardziej banalny i najbardziej tragiczny przykład zbiorowej amnezji: ja zapomniałam, że jestem od niej młodsza o piętnaście lat, ona zapomniała, że zostawiła swój świat w Londynie...

Już po naszym trzecim spotkaniu napisałam w pamiętniku na całą stronę „Kocham Victorię!". Potem nadszedł czas półrocznych „podchodów"; ukradkowe muśnięcia dłoni, gęste jak bita śmietana spojrzenia, nieśmiałe flirty, rumieńce...

To wynosiło mnie na same szczyty euforii i jednocześnie było najtrudniejszą do zniesienia torturą – przez sześć miesięcy nie mieć pewności, czy to szaleństwo jest wyłącznie moim udziałem, czy jednak nas obydwu, nie wiedzieć, czy ona rzeczywiście odwzajemnia moje uczucia, czy tylko wyobrażam sobie, że tak jest, nie spać nocami i śnić w ciągu dnia. Czasami nie mogłam pozbyć się wrażenia, że coś rozdziera mnie od środka. Być tak blisko niej, a jednocześnie tak daleko...

Gdy człowiek zmaga się całe życie ze swoją niezawinioną przecież innością, ze szczelną jak łódź podwodna nietolerancją małego miasteczka, z niepojętą samotnością, którą ta inność powoduje, gdy walczy o każdą oznakę akceptacji tej odrębności i znajduje nagle kogoś, kto czuje dokładnie tak samo i jest na dodatek uosobieniem wszystkich marzeń i fantazji, to ma się przekonanie, że dotknęło się wieczności.

A wieczności można dotknąć przecież tylko jeden jedyny raz.

Ale potem nadszedł ten majowy wieczór, kiedy umówiliśmy się na wyjście do pubu całą grupą, a przyszłyśmy tylko my dwie.

Bez względu na to, co stało się później, do dziś uważam ten wieczór za najszczęśliwszy i najbardziej magiczny w moim życiu; to wtedy okazało się, że jednak obie oszalałyśmy. Powietrze nigdy nie pachniało tak słodko jak wtedy, księżyc nigdy nie był taki okrągły, gwiazdy – nigdy tak blisko, a ja nigdy nie czułam się taka piękna, taka kobieca, taka wyjątkowa.

W tamten wieczór wszystko było pierwsze: pierwszy spacer, pierwszy akt odwagi w powiedzeniu sobie wyraźnie, jednoznacznie, ostatecznie, że jesteśmy inne i przez to takie same. Pierwszy prawdziwy splot dłoni, pierwszy nieśmiały pocałunek, pierwsze wyznania. Tamtego wieczoru opowiedziała mi o sobie wszystko, co chciałam wiedzieć – tak wtedy myślałam, a dzisiaj wiem, że prawie wszystko. Mówiła o swoich polskich korzeniach, o dzieciństwie w Stanach, o przyjaciołach w Anglii, o pracy w Niemczech, o mnie...

Kochałam jej ciepły głos, kochałam dotyk jej dłoni, które zawsze przyprawiały mnie o dreszcz podniecenia, kochałam ten wyraz skupienia na jej twarzy, kiedy mnie słuchała, kochałam rozmawiać z nią tą śmieszną mieszanką polskiego z angielskim, która była naszym tajemnym, niedostępnym dla innych kodem, kochałam łaskotanie jej oddechu, gdy szeptała mi do ucha hiszpańskie słówka, nieważne, że nie rozumiałam ich znaczenia, kochałam akcent, z jakim wypowiadała moje imię – Ashia – nieporadnie, ale uroczo, kochałam sposób, w jaki się poruszała, kochałam ją całą, od palców jej stóp po najdłuższy włos na głowie, kochałam ją od środka i na zewnątrz, kochałam ją w sali lekcyjnej i poza nią, kochałam ją na stole w jej hotelowym pokoju i pod...

Nikt nigdy nie rozumiał mnie tak doskonale jak ona. Wszyscy dookoła znali tylko chropowatą skorupę, w której żyłam – opryskliwą, zimną, wystraszoną swoją innością i przez to niedostępną. Ona jedna odważyła się zajrzeć do jej środka, ona jedna chciała odnaleźć prawdziwą mnie i odnalazła – wrażliwą, odrzuconą, kruchą, spragnioną miłości. Tylko przy niej nie bałam się być sobą, tylko przy niej chciałam odsłonić wszystkie swoje tajemnice i najmroczniejsze zakamarki, nie tylko duszy, ale przede wszystkim ciała. I odkryłam. Niektóre ostatecznie i nieodwracalnie. To ona swoimi palcami rozerwała moje dziewictwo. Na moje prośby i moje błagania. To ona znalazła we mnie i na mnie takie miejsca, których nigdy bym nie dotknęła, a które dzisiaj na samo wspomnienie pulsują, wypełniają się krwią, zmieniają barwę, wysuwają się na zewnątrz lub otwierają.

Miałam wrażenie, że znała każdą moją myśl, zanim zdążyłam ją wypowiedzieć. Była całym moim światem, była początkiem i końcem każdej drogi, była obecna w każdym moim dniu, w każdym śnie, w każdym oddechu, w każdej myśli, w każdym uśmiechu, w każdej kropli deszczu. Pan przecież wie, jak to jest. Pan to wszystko nawet potrafił wyrazić. I to nutami przełożonymi na dźwięki. Językiem, który rozumie każdy.

W naszej miłości najbardziej podniecała mnie ta absolutna „niedozwoloność", świadomość, że robimy coś wbrew wszystkim i wszelkim konwenansom tego świata. Przez cały rok, z zachowaniem największej ostrożności, ukrywałyśmy się przed światem i nikt poza nami nie wiedział, co działo się w naszych sercach, w naszych umysłach i między naszymi ciałami, gdy po skończonych zajęciach stapiały się w jedno na podłodze lekcyjnej sali. Nikt nie mógł się dowiedzieć: ani inni słuchacze, ani jej pracodawcy, ani tym bardziej moi konserwatywni ultrakatoliccy rodzice, których reakcji i szoku na wiadomość, że spłodzili, wychowali i mieszkali pięćdziesiąt metrów od kościoła dwadzieścia trzy lata pod jednym dachem z lesbijką, nawet nie potrafiłam sobie wyobrazić.

Ta konspiracja, świadomość, że robimy coś w najbardziej strzeżonej tajemnicy przed wszystkimi, czyniła nasz związek jeszcze bardziej ekscytującym. Ale niestety dużo częściej doprowadzała mnie do łez niż do euforii...

Najtrudniejsze do zniesienia były noce – puste, zimne, samotne. Dni bez niej też raniły do krwi, nie pozwalały normalnie funkcjonować, swobodnie oddychać. Nie mogłam pogodzić się ze świadomością, że musimy żyć osobno, bez szans na codzienne widzenie, bez szans na budzenie się w jednym łóżku, bez szans na miłość, którą można karmić się otwarcie, na oczach wszystkich, bez krat, bez granic, bez zakazów, bez ram, bez oburzenia, bez napiętnowania i pogardy świata.

Bez opamiętania...

Po każdym naszym spotkaniu, jeszcze ciepła od jej rąk i wilgotna od jej ust lub wilgotna swoim podnieceniem, zaczynałam odliczać czas do następnego; dni przeliczałam na godziny, godziny na minuty, minuty na sekundy. Liczyłam i czekałam. Czekanie na nią stało się treścią i sensem mojego życia, ona się nim stała...

Ale nadszedł pewien grudniowy wieczór i po nim już nic nigdy nie było takie jak wcześniej. Tamtego wieczoru dowiedziałam się, że Victoria, moja Vikki, nie jest tylko moja, że ma męża. Męża!!! Mężczyznę!!!

Ciemność, ból, niedowierzanie, odrętwienie, problemy z oddychaniem, mdłości – właściwie nic poza tym nie pamiętam z reszty tamtego wieczoru. Wszystko, co nastąpiło później, działo się jakby we śnie, gdzieś obok mnie, i do dziś widzę to, jak film wyświetlany w postaci stopklatek. Lekcji nie pamiętam wcale, nie pamiętam też obecności znajomych z grupy, nie pamiętam widoku Jej twarzy... Pamiętam jedynie, jak zbiegałam po schodach i zdyszana, w ostatniej chwili wpadłam do autobusu. Dopiero wtedy coś we mnie pękło, puściła tama, która przez ostatnią godzinę powstrzymywała napierającą falę bólu. Zalało mnie cierpienie. Zdążyłam jedynie usiąść i przytulić twarz do zimnej szyby. Chwilę później, nie zwracając uwagi na innych pasażerów, którzy z pewnością dziwnie mi się przyglądali, rozpłakałam się jak małe, bezradne, zagubione dziecko i płakałam przez całą drogę. Nie, nie płakałam – zalewałam się, dusiłam, wręcz dławiłam własnymi łzami.

Zaraz po wejściu do mieszkania pobiegłam do kuchni, wyjęłam z lodówki butelkę napoczętego wina i zamknęłam się z nią w łazience. Miałam wrażenie, że jeżeli zaraz nie znajdę się w wannie – oszaleję. Działałam jak w amoku, jak lunatyk, jak maszyna...

Kąpiel jednak nie pomogła. Pewnie dlatego, że próbowałam zmyć z siebie brud, który znajdował się nie na zewnątrz, ale wewnątrz mnie. Czułam się zbrukana, skażona, czułam do siebie wstręt. Alkohol też na niewiele się zdał; zamiast ból zabić, jedynie go przytępił, ale bez niego chyba nie dotrwałabym do następnego dnia.

Poranek był jeszcze gorszy, jeszcze boleśniejszy, bo dopiero wtedy na dobre do mnie dotarło, co wydarzyło się poprzedniego wieczoru i co to tak naprawdę znaczy...

Kobieta, którą pokochałam jako pierwszą i jak do tej pory jedyną w moim życiu, której oddałam całą swoją tajemnicę inności i całą siebie, której tak bezgranicznie zaufałam, że po raz pierwszy w życiu odważyłam się stanąć przy niej naga, pytająca i prosząca o jej nagość – ta kobieta miała męża. Pamiętam, że kiedy obudziłam się rano, przez jedną krótką, cudowną, naiwną chwilę wydawało mi się, że to był tylko zły sen, że to nie wydarzyło się naprawdę. Jak bardzo chciałam w to wierzyć. Dopiero kiedy otworzyłam swój pamiętnik i zobaczyłam ledwie czytelne zapiski nagryzmolone poprzedniego wieczoru, zrozumiałam, że to jednak nie był sen, i wtedy coś we mnie umarło. W jednej chwili przeszył mnie ból wielki jak świat i do tej pory nie wiem, czy był fizycznej, czy duchowej natury. A może jeszcze jakiś inny?

Nic nie może być gorsze...

Kilka następnych dni przeżyłam jak w półśnie, snując się bez celu z kąta w kąt, do nikogo się nie odzywając, nigdzie nie wychodząc, prawie wcale nie jedząc i pijąc bez opamiętania. Byłam sama, gorzej – samotna, tak dojmująco, jak nigdy wcześniej. Alkohol przynosił ulgę, otępiał mnie, sprawiał, że świat stawał się mniej realny, a przez to mniej bolesny. Wiem, że bez niego bym sobie nie poradziła. Bez alkoholu statystyki samobójców byłyby jeszcze bardziej przerażające.

Minęły święta, które były dla mnie koszmarem, minął sylwester, którego nie pamiętam, i nadszedł dzień, kiedy zebrałam w sobie resztkę sił i pojechałam powiedzieć jej, że wiem, że nikt nigdy tak mnie nie zranił i nie oszukał, że nie możemy dłużej być razem, że nie potrafiłabym drugi raz jej zaufać, że chciałabym kochać kogoś innego. To wciąż boli, mimo że minęły dwa lata...

Potem było jeszcze kilka wspólnie spędzonych tygodni, kiedy próbowałyśmy zbudować między nami coś na podobieństwo przyjaźni. Ona próbował mnie przekonać, że to się nigdy więcej nie powtórzy. Próbowałam jej uwierzyć i wybaczyć. Żadnej z nas się nie udało. To była agonia naszego związku i obie dobrze o tym wiedziałyśmy. Wiedziałyśmy, że już w żaden sposób nie da się go uratować. Aż w końcu nadszedł ten wieczór, kiedy przy dwuosobowym stoliku padło ostatnie *good bye*, ostatni pocałunek i ostatnia łza. Ja zostałam tutaj, ona wróciła do Anglii. Nie wyjechałaby, gdybym ją o to poprosiła. Nie poprosiłam, choć wszystko wewnątrz mnie krzyczało: „Nie odchodź, potrzebuję cię, zostań, kocham, wybaczam!". Dziś mijają dokładnie dwa lata od tamtego ostatniego razu. Potem już nigdy więcej jej nie widziałam...

Przez następnych dwanaście miesięcy nie potrafiłam rozpocząć dnia bez alkoholu, a tym bardziej zakończyć. W bardzo szybkim tempie stałam się niewolnicą alkoholu, a niedługo potem pokochałam go, bo odrywał mnie od rzeczywistości i uśmierzał wewnętrzny, palący żywym ogniem ból, który z każdym dniem stawał się coraz bardziej dokuczliwy, coraz trudniejszy do zniesienia i którego wciąż nie potrafiłam ani określić, ani nazwać, ani zlokalizować. W tamtym okresie, patrząc w lustro, widziałam dwudziestokilkuletnią ukrywającą się przed światem alkoholiczkę, zalewającą się w trupa lesbijkę. Masturbowałam się regularnie do fantazji lub wspomnienia ciała nagiej kobiety, przypominając sobie jej dłonie pomiędzy moimi pośladkami, udami, w moich ustach lub na moich piersiach, jej język we mnie i moje palce w niej.

Moje życie stało się monotonne, bezbarwne i pozbawione celu. Wszystkie dni były tak do siebie podobne, że w końcu przestałam je rozróżniać; upływały mi na bezmyślnym gapieniu się w telewizor i opróżnianiu kolejnych butelek. To, co kiedyś było dla mnie ważne, przestało mieć znaczenie, a ja nie miałam nawet siły zastanawiać się dlaczego.

To co przeżywałam – wiem to dzisiaj – to było o wiele więcej niż zwykłe poczucie zdrady. Zdradzonej przez mężczyznę kobiecie najczęściej się współczuje, często bagatelizuje jej cierpienie. Doradza cierpliwość, powołuje się na tysiące podobnych sytuacji, minimalizuje lub trywializuje skutki takiej zdrady, poklepuje po ramieniu i mówi: „Nie on jeden i nie ty jedna". „Moja kobieta" zdradziła mnie z mężczyzną. Tego nie można nawet nikomu opowiedzieć, a tym bardziej objaśnić. U ludzi uważających się za „normalnych" kończy się w takich sytuacjach skala tolerancji i pojawia się odrzucenie, odraza, pogarda i izolacja.

Ale ja miałam trochę szczęścia. Nagle pojawiła się Dominika. Dzięki niej i przyjaźni, którą mnie obdarowała, zrozumiałam, że nie jestem sama, że są także w pobliżu mnie inni, którzy doświadczyli takiego samego cierpienia, rozczarowania i upokorzenia, i to pomogło. Pozbierałam kawałki, jakie pozostały z mojego dawnego, potłuczonego życia, i ulepiłam z niego nowe, lepsze, oparte na nowych fundamentach, zmierzające ku nowym celom. Dziś jestem nowym człowiekiem, mającym nowych przyjaciół, nowe pasje, nowe marzenia, nową filozofię życia. Odcięłam się od wszystkiego, co miało jakikolwiek związek z bolesną przeszłością, no, od prawie wszystkiego...

Skłamałabym, twierdząc, że o niej nie myślę. Myślę. Czasami są takie dni, gdy jest w każdej godzinie, i takie godziny, gdy jest w każdej minucie. Wciąż jeszcze zdarza mi się zasypiać i budzić z jej imieniem na ustach. Często łapię się również na tym, że wypatruję jej twarzy w ulicznym tłumie; wiem, że to niemożliwe, abym ją w nim znalazła, ale nie mogę się powstrzymać, to jest silniejsze ode mnie... Nadal przyciskam twarz do brudnej szyby autobusu i nadal wilgotnieją mi oczy, kiedy „przypadkiem" przejeżdżam obok budynku naszej szkoły i „przypadkiem" spoglądam w okna sali wykładowej na trzecim piętrze, w której byłyśmy tak nieprzyzwoicie szczęśliwe...

Po naszym rozstaniu obiecałam sobie, że nigdy jej nie wybaczę i jak najszybciej zapomnę. Nie zapomniałam do dziś. Początkowo nie chciałam tej pamięci, nienawidziłam jej, chciałam ją zniszczyć, zabić, pogrzebać, z czasem jednak przyzwyczaiłam się do niej, oswoiłam ją, a ostatecznie chyba nawet pokochałam. Ale to wcale nie znaczy, że przestała boleć. Najbardziej boli przez drobiazgi: gdy dobiegają mnie dźwięki piosenki, której razem słuchałyśmy, gdy ktoś wymieni tytuł filmu, o którym rozmawiałyśmy, gdy poczuję zapach perfum, w które ubierałam się na nasze spotkania, gdy gdzieś usłyszę jej imię, wciąż tak bliskie i ukochane...

Na co dzień jednak funkcjonuję normalnie; regularnie jeżdżę na uczelnię, wieczorami spotykam się z przyjaciółmi, od czasu do czasu odwiedzam kino, nie piję alkoholu, no powiedzmy, że go ograniczam, znowu umiem się głośno śmiać i może nie zapomniałam o Victorii, ale przynajmniej nauczyłam się bez niej żyć, a to ogromny sukces. „Widać można żyć bez powietrza" – pisała Pawlikowska-Jasnorzewska i ja jestem tego najlepszym przykładem. Żyję bez powietrza już dwa lata...

Przez ten czas często żałowałam tamtej decyzji; jeszcze częściej zastanawiałam się, co by było, gdyby... Po pewnym czasie przestałam. Oprócz własnego bólu, własnej tęsknoty, własnego dramatu, własnej namiętności i własnych rozterek znalazłam w niej również rozgrzeszenie i usprawiedliwienie. Wiele razy obwiniałam się za nasze rozstanie, wyrzucałam sobie, że nie dałam nam drugiej szansy, że nie chciałam nawet spróbować, za szybko się poddałam...

Zrozumiałam jednak, że musiałam pozwolić Victorii odejść. Nieraz trzeba zagłuszyć wołanie serca i postąpić według woli rozsądku... Victoria i ja nie miałybyśmy przed sobą przyszłości. Są różne rodzaje miłości. Jedne tlą się latami, jak ogień podtrzymywany w kominku, inne wybuchają gwałtownie jak wulkan i równie szybko gasną. Nasza była właśnie taka: nagła, intensywna, szybka i spektakularna, ale... krótkotrwała. Wiele razy krwawiłam przez nią z bólu, złamała mi życie, zdeptała mnie, upokorzyła, zaprowadziła na skraj depresji i do dziś noszę po niej w sercu zabliźnione rany, a jednak gdybym dostała szansę przeżycia jej jeszcze raz, zgodziłabym się bez nanosekundy wahania, mimo tych wszystkich łez i ran...

Victoria jest teraz na drugim końcu Europy, oddalona ode mnie o setki kilometrów i tysiące osobno spędzonych godzin. Pozostało mi po niej tylko jedno zdjęcie i czasami nie do końca wierzę, że to, co między nami było, wydarzyło się naprawdę, ale na szczęście mam wspomnienia, a w nich Victoria nigdy się nie zestarzeje, nigdy nie przestanie się uśmiechać, nigdy nie umrze – będzie żyła jutro, wiecznie, zawsze...

Już wiem, po co piszę ten list – by podziękować, podziękować za opamiętanie, za wskrzeszenie mojego martwego serca, które od czasu rozstania z Victorią postrzegałam jako zimny, przysypany kurzem kamień, niezdolny do odczuwania ani ekstremalnej radości, ani ekstremalnego cierpienia, przyjmujący wszystko z chłodną obojętnością, potrafiący wykrzesać z siebie jedynie nędzną namiastkę intensywności dawnych uczuć, nieczuły na piękno muzyki, literatury, filmu, niewrażliwy na cudze cierpienie...

Pana muzyka jako pierwsza przebiła się przez tę lodową skorupę, dzięki niej znowu w pełni zaczęłam czuć, wpuściła do mojego mrocznego wnętrza światło i na nowo pokazała, jak smakuje prawdziwe wzruszenie, prawdziwa radość, prawdziwe cierpienie, prawdziwe szczęście. Otrzepała moje serce z popiołu i z powrotem nauczyła je oddychać. Słucham jej na wstrzymanym oddechu, w absolutnym skupieniu, z niemal religijną czcią i z dłonią na piersi w geście zachwytu. Pana muzyka jest taka, jakby podczas tworzenia dotykał Pana anioł albo sam Bóg...

W taki sposób, z takim przejęciem i w takim upojeniu słucham tylko raniącej do krwi arii *La mamma morta* w wykonaniu Marii

Callas i *Unchained melody* Righteous Brothers, oglądam tylko jedną z końcowych scen „Co się wydarzyło w Madison County", tę deszczową, na ulicy, kiedy Meryl Streep walczy ze sobą, czy nie pobiec do samochodu Clinta Eastwooda, i piję tylko martini extra dry...

Słucham, na zmianę śmiejąc się i zalewając łzami... Przy Pana muzyce znowu czułam tak intensywnie, jak czułam przy Niej, moje serce znowu biło tak szybko, jak biło przy Niej, płuca znowu tak zachłannie chwytały tlen, jak chwytały przy Niej, a ja byłam tak pełnym i prawdziwym człowiekiem, jakim byłam przy Niej...

Właśnie za to chciałam podziękować, za przypomnienie mojemu sercu, że powinno pompować krew, moim płucom – że powinny oddychać, moim oczom – że powinny płakać, moim ustom – że powinny się śmiać, mnie – że powinnam żyć. Odnajdywać chwile radości i poczucia sensu istnienia.

Nawet Pan nie wie, ile mi ich Pan do tej pory dostarczył, jakie są dla mnie ważne i jak znacząco wpłynęły na moje życie...

Dziękuję. *Danke.*

Ashia

*

Przeczytał do końca, nie przerwał, chociaż z każdym akapitem coraz bardziej czuł swoją niezręczność. Miał wyrzuty sumienia, ale cóż, stało się. Trochę usprawiedliwiał się faktem, iż nie spodziewał się, że tekst będzie tak osobisty i tak niezwykle intymny. I że będzie dotyczył kogoś, kogo wprawdzie nie zna, ale z kim zetknęło go zupełnym przypadkiem życie.

Był poruszony. Na chwilę wrócił do strony z fotografią i wpatrywał się najpierw w skupioną twarz kobiety stojącej przy tablicy, a potem w twarz uśmiechniętej blondynki siedzącej w pierwszym rzędzie sali wykładowej. Chciał dojrzeć w twarzach tych kobiet jakiś znak bliskości, która je łączyła. Nie dojrzał nic takiego. Po chwili wstał, znalazł w szufladzie regału białą tekturową teczkę zawiązywaną na tasiemki i zamknął w niej notatnik. Wsunął go do przegródki swojej skórzanej torby i uważnie zasunął zamek błyskawiczny. Wyszedł na podwórze przed dom. Usiadł na ławce pod dzikim winem. Wpatrywał się w przesuwające się chmury zasłaniające księżyc.

Boże! Czy naprawdę w życiu jest tak, że wszyscy wszystkim robią krzywdę?! Czy to jest aż tak powszechne? Czy jedynie krzywda wyrządzana przez kogoś lub krzywda wyrządzona komuś jest tym, co warte jest opisu? Czy nie ma na tym świecie ludzi szczęśliwych? A może pisanie lub mówienie o szczęściu nie jest warte uwagi? Może nawet szkoda czasu, aby pisać o tym, ponieważ trwa to tak krótko? A może szczęście wszyscy przeżywają zawsze jednakowo, a nieszczęście wszyscy inaczej? Nie mógł sobie przypomnieć, może tylko poza bajkami z dzieciństwa, żadnej istotnej książki, która utkwiłaby w jego pamięci na dłużej i jednocześnie byłaby opisem czyjegoś szczęścia.

Niektóre zwroty i określenia użyte w tym liście były jak wyjęte z jego ust. Jak gdyby ta dziewczyna przysłuchiwała się jego psychospowiedzi, do której sprowokowała go lata temu psychiatra w Katowicach. Prawie dokładnie takie same. On też mógłby napisać podobny list, chociaż sam pomysł takiego pisania wydawał mu się naiwny i dziecinny. Ale wyobrażał sobie, że młode dziewczyny zdolne są pisać coś takiego do swoich idoli. Kimkolwiek oni by byli.

Mimo to nie napisałby go z pewnością do Mozarta – nigdy nie przyszłoby mu to do głowy – ale adresat tak naprawdę nie miał tutaj żadnego znaczenia. Poza tym wybór Mozarta w kontekście tego, co przeczytał o nim w pierwszej części notatnika, wydawał mu się co najmniej dziwaczny. Mozart powiernikiem zdradzonych?! Ten miłosny ćpun inspirowany muzycznie swoimi niezliczonymi romansami jako spowiednik i pocieszyciel? To tak jak gdyby wyżalić się na niewierność żony lub męża, wypłakując się w rękaw Don Juana lub Rasputina! Jedno tylko mogło uzasadnić wybór powiernika: jego muzyka, która – tutaj zgadzał się z tą dziewczyną w zupełności – jest zdolna otworzyć duszę na oścież. Ale tak samo na oścież duszę otwierała muzyka Chopina i gdyby on był młodą kobietą, to jemu, a nie Mozartowi powierzyłby swoje tajemnice.

Analogia do jego sytuacji i do tego, co przeżył „po Marcie", była uderzająca. To, co on przeżywał w postaci panicznego strachu, ta

dziewczyna przeżywała, według niego, „normalniej" – cokolwiek to znaczy – w postaci bólu i odtrącenia. Analogia była również w tym – dla niego w pierwszej chwili absurdalna – iż oboje czuli się porzuceni i zdradzeni przez kobietę. Ale na tym ta analogia się kończyła. Nie potrafił zrozumieć elementu poczucia zdrady, który w jej przypadku związany był z przejściem na „drugą stronę barykady", jeśli chodzi o płeć. Czy cierpienie po utracie wyłącznego prawa do ciała jakiegoś człowieka jest związane z płcią tego, który nam to wyłączne prawo odbiera? Czy to, że kobieta odbiera mężczyźnie kobietę, boli w związku tym bardziej?

Z pewnością! To nie jest zwykła cielesna zdrada, którą można po pewnym czasie wybaczyć. To jest absolutny szok, po którym nic już nie może być jak dawniej. Mąż oznajmiający żonie, że ma kochanka, a nie kochankę, jest jak ktoś, kto przychodzi z wyrokiem śmierci na związek łączący dotychczas parę ludzi. Od takiej zdrady nie ma już odwrotu. Jedyne, co w tej utracie rozumiał doskonale, to jej ostateczność. Z większości przypadków, które znał, mógł wywnioskować, że orientację seksualną zmienia się przeważnie raz w życiu. Victoria z jakiegoś powodu nie podporządkowała się tej regule. Poza tym w przypadku tej młodej dziewczyny było to o wiele bardziej skomplikowane. To raczej ona była kochanką i to ona odbierała tę wyłączność do Victorii jej mężowi. To ona powinna mieć poczucie winy, a nie czuć się ofiarą...

Homoseksualizm nie był dla niego nigdy żadną oznaką perwersji, ale także nigdy nie zaprzątał jego specjalnej uwagi. Dotyczył jak dotychczas wyłącznie ludzi, których znał z gazet, telewizji lub z filmów. Dzisiaj nagle okazało się, że tacy ludzie są w pobliżu, chodzą tymi samymi ulicami, żyją obok niego. Byli inni, ale nie byli przez to dla niego gorsi, niewarci jego szacunku lub w jakikolwiek sposób skazani na potępienie. W Polsce, szczególnie tej małomiasteczkowej i wiejskiej, którą znał najlepiej, takie potępienie i skrajna nietolerancja były jednakże na porządku dziennym. W ogóle pod tym względem Polska jawiła mu się jako kraj obywateli, którzy uważają, że świat, a już na pewno Polskę, powinni zamieszkiwać wyłącznie biali, heteroseksualni katolicy. Stykał się z tą odmianą potrójnego rasizmu nie tylko w małych Biczycach, ale i w Gliwicach wielokrotnie, już dawno

zrezygnował z dyskusji na ten temat. Jego zdaniem nie miały sensu, bo prawie zawsze kończyły się bezsensownymi kłótniami i agresją. Często później komentarze takich dyskusji wracały do niego w postaci rozpowszechnianych na jego temat absurdalnych plotek o tym, iż „Marcin musi być pedałem, bo przecież od lat nie ma żadnej kobiety" lub „Marcin przestał tak jak jego mądry braciszek chodzić do kościoła". Trudno jedynie, nawet bardzo pijanemu góralowi, było puścić we wsi plotkę, że „Marcin jest Murzynem".

Czytając dzisiejszej nocy ten niesamowity list, przekonał się, że inność tych ludzi jest o wiele mniej inna, niż sobie wyobrażał. Gdyby zmienić Victorię na Victora, ten list byłby prawie identyczny w swoim wyrazie zapisu zdrady, porzucenia i następującego po nich cierpienia.

Ale tylko prawie identyczny, ponieważ byłby o wiele mniej erotyzujący. Nie wywoływałby tak czysto seksualnego ewidentnego podniecenia, gdyby była to zwykła historia mężczyzny i kobiety. Pomimo przeczytanej opowieści o smutku i tragedii Marcin nie potrafił nie zauważyć, że spycha, wbrew swojej woli, tę opowieść na odległy plan i nieustannie wraca do obrazu dwóch nagich młodych kobiet dotykających swoich ciał ustami i dłońmi. Nie wiedział, czy to jest fantazja wszystkich mężczyzn, ale dla niego był taki obraz bardzo ekscytujący, wręcz podwójnie ekscytujący. Jeśli kiedykolwiek miał ochotę oglądać pornografię, to jedynymi filmami, które mogłyby przyciągnąć jego uwagę, zawsze były te przedstawiające kochające się kobiety. Inne wydawały mu się bezsensowną gimnastyką dwóch rozebranych obcych ludzi i miały w sobie mniej erotyki niż worek cementu.

Wyobrażał sobie, że kobiety robią to inaczej i za każdym razem tak, jak gdyby to był pierwszy i jednocześnie ostatni raz. Z nieporównywalnie większą delikatnością i czułością. Znając mapę swojego ciała, potrafią zatrzymywać się w dotyku przy tych miejscach, które mężczyzna z niewiedzy, zaniechania lub pośpiechu, poganiany swoim narastającym podnieceniem, z pewnością pomija. Kobiety nie zostawiają nic na „drugi raz", obiecany sobie lub jej, i nie zasypiają rozładowane jak kondensator przed tym drugim razem, do którego przeważnie nie dochodzi. Kobiety, które się pragną – tak mu się wydaje – uwolnione od obowiązku udowadniania swojego

pożądania widoczną erekcją, idą ze sobą do łóżka, jak idzie się na koncert, który nie musi mieć nie tylko bisów, ale nawet nie musi osiągnąć finału.

Był zaskoczony swoją reakcją. Podniecająca nagość kobiet dotychczas kojarzyła mu się wyłącznie z Martą. Ale jej nagość nie była dla niego. Jej nagość była przypadkowa. Jako element prowokacji, a nie oddania. Marta nigdy nie rozebrała się tylko dla niego. Nigdy mu tego nie podarowała z zamysłem. Wydzielała mu tylko tę swoją nagość tak samo jak wydzielała ją wszystkim innym. Nie przeżył z Martą nigdy tego, o czym pisała ta dziewczyna.

Wstał z ławki. Przeszedł szybko do swojego pokoju. Zrzucił ubranie na podłogę, wyłączył światło i nagi położył się na kołdrze. Nie wyobrażał sobie tym razem Marty. Po raz pierwszy wyobrażał sobie przy tym inną kobietę...

Następnego dnia rano obudziła go Siekierkowa. W pośpiechu zostawił w nocy otwarte drzwi i gdy zbyt długo nie reagował na pukanie, weszła do mieszkania i usiadła na krawędzi łóżka. Poczuł szarpanie za ramię.

– Pani Siekierkowa, niech pani otworzy okno. Uduszę się od tego dymu – powiedział, podnosząc się na łóżku i przecierając oczy.

Zauważył, że leży nagi, więc czym prędzej wsunął się pod kołdrę. Siekierkowa wstała z papierosem w ustach, pokuśtykała bez słowa po laskę opartą o stół w kuchni, wróciła do jego pokoju i zaczęła otwierać wszystkie okna po kolei. Potem znowu usiadła przy nim na łóżku.

– Marcinku, gdzie jest Matka Boska? Ta, co świeciła w nocy? Coś z nią zrobił? Jezusa w cierniach też wyniosłeś!? Rozum ci odjęło, chłopaku? – powiedziała z wyrzutem. – Matki nie szanujesz, rzeczy święte z domu wynosisz, na mszę nie dajesz.

– W kartonie schowałem, a na mszę dam na zimę – odpowiedział cicho. – Co się stało, pani Siekierkowa? – zapytał, rękami rozpędzając dym.

– Matkę Boską do kartonu spakowałeś? Serca nie masz i matki w grobie nie szanujesz.

Zamilkła na chwilę, w zdenerwowaniu poprawiając chustkę na głowie.

– Ano, stało się. Stało. Pogoniłam dzisiaj tych od GSM-u. Takiego jednego w krawacie pogoniłam. Przyjechał rano do mnie. O mało kury, Katarzyny, najlepszej nioski, mi nie przejechał. Kotkę mi wystraszył. A ona brzemienna. Napisałam im list, że mają wziąć sobie ten swój maszt i przenieść na plebanię. Nie chcę się promieniować. Niech się Jamroży z Walczakową promieniują. Kury mi się słabo niosą, kocury mi od tego masztu na podwórko szarańczą do mojej Śnieżki przychodzą. Co ja zrobię z młodymi? Przecie ich nie utopię... Jabłka w sadzie jakieś mniejsze są. I góry mi zasłania ten maszt. Niech go wykopią i postawią przy kościele. Przy kościele więcej ludzi telefonuje i może nawet proboszcz im poświęci. Zdenerwował się ten rudy w krawacie i spocił. Wyciągał mi z teczki jakieś papiery, machał przed nosem i pokazywał, żem podpisała.

Odstawiła laskę, z kieszeni fartucha wyciągnęła zmięty dokument i wpychając mu go do ręki, powiedziała:

– Przeczytaj, Marcinku, bo to na maszynie i ja nic dojrzeć nie mogę.

Wziął do ręki zmięty papier i zaczął czytać. Siekierkowa podeszła w tym czasie do okna i wypluła niedopałek papierosa.

– Podpisała pani na osiem lat, pani Siekierkowa. Trzeci rok zaczął się w lutym. Jeszcze pięć lat mają prawo do masztu na pani podwórku. Płacą pani dzierżawę za cały teren przy chałupie. I wyasfaltowali pani drogę na podwórku.

– Płacą, coś tam płacą. Ale co mi po tym, jak góry mi maszt zasłania i Śnieżka nerwowa? Co mi z tych pieniędzy? Powiedziałam to rudemu. To mi wtedy z teczki telefon wyciągnął i położył na stole. Że on mi go niby daruje. Najpierw mu powiedziałam, żeby mnie nie podkupywał, ale potem spojrzałam na ten telefon. Dobry jest, bo ma duże klawisze. Akuratne na SMS-y. Ale co mi po tym telefonie, Marcinku? Ten maszt to postawiła Idea, a ja mam kumę w Krakowie z Erą. I mnie taniej wychodzi być w Erze. Znasz kogoś, co mi zdejmie SIM-locka z tego telefonu, co mi rudy podarował?

Nie mógł powstrzymać śmiechu. Spojrzał przepraszająco na Siekierkową, zakrył twarz kołdrą i zaczął się śmiać.

Czy znasz kogoś, co mi zdejmie SIM-locka, duże klawisze na SMS-y... – powtarzał w myślach, krztusząc się śmiechem. Podniósł się na łóżku.

– Nie ma sprawy, pani Siekierkowa – rzekł, udając powagę i kryjąc rozbawienie. – Wezmę go do Sącza i za dwa dni będzie pani miała telefon bez SIM-locka.

Patrzyła na niego podejrzliwie.

– Ile to będzie kosztować, Marcinku? Ja biedna wdowa jestem.

– Nic nie będzie kosztować. Dla pani nic. Zupełnie nic, pani Siekierkowa.

Odetchnęła z ulgą i sięgnęła po następnego papierosa.

– Naniosę ci za to jajek. To niech już będzie ten maszt. Co to jest pięć lat? Pięć lat to nie wieczność. – Wstała. Położyła swój telefon komórkowy na stoliku nocnym.

Przed drzwiami zatrzymała się, odwróciła głowę i zapytała:

– A może chcesz kotka od Śnieżki? Nie byłbyś taki sam wieczorami. Śnieżka rodzi zdrowe koty. Dałabym ci największego z miotu...

Uśmiechnął się.

– Na razie nie, pani Siekierkowa. Może następnej wiosny.

– Jak chcesz, jak chcesz. Ale pamiętaj, Śnieżka stara już jest i niedługo kocur na nią nie wlezie...

Wyszła, zostawiając obłok papierosowego dymu w pokoju.

Odrzucił kołdrę, wstał z łóżka. Przeciągnął się nagi przy otwartym oknie i w tym momencie z podwórza zajrzała Siekierkowa.

– Ale świecącą Matkę Boską, Marcinku, to ty wyciągnij. Marcinowa ją dała poświęcić na Wielkanoc, jak przyjechał biskup z Krakowa, a ty ją w jakimś brudnym kartonie z pająkami trzymasz – powiedziała z pretensją w głosie, wsuwając głowę przez okiennicę.

Przestraszył się. Opuścił dłonie, nieporadnie zakrywając podbrzusze. Siekierkowa zaśmiała się, zakrztusiła dymem i zaczęła kaszleć. Pośpiesznie stanął przy ścianie pomiędzy oknami, przykrywając się firanką.

– A coś ty taki się zrobił, Marcinku? Przede mną się żenujesz?! – zapytała, opierając się łokciami o futrynę okna. – Myślisz, że stara Siekierkowa nie wie, co zdrowemu chłopu dynda między nogami?! Jam twojego ptaka najpierwsza na świecie widziała. Jeszcze przed twoją matulą nieboszczką! I wtedy też tak sterczał jak dzisiaj – zaśmiała się chrapliwie.

Stał za firanką oparty plecami o ścianę i nic nie mówił. Po chwili usłyszał, jak Siekierkowa odchodzi od okna. Gdy wychylił ostrożnie głowę i zobaczył ją na drodze, szybko zamknął obydwa okna. Na odgłos zamykanych okiennic odwróciła się i pogroziła mu laską.

Uśmiechnięty do swojego odbicia w lustrze, golił się w łazience. Nie znał nikogo takiego jak stara Siekierkowa. Z pogranicza dwóch światów. Pogodzonych ze sobą. Głęboko wierząca katoliczka, która miała w sobie więcej tolerancji niż niejeden płytko niewierzący niby-ateista. Zdziwiona nieustannie faktem, że można żyć i umrzeć, nie wierząc w Boga, ale daleka od kaznodziejstwa i fanatyzmu.

Żyła wspomnieniami z przeszłości, którą rozumiała, ale także pogodzona z teraźniejszością, dla niej często niezrozumiałą, ale i tak ważniejszą. Pomarszczona kulawa staruszka w czarnej żałobnej sukni i góralskiej kwiecistej chuście, słuchająca oper ze słuchawek walkmana na uszach, z papierosem w ustach, powykrzywianymi reumatyzmem palcami przebierająca na przemian korale bursztynowego różańca lub wystukująca tymi samymi palcami SMS-y „do kumy" w Krakowie. Swoim istnieniem udowadniała, że można żyć godnie. W każdych czasach. Gdy wchodziła do gospody, milkły krzyki pijanych górali, gdy szła na plebanię, proboszcz Jamroży przerywał, cokolwiek robił, i przyjmował ją w swoim mieszkaniu. Nigdy nie było przy tym Walczakowej, której nawet nie musiał odsyłać do kuchni, bo na widok Siekierkowej sama uciekała. Staruszka była na wszystkich chrzcinach, komuniach, weselach i pogrzebach we wsi, a proboszcz – nie tylko Jamroży, także jego wszyscy poprzednicy – nie zaczął niedzielnej mszy, dopóki Siekierkowa nie przykuśtykała główną nawą kościoła i nie usiadła w pierwszej ławce.

Była wyróżniana nie tylko w kościele przez proboszcza. Najbardziej wyjątkowe wyróżnienie spotykało ją w gospodzie. I to o wiele częściej niż tylko w niedzielę przed południem. Jeśli do góralskich knajp, tak jak kiedyś do angielskich, szkockich lub australijskich pubów, przychodzą kobiety, to albo są turystkami, albo zabłądziły, co miejscowym bardzo rzadko się zdarza, albo wszystkie sklepy, łącznie z melinami, we wsi są zamknięte i już naprawdę nigdzie indziej nie można kupić wódki. Gdy taka zbłąkana kobieta wchodzi do knajpy, na chwilę zapada zupełna cisza, górale przerywają rozmowy, zatrzymują kieliszki w połowie drogi do ust i patrzą na nią jak na pingwina w kąpielówkach, który przyszedł do kiosku na plaży kupić lody lub napoje chłodzące. Gdy Siekierkowa wchodzi do knajpy, to ani nie zapada cisza, ani górale nie zatrzymują w powietrzu swoich szklanek lub kieliszków, ani nawet na dłużej nie odwracają głowy. Siekierkowa została w ten sposób jednoznacznie i ostatecznie równouprawniona. W góralskiej wsi chyba nie da się równiej. Moment wchodzenia Siekierkowej na wódkę do knajpy we wsi Biczyce to jest feminizm w czystej postaci! Można zdjąć koronkowe majtki, powiesić je na kiju, zrobić z nich szturmówkę i wyjść z nią na ulicę. Protestować. Można. Ale można także przyjść w barchanowych majtkach i z różańcem w kieszeni na wódkę, nie wywołując nie tylko protestu, ale nawet zdziwienia górali. Najbardziej zatwardziałe feministki, łącznie z paniami Domagalik i Dunin w Warszawie, mogłyby być z niej w takich momentach dumne.

Marcinowi w książce księdza Tischnera „Historia filozofii po góralsku" brakowało filozofii Siekierkowej. Był pewien, że gdyby Tischner poznał Siekierkową, spędził z nią w jej chałupie na górce chociaż jeden dzień i porozmawiałby z nią o Bogu, o świecie, o ludziach, o samotności i o mijającym coraz szybciej czasie na tle niezmiennych i wiecznych gór, siedząc naprzeciwko niej w obłokach dymu papierosowego i przy kieliszku wódki, to właśnie ją, a nie Władka Trybunia-Tutkę uczyniłby swoim góralskim Platonem. Tischner doceniłby mądrość tej prostej kobiety. Taka mądrość dla Tischnera zawsze była najcenniejsza, wyrastająca z prostoty i szczerości, ze zwyczajności niezwyczajnej wrażliwości. Siekierkowa zachowała tę wrażliwość, pomimo, a może dlatego, że potrafiła znaleźć sens w monotonnej powtarzalności wynikającej z troski o przetrwanie, aby tylko móc przeżyć radość kilku szczęśliwych chwil. Potrafiła je odnaleźć w przyrodzie, spacerze po łące, oddechu świeżego górskiego powietrza. Wiedziała – o czym pisał Tischner, ale ona nigdy tego nie przeczytała – że życie składa się z rzadkich oddzielnych momentów najwyższego znaczenia i nieskończonej liczby przerw pomiędzy tymi momentami. A ponieważ cienie tych momentów unoszą się w trakcie tych przerw nieustannie wokół nas, więc warto dla nich żyć.

Ta staruszka żyła po to, aby przypominać swoją obecnością najprostsze podstawowe rzeczy, takie jak sprawiedliwość, dobroć, nadzieja, godność. I być może dlatego została skazana przez los na samotność, która w jej przypadku wcale nie była synonimem cierpienia. Siekierkowa dla kogoś bliskiego oddałaby siebie zupełnie, w całości, i przez to nie mogłaby spełniać swojej publicznej roli. Pocieszycielki, opiekunki, wróżki, spowiedniczki, siostry, matki lub przyjaciółki, nieustannie ocierającej czyjeś łzy lub dzielącej z kimś rozpacz, cierpienie, zdradę, ból, ale także radość, chwilowe szczęście i dumę. W tej roli stara Siekierkowa powtarzała nieustannie ludzkie losy. Za każdym czyimś powtórzonym losem była mądrzejsza i lepiej mogła służyć innym. Miała własną filozofię szczęścia. Najprostszą i najprawdziwszą. Dla niej szczęście w życiu było brakiem w nim nieszczęścia.

Sama doskonale wiedząc, że ludzka egzystencja to przede wszystkim historia smutku i zwątpienia – aby to wiedzieć, nie trzeba być filozofem – chroniła przed tą wiedzą innych. Kochająca z oddaniem Boga dewotka, wygrażająca mu bez wahania laską, gdy jej zdaniem zbyt mocno doświadczał ludzi, żyła w przekonaniu, że życie jest niesprawiedliwe, ale wiedziała także, iż to wcale nie znaczy, że jest nie do wytrzymania. I pomagała wielu ludziom przetrwać czas największych niesprawiedliwości. Głęboko wierzyła, że nawet jeśli pociechy udziela niebo, to pomocy oczekuje się od ludzi.

I ona pomagała.

*

Przed rokiem kurator chciał odebrać dzieci Zarembowej. Zaremba zapił się na śmierć i osierocił trójkę dzieci, a Zarembowa ze smutku także zaczęła pić. Ktoś uprzejmie doniósł do Sącza, że „obywatelka Zaremba się notorycznie upija, sprowadza obcych mężczyzn do domu, w którym mieszka z trójką malutkich nieletnich dzieci". Tak jak gdyby malutkie dzieci mogły być pełnoletnie. To nie była prawda. Zarembowa ze smutku wprawdzie dużo piła, ale o dzieci dbała. Nasłali na nią po tym anonimie kuratora. Chodził po wsi i wypytywał. Najwięcej dowiedział się u tych, którzy nigdy nie lubili Zarembów. I tym tylko uwierzył.

Zarembowa była akurat tego dnia pijana i wyrzuciła go z domu. Po dwóch miesiącach zjawił się ponownie o siódmej rano. Z wyrokiem sądu. Dzieci, zgodnie z tym wyrokiem, miały być oddane do domu dziecka. Zarembowa wpadła w szał. Półnaga, tylko w halce, z ciupagą w ręce goniła kuratora po całym podwórku. Na drugi dzień przyjechał z dwoma rosłymi mundurowymi policyjną nyską. Policjanci, zupełnie bezprawnie, namawiani przez kuratora, wyważyli drzwi i siłą weszli do mieszkania. Zarembowa już rano zabrała dzieci i ukryła się u Siekierkowej. Powiedziała, że „utopi i siebie, i dzieci, ale do przytułku kruszyn nie odda". Po krótkim czasie policjanci i kurator byli przed domem Siekierkowej. Z papierosem w ustach i z laską w ręce Siekierkowa wyszła przed bramę swojego podwórka, zamknęła demonstracyjnie furtkę na klucz i pokuśtykała do drzwi chałupy Jazgotów. Po chwili Jędruś Jazgot wraz z dwójką swoich braci, w białych podkoszulkach i z ciupagami w dłoniach, wyszli z chałupy i podeszli wraz z Siekierkową do policyjnej nyski. Wtedy Siekierkowa powiedziała:

– Pani Jadwiga Maria Zaremba wraz ze swoimi córkami jest u mnie z wizytą i będzie tak długo, aż odmówimy różaniec.

Po kilku minutach milicjanci wraz z kuratorem odjechali.

Wieczorem Siekierkowa przyszła do Marcina i poprosiła, aby razem z nią poszedł na plebanię i porozmawiał z proboszczem.

– Ty jesteś po szkołach, to lepiej objaśnisz wszystko Jamrożemu – powiedziała.

Po drodze do kościoła opowiadała mu o Zarembowej, o wyroku sądu i o kuratorze. Im dłużej opowiadała, tym bardziej była zdenerwowana, tym głośniej mówiła i tym częściej klęła. Gdy weszli, wpuszczeni przez Walczakową, do plebanii i gdy w końcu zjawił się proboszcz Jamroży, podeszła do niego i zaczęła bez ogródek:

– To są chuje, proszę księdza...

Następnego dnia Jamroży wraz z wójtem i Siekierkową pojechali do Nowego Sącza. Kurator już nigdy więcej nie zjawił się w Biczycach.

*

Stara Siekierkowa. Matka Teresa z papierosem w ustach, klnąca w razie potrzeby jak pijany szewc. Poszukiwaczka dobroci, dowartościowująca zwyczajność codziennego życia. Każde miasto i każda wieś na świecie powinny mieć swoją Siekierkową.

W drodze do muzeum Marcin zatrzymał samochód przy małym sklepiku. Kupił wszystkie rodzaje zielonej herbaty, jakie mieli. Około południa zadzwonił do kustoszki.

– Pani Mirko, mam cztery gatunki zielonej herbaty. Zupełnie się na nich nie znam. Czy mógłbym przyjść z nimi do pani i czy... czy napijemy się razem?

Siedzieli przy biurku i rozmawiali. Nie mógł sobie przypomnieć, kiedy ostatni raz po śmierci matki rozmowa z kimś sprawiała mu przyjemność. Czasami spoglądał na fotografię na biurku. W pewnym momencie nie mógł się powstrzymać i zapytał:

– Czy słucha pani muzyki?

Uśmiechnęła się.

– Długo jej nienawidziłam. Nawet muzyki organowej w kościele. Przez ponad dwa lata potrzebowałam nieustannej ciszy. Ale teraz nie mogę żyć bez muzyki. Dzisiaj zbyt długa cisza mnie niepokoi. Przypomina mi smutek. Chciałby pan czegoś posłuchać? Mam w biurze wiele kaset. Lubi pan Brela? – zapytała i nie czekając na jego odpowiedź, wstała od biurka.

Odwrócona do niego plecami, przerzucała niecierpliwie kasety na półce regału. Odważył się i zapytał:

– Dlaczego Agnieszka umarła?

Pani Mira zastygła na chwilę. Zostawiła kasety i odwróciła się twarzą do niego. Nerwowo poprawiła włosy. Nie wróciła na krzesło przy biurku. Przeszła powoli do wiklinowego fotela stojącego obok okna. Jej twarz pozostawała w cieniu. Nie wsunęła się w fotel. Usiadła na jego krawędzi, łokcie oparła na kolanach i złożyła dłonie. Opowiadając, rytmicznie pochylała się i prostowała.

– Agnisia...? Utonęła.

Podniosła ręce do twarzy i prawą dłonią dotknęła warg.

– Nie było nas... to znaczy nie było mnie przy tym. Trzydziestego sierpnia miną dokładnie trzy lata od tego wypadku. We wrześniu skończyłaby dziewięć lat. Mieszkałam wtedy w Toruniu. Pracowaliśmy oboje, to znaczy mój były mąż i ja. On kończył doktorat na uniwersytecie. Zawsze coś kończył, jak nie doktorat, to projekt, a jak nie projekt, to romans z kolejną studentką. Ja właśnie rozpoczęłam pracę w archiwum muzeum etnograficznego i nie mogłam wziąć urlopu. Nie chciałam, aby trzecie wakacje z rzędu Agnieszka spędzała w mieście. Gdy siostra zaproponowała, że zabierze ją ze sobą na dwa tygodnie do Bułgarii, cieszyłam się bardziej chyba niż Agnieszka. Moja siostra Monika nie ma własnych dzieci. Trafiała w życiu zawsze na mężczyzn, którzy wykorzystywali jej naiwność i po dwóch tygodniach wprowadzali się do niej. Wpuszczała ich do swojego łóżka i swojej łazienki, gotowała im, żyrowała ich kredyty, prała skarpety, a za niektórych płaciła nawet zaległe alimenty. Czekała cierpliwie i z pokorą, aż zaproponują jej małżeństwo. Żaden nigdy nie wpadł na ten pomysł. Gdy skończyła czterdzieści lat i ostatni z jej mężczyzn okradł jej mieszkanie, zabierając także lodówkę i telewizor, postanowiła, że zostanie sama. Agnieszkę kochała jak własną córkę. To ona zobaczyła ją jako pierwsza w szpitalu, w którym rodziłam. Była pod bramą szpitala już o piątej nad ranem. Ojciec Agnieszki odesłał mnie w nocy karetką do szpitala i wrócił spać do łóżka. W szpitalu pojawił się dopiero następnego dnia późnym popołudniem. Miał rzekomo jakieś ważne wykłady... Czasami odnosiłam wrażenie, że Monika jest dla Agnieszki lepszą matką niż ja sama. To ona lepiej niż ja pamiętała o terminach jej szczepień, to ona zamiast mnie kupowała książki o wychowaniu dzieci, to ona jechała ze swojego biura na drugi koniec miasta, aby odbierać małą z przedszkola, gdy nie mogłam opuścić zajęć na uczelni. Kiedy Agnieszka zaczęła chorować na chroniczne zapalenie oskrzeli i dostawać ataków duszności, Monika bez wahania wystąpiła o urlop bezpłatny w swojej firmie i wyjechała z nią na sześć tygodni do Kołobrzegu. Tak radził mi lekarz. Miał rację, po pobycie nad morzem ataki minęły.

Do Bułgarii poleciały samolotem. Gdy Monika się dowiedziała, że zgadzamy się na ich wspólny wyjazd, zmieniła w biurze rezerwację. Uważała, że nie wolno tak małego dziecka narażać na półtorej doby jazdy pociągiem. Agnieszka cieszyła się bardziej na ten lot niż na same wakacje. Ojciec obiecywał jej, że kiedyś razem polecą samolotem na jakąś jego konferencję, ale nigdy nie dotrzymał słowa. Zawsze wynalazł tysiąc powodów, dla których obecność Agnieszki, nie mówiąc o mojej, przeszkadzałaby mu w „rzetelnej pracy naukowej". Powinnam wiedzieć już bardzo dawno, że mój mąż nie nadawał się na ojca. Niektórym ludziom powinno się wydawać sądowe zakazy posiadania potomstwa i mój mąż na pewno taki zakaz by otrzymał. Chyba nikt inny nie zasłużył sobie na niego bardziej niż on. Poleciały samolotem do Warny, a stamtąd przejechały autobusem do Albeny. Dzwoniłam do Agnieszki co drugi dzień. Opowiadała o ciepłej wodzie w Morzu Czarnym, o koledze z Polski, który mieszkał w tym samym hotelu i z którym budowała zamki z piasku na plaży, i o wycieczce z ciocią do Nesebaru. Moja córka spędzała najpiękniejsze wakacje swojego życia. Szczerze dziękowałam Monice za to, że zapewnia tyle szczęścia mojej córce, a jednocześnie było mi przykro, że Agnieszka nie spędza tych wakacji ze mną i jej ojcem. I że nie ja przeżywam te radości razem z nią. Ostatni raz rozmawiałam z Agnieszką wieczorem, we czwartek dwudziestego dziewiątego sierpnia. Podniecona opowiadała mi o prawdziwym sztormie na morzu, który ogląda z ciocią z hotelowego balkonu. W sobotę po południu miałam ją zobaczyć na lotnisku w Warszawie.

Zamilkła. Wstała z fotela. Podeszła do biurka, przy którym siedział, i wysunęła szufladę. Unikała jego wzroku. Wyjęła papierosy, podeszła do okna i otworzyła je na oścież. Została przy oknie.

– Pozwoli pan, że zapalę? – zapytała cicho, wkładając papierosa do ust.

Nie wróciła na fotel. Stała oparta o parapet okna i opowiadała dalej:

– W piątek około szesnastej zadzwonił do muzeum jakiś mężczyzna z ambasady polskiej w Sofii. Gdy wyciągnęli ją z morza, już nie żyła. Dyrektor hotelu zapewniał go, że zastosowali wszystkie przewidziane przepisami środki, jakie podejmuje się w takich wypadkach. Karetka pogotowia była przy plaży piętnaście minut po wezwaniu. Policja także. Wykluczono udział osób trzecich. Przewieźli jej ciało do obdukcji do wojskowego szpitala w Albenie. Przedstawiciel ambasady pojechał natychmiast na miejsce i zajmie się organizacją transportu ciała do Polski. Ambasada pokryje wszystkie związane z tym koszty. Gdyby były problemy z rezerwacją samolotu, powinnam się natychmiast skontaktować z ambasadą w Sofii. W takich wypadkach LOT ma obowiązek bezwzględnie zapewnić rodzinie ofiary miejsca w samolocie. Opiekunka zmarłej próbowała popełnić samobójstwo. Odratowano ją i została przewieziona do szpitala w Warnie. Nie można nawiązać z nią kontaktu, więc przyjazd członka rodziny do Bułgarii w celu dopełnienia wszelkich formalności jest niezbędny. Mówił to jak spiker w telewizji czytający wiadomości. Krzyczałam histerycznie do słuchawki, prosząc, aby przestał. Nie przestawał. Polecieliśmy z mężem wieczornym samolotem do Warny. Czy pan może sobie wyobrazić, jak bardzo pragnęłam, aby ten samolot spadł i nigdy nie doleciał do celu!? Siedziałam wśród śmiejących się szczęśliwych ludzi udających się na wakacje. Ja leciałam odebrać zwłoki mojej córki. W rzędzie za mną siedziała dziewczynka w wieku Agnieszki. Miała podobny do niej głos. Gdy zaczynała mówić, miałam uczucie...

Przerwała w tym momencie, gwałtownie odwróciła się twarzą do okna i nerwowo wyciągnęła następnego papierosa.

– Mój mąż już do samolotu wsiadł kompletnie pijany. Zawsze upijał się, gdy stało się w naszym życiu coś ważnego albo gdy potrzebowałam jego pomocy. Na początku naszej znajomości sądziłam, że to jego sposób na poradzenie sobie ze stresem lub strachem przed podejmowaniem decyzji. Dzisiaj wiem, że to było zwykłe tchórzostwo i wygodnictwo. Wylądowaliśmy wieczorem. Na lotnisku czekał na nas przedstawiciel ambasady. Ten sam mężczyzna, który dzwonił do mnie do muzeum. Powiedział, że kostnica przy szpitalu jest już zamknięta, a na odwiedziny u siostry trzeba mieć specjalną przepustkę. Wydawali ją tylko do południa. Samochód ambasady zawiózł nas do hotelu na przedmieściach Warny. Taksówką pojechałam na plażę do Albeny. Mój mąż został w hotelu. Polska pilotka Orbisu rezydująca w Albenie próbowała mi opowiedzieć, jak to się stało. Znała Agnieszkę. Czasami jadły przy jednym stole posiłki w restauracji hotelu. Była wysoka martwa fala po sztormie z poprzedniego dnia. Wywieszono czarną flagę, ale i tak w morzu przebywały tłumy. Przy dwóch ratownikach przypadających na kilometr plaży trudno wyegzekwować zakaz kąpieli. A tego dnia był upał, ponad trzydzieści sześć stopni. Ludzie chcieli się ochłodzić w morzu. Resztę znałam tylko z opowieści pilotki Orbisu. Około południa Monika wbiegła do niej do biura w hotelu i pytała o Agnieszkę. Była bardzo zdenerwowana. Odeszła od koca tylko na chwilę, poszła do kiosku przy plaży, aby kupić coś do picia dla małej. Gdy wróciła, Agnieszki już tam nie było. Ani w ogóle na plaży. Pobiegła do hotelu, bo może mała po coś tam poszła. Nie znalazła jej i natychmiast wróciła na plażę szukać Mateusza, z którym Agnieszka zazwyczaj się bawiła. Dowiedziała się, że Mateusz tego dnia wyjechał z rodzicami na wycieczkę do Sozopola. Wróciła do pilotki po piętnastu minutach i razem pobiegły zawiadomić ratownika. Przez megafon ogłaszał wielokrotnie po bułgarsku i rosyjsku, a pilotka za nim po polsku i angielsku, że szukają Agnieszki. Monika biegała po plaży jak oszalała. Po półgodzinie ktoś włączył syrenę alarmową. Trzysta metrów od miejsca, gdzie znajdowały się leżaki i koc Agnieszki i Moniki, zebrał się tłum ludzi. Pobiegły tam natychmiast. Martwa fala wyrzuciła Agnieszkę na brzeg. Ratownik zastosował sztuczne oddychanie. Po chwili była karetka. Pilotka mówiła, że do końca życia nie zapomni krzyku mojej siostry, gdy sanitariusze zabierali ciało Agnieszki. W Albenie w szpitalu powiedziała, że musi pójść do toalety. Nie wracała przez dłuższy czas. Pielęgniarka znalazła ją na podłodze toalety. Nikt nie wie do dzisiaj, skąd miała żyletkę. Ktoś ponoć widział ją przy szpitalnym kiosku. Podcięła sobie żyły. Na szczęście zdarzyło się to w szpitalu i można było jej udzielić natychmiastowej pomocy.

Rozmawiałam potem z gośćmi hotelowymi z tego samego turnusu. Wszyscy byli wstrząśnięci. Wielu znało Agnieszkę. Młodszy syn małżeństwa z Opola podobno widział, jak Agnieszka wbiegła do wody za piłką plażową, którą w kierunku morza zniósł poryw wiatru. W tym miejscu były w dnie głębokie doły wyżłobione zawirowaniami wody w czasie sztormu. Po dwóch dniach wracaliśmy samolotem do Warszawy. W lukach bagażowych leciała z nami ocynkowana trumna z ciałem Agnieszki. Tego dnia pierwszy raz nie mogłam słuchać muzyki. Czekaliśmy na zgodę na start na lotnisku w Warnie. Pilot przez głośniki w samolocie informował o powodach opóźnienia, w międzyczasie odtwarzając muzykę. Czułam, że za chwilę zwariuję. Stewardesa zauważyła, że dzieje się ze mną coś dziwnego. Powiedziałam jej, że jestem matką dziecka, które transportowane jest w trumnie do Polski. Po chwili muzykę wyłączono. Przez ponad dwa lata muzyka była dla mnie jak zbezczeszczenie ciszy, która należy się mojemu cierpieniu.

Agnieszka ma grób na cmentarzu w Toruniu. Opalona uśmiecha się z fotografii zrobionej na plaży przez moją siostrę na dzień przed jej śmiercią. W wapiennej płycie jest wyrzeźbiona fala morska obejmująca jej twarz na fotografii. Ojciec chrzestny Agnieszki to mój przyjaciel, rzeźbiarz.

Nazajutrz po pogrzebie Agnieszki poleciałam do Warny. Moja siostra odzyskała przytomność po czterech dniach. Siedziałam przy jej szpitalnym łóżku, a ona powtarzała tylko jedno zdanie. W kółko tylko to jedno zdanie: „Odeszłam od niej na pięć minut, po lemoniadę do kiosku...". Wróciłyśmy razem do Polski. Po roku Monika przeprowadziła się. Znalazła mieszkanie na osiedlu graniczącym z cmentarzem. Jest tam każdego dnia. Mój mąż po śmierci Agnieszki uznał, że nie ma już żadnego powodu wracać do domu. Pewnego dnia po prostu nie wrócił. Nie dał mi ze sobą przeżyć nawet wspólnej żałoby. Nie przytulał mnie, gdy trzęsłam się tak, że nie mogłam się napić wody, bo pękała szklanka rozbijana o moje zęby. Nie krzyczał na mnie, gdy kaleczyłam swoją twarz w rozpaczy, uderzając głową o lustro w łazience. Nie było go obok, gdy w nocy przebudzona z koszmarnego snu szukałam go w łóżku, aby powiedział mi, że to tylko sen. Po dwóch tygodniach spakowałam wszystkie jego rzeczy do kilku kartonów i zostawiłam przed drzwiami jego biura na uniwersytecie. Byłam zupełnie sama ze swoim bólem, ze swoim poczuciem winy i z siostrą, która potrafiła jedynie płakać, modlić się i prosić mnie każdego dnia o wybaczenie... Przez długi czas nie potrafiłam jej wybaczyć tylko jednego. Tego, że po tym wszystkim potrafi się jeszcze modlić i udało się jej nie znienawidzić Boga. Przez długi czas miałam wrażenie, że świat, w którym żyję, jest piekłem jakiejś innej planety i że moją największą karą w tym piekle jest odebranie mi prawa do płaczu.

Wie pan, jak to jest, gdy nie można już więcej płakać?! Psychologowie twierdzą, że jest w nas wbudowany jakiś naturalny zegar okresu przeżywania żałoby. Dla niektórych jest to pięć lat, dla innych pięćdziesiąt. Najgorsze jest to, że można to przeżyć. Po stracie ostatecznej człowiek powinien zniknąć, umrzeć. Mieć do tego prawo. Bóg widocznie uważa inaczej. I za to także go znienawidziłam. W moich snach, które nachodzą mnie czasami także teraz, Bóg jest niesprawiedliwym okrutnym starcem otoczonym aniołami o czarnych postrzępionych skrzydłach i wystraszonych twarzach. Ja bardzo chciałam umrzeć, ale nie miałam odwagi. Chciałam umrzeć i tam, po drugiej stronie, chociaż jeszcze jeden jedyny raz przytulić ją do siebie… Tak bardzo chciałabym ją przeprosić. Głównie za to, że nie byłam przy niej. Za zaniechanie. Za krótkość jej życia. Nie musiałaby mi nawet wybaczyć. Wystarczy, że by mnie wysłuchała.

Rozwiedliśmy się spokojnie. Na końcową rozprawę mój mąż przyszedł kompletnie pijany. Sędzina wyprosiła go z sali i orzekła rozwód podczas jego nieobecności. I tak był nieobecny w naszym małżeństwie. Konsekwentnie do końca. Rok później ciągle nie mogłam słuchać muzyki. Gdy koleżanka z Krakowa napisała do mnie, że szuka pan kustoszki muzeum w Nowym Sączu, bez chwili wahania spakowałam walizki i przyjechałam tutaj. Nawet nie wie pan, jak bardzo mi pan pomógł, przyjmując mnie do pracy. Ktoś, kto powiedział, że czas goi wszystkie rany, jest kłamcą. A już z pewnością nie urodził dziecka, które mu umarło. Nigdy nie potykał się o jego zabawki rozrzucone w domu, jakby miało za chwilę sięgnąć po nie i znowu śmiać się radośnie. Czas pozwala jedynie nauczyć się najpierw przetrwać, a potem żyć z tymi ranami. Ale każdego ranka, natychmiast po otwarciu oczu czuje się te rany. I zawsze, do ostatniej chwili życia będzie się czuło obecną nieobecność. Od niej można uciekać, ale nie można uciec. Ja uciekłam w góry. Z jednego cienia do cienia w innym miejscu. Ale ta ucieczka mi pomogła. Słucham znowu muzyki. Potrafię także znowu chodzić do kościoła i nie wykrzykiwać pretensji do Boga.

Znowu potrafię, jak pan widzi, płakać – uśmiechnęła się, podnosząc chusteczkę do oczu. – Latem jeżdżę do Bułgarii. Każdego dwudziestego dziewiątego sierpnia zamykam na klucz drzwi mojego pokoju w hotelu w Albenie, wyłączam telefon, siadam wieczorem na balkonie i patrzę na morze. I płaczę. Tylko tam i tylko tego dnia potrafię płakać. Jadę w zasadzie tam tylko po to, aby móc płakać. I tylko na ten płacz się cieszę...

Wróciła na krzesło przy biurku. Objęła obu dłońmi jego kubek z herbatą.

– Zrobię panu nową. Ta zupełnie wystygła – powiedziała z uśmiechem.

Obserwował ją oniemiały. W pewnym momencie wyciągnął obie ręce i przykrył swoimi dłońmi jej dłonie obejmujące kubek. Nie podniósł głowy, aby uniknąć jej spojrzenia. Po chwili wstał gwałtownie z krzesła.

– Ja... widzi pani, muszę teraz wyjść. Ja nie mam dzieci, ale gdyby moje... ja muszę teraz wyjść. Proszę mi wybaczyć...

W drzwiach odwrócił się jeszcze.

– Chciałbym mieć taką siostrę jak pani.

Powoli schodził skrzypiącymi schodami w dół, trzymając się drewnianej poręczy. Skupił się na tym, aby nie biec.

– Nie uciekać. To już przecież minęło. Nie uciekać... – słyszał swój głos.

Wyszedł bez marynarki i za bramą muzeum skręcił ku centrum miasta. Starał się iść jak najwolniej. Nie zatrzymywał się i nie odwracał głowy. Wtedy, wiele lat temu, gdy „po Marcie" miał swoją fazę lęku, ucieczka bez oglądania się za siebie pozwalała mu złagodzić symptomy strachu. Tak jak gdyby oddalanie się od miejsca, gdzie ten strach się pojawił po raz pierwszy – chociaż przecież wiedział, że ma go przez cały czas w sobie – odsuwało go od niebezpieczeństwa. To było irracjonalne, bo tak naprawdę zagrożenie wcale nie istniało. Od tamtego czasu jednak reagował na niecodzienne wzruszenie właśnie ucieczką, jakby powielał zachowania sprzed wielu lat. Wydawało mu się, że to już dawno minęło, że panuje nad tym. Dzisiaj okazało się, że nie jest to prawda.

*

Przeszedł przez całe miasto, nie zatrzymując się nigdzie. Po dobrej godzinie wrócił na Lwowską i szedł w kierunku muzeum.

– Panie Marcinie! – usłyszał wołanie z oddali za sobą. – Nie mogę za panem nadążyć.

Zatrzymał się i odwrócił głowę. Młoda dziewczyna w błękitnej podkoszulce odkrywającej brzuch biegła w jego kierunku.

– Przepraszam, że pana zatrzymuję – powiedziała zdyszana. – Byliśmy z Szymonem wczoraj w nocy w pana muzeum. Szukam swojego notatnika. Może...

Nie dał jej dokończyć.

– Zostawiła go pani na kaloryferze. Moja pracownica go tam znalazła i przyniosła wczoraj do biura. Chciałem dzisiaj po południu zadzwonić do Szymona, aby powiadomił panią.

Spojrzał jej w oczy.

– Przykro mi, że nie zadzwoniłem jeszcze wczoraj. Jest bezpieczny. Proszę się nie martwić. Mam go w mojej teczce. A teczka jest w szafie zamkniętej na klucz. Jeśli pani chwilę zaczeka, wejdę na górę i przyniosę go pani...

Już miał się odwrócić, ale w tym momencie dziewczyna rzuciła mu się na szyję i pocałowała go delikatnie w policzek.

– Tak się martwiłam! Myślałam, że wypadł, gdy jechaliśmy z Szymonem motocyklem. Przeszłam dzisiaj rano piechotą całą drogę. Szukałam nawet w krzakach i w koszach na śmieci. Nigdzie go nie było. Jest pan skarbem – wyszeptała, przykładając wargi do jego ucha. – Bałam się, że go już nigdy nie odnajdę...

Stała na palcach, przytulona do niego, rozgniatając swoje piersi na jego ciele. Poczuł ciepło i drażnienie jej oddechu na szyi i uchu. W jednej chwili przypomniał sobie wczorajszy wieczór. Obu dłońmi objął jej odsłoniętą talię i delikatnie, powoli odsunął jej brzuch od swojego. Przez chwilę zastanawiał się, czy może zbyt delikatnie i zbyt powoli. Czy może zdążyła zauważyć? Zaczerwienił się.

– Przepraszam pana... Jestem wariatką. – Poprawiła nerwowo włosy. – Tak się ucieszyłam, że... musiałam pana pocałować. Przepraszam... Nie muszę go mieć teraz. Najważniejsze, że się odnalazł.

Uśmiechnęła się i zapytała:

– Czy mogłabym jeszcze raz zajrzeć do muzeum, gdy już będzie ciemno? Odebrałabym wtedy notatnik.

– Ależ oczywiście. Prawie każdego dnia jestem do wieczora w muzeum. Gdyby główna brama była zamknięta, proszę wejść furtką od strony archiwum. Tam gdzie parkuję swój samochód. Przy drzwiach wejściowych na ścianie po lewej stronie jest dzwonek. Zejdę i otworzę pani.

Dziewczyna stała naprzeciwko niego, nie ruszając się z miejsca. Nagle spoważniała.

– Czy pan... czy pan także słucha Mozarta? – zapytała nieśmiało, obserwując jego reakcję.

– Mozarta? – udał zdziwienie. – Niezbyt często ostatnio. Może to błąd. Wczoraj wieczorem akurat słuchałem. Ale dzisiaj zupełnie nic nie pamiętam – uśmiechnął się, dotykając jej dłoni. – Mozart dziwnie działa na ludzi. U mnie na przykład powoduje zaniki pamięci. Zupełną amnezję. A u pani? – zapytał, patrząc jej w oczy.

Ścisnęła jego dłoń, podnosząc do swoich ust.

– U mnie wprost przeciwnie. Budzi wspomnienia. Najróżniejsze wspomnienia. Ale pewnie i to pan zapomniał, prawda?

– Coś takiego! Naprawdę? – zaśmiał się głośno. – Zupełnie zapomniałem. Na śmierć i życie zapomniałem.

– Dziękuję panu. Naprawdę dziękuję – powiedziała cicho. – To ja już pójdę...

Odwróciła się i wolnym krokiem przeszła na drugą stronę ulicy. Po chwili znikła za rogiem.

Wrócił do swojego biura i usiadł przy komputerze. Czekał na niego e-mail. Karolina w szczegółach objaśniała mu, że czat to taka rozmowa prowadzona za pomocą klawiatury komputera, gdy wszyscy piszą swoje teksty na dany temat i każdy uczestnik widzi to, co napisał inny. Podała mu także dokładną instrukcję, jak połączyć się z czatem, na którym spotykają się ludzie chcący porozmawiać o koniach. Zapisał to wszystko skrupulatnie w swoim zeszycie i wieczorem, gdy muzeum było już puste, spróbował.

Zdumiony przypatrywał się temu, co zobaczył na ekranie monitora. Karolina miała rację, ci ludzie naprawdę rozmawiali! Przez kilkanaście minut tylko czytał. Czasami miał ochotę włączyć się do rozmowy. Skomentować, zadać pytanie, uzupełnić lub dyskutować z idiotycznymi odpowiedziami. Impulsywnie wyciągał ręce do klawiatury, ale w ostatnim momencie z nieśmiałości i strachu je cofał. W pewnym momencie ktoś napisał do niego. Zaskoczony zobaczył swoje imię na ekranie.

Emilia32: Marcin, jak się masz? Nie wiem, co o tym sądzić, ale czytałam ostatnio, że hipoterapia dla dzieci z porażeniem mózgowym to tylko nabijanie kasy właścicielom stajni w dużych miastach. Czy ty też tak uważasz?

Poczuł się jak mały chłopiec, którego wywołano z kryjówki. W pierwszej chwili nie wiedział, jak zareagować. Dopiero gdy zobaczył na ekranie:

Emilia32: Marcinie, jesteś tam???!!!

wystukał powoli tekst:

Marcin: Tak, jestem. Przepraszam Panią, że się nie odzywałem. To mój pierwszy w życiu czat.

Gdy zobaczył, co sam napisał, chciał wymazać ostatnie zdanie. Czuł się zawstydzony. Trochę jak ktoś, kto przyznał się publicznie, że w wieku czterdziestu pięciu lat przeczytał swoją pierwszą książkę. Po chwili był już bez reszty pochłonięty rozmową i skupiony na tym, aby jak najszybciej wstukiwać odpowiedzi i pytania.

Rozmawiali o swoich ulubionych koniach, o turniejach, w których brali udział, o uprzężach i o zapachu stajni, gdy rankiem jest pełna świeżego siana. Opowiadał o stadninie w Nowym Sączu, o swojej pracy w muzeum. Dowiedział się, że Emilia jest z Ciechocinka, brała udział w zawodach hipicznych i oprócz książek ma tylko tę jedną jedyną pasję: konie. Anonimowość rozmowy – nie siedzieli naprzeciwko siebie i nie widzieli się – sprawiła, że potrafił opowiedzieć o sobie dużo więcej, niż powiedziałby w normalnej sytuacji. Zwłaszcza kobiecie.

W pewnym momencie napisała:

Emilia32: Muszę już wyjść, bo przyjechali po mnie. Miły jesteś, Marcinie. Strasznie miły.

Znikła. Siedział jeszcze chwilę i wpatrywał się w te ostatnie jej zdania, wypychane powoli ku górze ekranu przez pojawiające się bezustannie teksty innych rozmówców. Czuł onieśmielenie. Ale także radość. I rodzaj bliskości. Żadna kobieta poza Martą nie mówiła tak do niego.

Nie było jej następnego dnia. Włączał komputer, wchodził na czat, wypatrywał jej imienia wśród aktualnie zalogowanych osób i gdy nie znajdował „Emilia32", natychmiast znikał. Nie miał ochoty rozmawiać z nikim innym. Próbował o różnych porach, za każdym razem czując rozczarowanie i smutek, gdy okazywało się, że jej nie ma. Niepokoił się, że może jej już nigdy w życiu więcej nie spotkać i że ta rozmowa była tylko zupełnym przypadkiem.

Emilia pojawiła się znowu po trzech dniach. Znowu późnym wieczorem. Ucieszyła się, gdy powiedział, że na nią czekał. Zauważył, że ignorowała wszystkich innych próbujących nawiązać z nią rozmowę, nie odpowiadając na ich pytania. Rozmawiała tylko z nim! Poczuł się jak mały chłopiec wyróżniony przed całą klasą. I tak już zostało. Tylko jemu poświęcała uwagę!

Któregoś razu, po około trzech tygodniach, tak ustawiła ich łączność na czacie, że nikt inny nie mógł widzieć tego, co piszą. Nie wiedział nawet, że jest to możliwe.

Od tego dnia było inaczej. Spotykali się i rozmawiali praktycznie każdego wieczoru. Opowiadała o wierszach, które ją wzruszają, o miejscach, które chciałaby zobaczyć, o swoich marzeniach. Bardzo dużo opowiadała o swojej pracy, bez której, jak pisała, „życie niewarte byłoby tego, aby wstawać i myć zęby rano". Skończyła z wyróżnieniem romanistykę na uniwersytecie w Poznaniu. Po studiach Instytut Francuski w Warszawie ufundował jej stypendium, dzięki któremu wyjechała na roczny staż naukowy do Marsylii. Była tłumaczem książek i tłumaczem przysięgłym. Kiedyś napisała:

Nie tłumaczę Woltera, Prousta, Sartre'a, de Sade'a, Camusa, Balzaka, Colette, Hugo czy Stendhala. Ich przetłumaczyli inni już bardzo dawno temu. I z pewnością o wiele lepiej, niż ja bym to zrobiła. Jeśli już, to trafiają mi się bardziej współcześni i nowofalowi autorzy z francuskich list bestsellerów, tacy jak Marc Lévy czy Philippe Delerm. Oglądałeś „Amelię"? Właśnie jedna z książek Delerma zainspirowała twórców tego filmu. Gdybym miała czas, oglądałabym ten film codziennie. Chciałabym kiedyś obejrzeć go z Tobą i chciałabym, aby był to dla Ciebie pierwszy raz. To znaczy ten film! Ciekawe, czy wzruszałyby Cię te same sceny co mnie? Czy górale wzruszają się, oglądając filmy? Co Ciebie wzrusza najbardziej?

Ale ostatnio zdarzyła mi się prawdziwa perełka. Tłumaczyłam Milana Kunderę! Tego od „Nieznośnej lekkości bytu". Tak! Tego samego. Chcesz mi teraz stanowczo przypomnieć, że Kundera to Czech, prawda?! Co z tego, że Czech? Kundera napisał także wiele po francusku. Mało kto o tym wie. Nie martw się, ja, podwójnie odyplomowana (z Marsylii wysłali mnie do Ciechocinka z dyplomem) romanistka, także do niedawna nie miałam o tym zielonego pojęcia.

Literaturę – poezji jeszcze nigdy nie odważyłam się tłumaczyć – przekładam dla przyjemności i robiłabym to nawet za połowę i tak marnej stawki, jaką mi płacą polskie wydawnictwa. Ale o tym, że za połowę, nie musisz im koniecznie mówić. Żyję głównie z tłumaczeń literatury faktu i to faktu niepodkoloryzowanego fabułami, jak to robi Wołoszański: listy polecające, listy oczerniające, akty rozwodowe, akty ślubu, testamenty, wyroki sądów, wypisy ze szpitali, także psychiatrycznych, umowy handlowe, ponaglenia płatności, faktury, oferty sprzedaży, podania o pracę, anonimy, protokoły szkód powypadkowych, świadectwa maturalne, indeksy i dyplomy ukończenia studiów, abstrakty rozpraw doktorskich i habilitacyjnych, wnioski o alimenty, akty urodzenia, akty ślubu i akty zgonu. Gdy już mam serdecznie dość czyichś ślubów, rozwodów, alimentów i tracę cierpliwość przy abstraktach „fascynujących" rozpraw doktorskich na temat „optymalizacji skanalizowania terenów podmokłych na przykładzie wsi Koniczynka pod Toruniem", to dla własnej przyjemności i dla przekonania się, że ciągle coś „czuję" po tych wodociągach w Koniczynce, sama zlecam sobie (płacę sobie także sama, i to nieporównywalnie lepiej niż wszelkie polskie wydawnictwa: kupnem jakiegoś francuskiego kremu lub perfum, a gdy się bardzo napracuję, to kompletem nowej bielizny, ale nie francuskiej, bo nagie ciało kobiety najlepiej znają moim zdaniem Włosi) tłumaczenie czegoś z literatury. I wiesz, co tłumaczę wtedy najchętniej (już osiem razy!)? Nieśmiertelnego Le Petit Prince, mojego ukochanego „Małego Księcia". Stwierdziłam, po raz kolejny, że każde tłumaczenie to nie tylko wynik wiedzy i doświadczenia tłumacza, który je robi. To także wynik jego lub jej nastroju, wynik wpływu muzyki, jakiej słucha, pracując nad tekstem, a nawet zależy od gatunku wina, jaki przy tłumaczeniu pije:). Naprawdę tak jest! Nie śmiej się ze mnie, góralu! Gdy porównałam ze sobą moich osiem tłumaczeń „Małego Księcia", to wyszło mi, że najlepiej było zrobione to, gdy byłam tuż przed okresem, słuchałam do ogłupienia „Traviaty" Verdiego i piłam kilka wieczorów z rzędu beaujolais nouveau, bo to działo się w listopadzie (zawsze w trzeci czwartek listopada Francuzi, a ja z nimi, wypijają hektolitry cieniutkiego kwaśnego sikacza, młodego, ledwo zrobionego wina pochodzącego z winnic położonych wzdłuż Rodanu w okolicach Lyonu). Zaraz potem, na drugim miejscu, uplasowało się tłumaczenie z czasu, gdy słuchałam Macy Gray (najlepsza i najbardziej seksowna chrypka świata, Cocker, nawet gdyby miał anginę, nigdy jej nie dorówna!) na przemian z Czyżykiewiczem (porażająco przystojny, dla mnie nawet bardziej niż Lenny Kravitz, i poetycko rozczulający; znasz go?), pijąc herbatę jaśminową i będąc w depresji, ponieważ zaczął się maj. Ja nie znoszę tego miesiąca. Gdyby Antoine de Saint-Exupéry wstał nagle z grobu, znał jakimś dziwnym trafem polski i mógł przeczytać moje tłumaczenia, pewnie byłby bardzo zdziwiony. Chociaż może wcale nie. On podobnie jak ja także bywał niepoprawnym romantykiem i ulegał nastrojom jak mało jaki pisarz.

Uwielbiam francuski, lubię Francuzów i Francję, ale także wszystkie kraje przez Francję w przeszłości podbite, pijam tylko francuskie wino (czy Ty także pijasz wino? A może wśród górali picie wina to dowód zniewieścienia?) i po całym dniu pracy nad tekstami mam czasami sny po francusku. Ale na szczęście nie śnią mi się ani testamenty, ani wypadki drogowe, ani też akty zgonu. Ostatnio śniła mi się pokryta wzdłuż i wszerz fioletem lawendy Prowansja. W środku fioletowego pofalowanego wiatrem morza stał biały jak śnieg fortepian. I w moim śnie rozmawiałam z Chopinem. Miał twarz mojego ojca. Grał i opowiadał – zupełny bezsens, prawda? – mi o swoim grobie w Paryżu na cmentarzu Père Lachaise. Rozmawialiśmy po francusku.

Moja praca...

Czasami myślę, że niczego lepszego nie mogło mi podarować moje przeznaczenie. Pomogłam mu trochę, studiując romanistykę.

To bezsprzeczny fakt. Ale gdy rozglądam się po losach moich kolegów i koleżanek ze studiów, widzę, że przeznaczenie musiało zauważyć tę moją pomoc. Siedzę sobie w moim pokoiku na poddaszu i bez konieczności ruszania się z domu – to jest dla mnie bardzo ważne – tłumaczę. Raz artystów, innym razem notariuszy lub hydraulików, którzy zostali doktorami nauk technicznych...

Czy masz jakiś ulubiony francuski tekst, który mogłabym dla Ciebie przetłumaczyć? Dla Ciebie złamałabym swoje postanowienia i odważyłabym się nawet przetłumaczyć poezję. Gdybyś zdecydował się na wiersze Apollinaire'a, otworzyłabym butelkę wina, gdybyś spośród tych wierszy wybrał erotyki, to miałabym wreszcie, po bardzo długim czasie, powód kupić sobie nową bieliznę...

To, co przeczytał, było wyjątkowe. Bardzo rzadko w ten sposób mówiła o sobie. Tak bezpośrednio i otwarcie. Musiała tego wieczoru być w wyjątkowym nastroju. Zastanawiał się, czy powodem była herbata jaśminowa, czy wino. Intymne wyznania z jej strony zdarzały się w ich rozmowach niezwykle rzadko, tylko w odpowiedzi na jego pytania, i to także zdawkowo. Zresztą niespecjalnie potrzebował wiedzy o jej przeszłości, tej przeszłości sprzed ich pierwszego spotkania. Zauważył i zaczęło go to wkrótce fascynować, że potrafiła opisać siebie, nie pisząc prawie niczego, co stawiałoby jej osobę na pierwszym miejscu. Gdy wie się, jakie ktoś czyta książki, jakie ma autorytety, za co najbardziej podziwia swoich rodziców, jak spędza wolny czas, jakiej muzyki słucha, jakie wiersze zna na pamięć, co go oburza, a co go wzrusza lub jakie ma marzenia, to w zupełności wystarcza.

Wzruszała go, rozbawiała. Po dwóch miesiącach wiedział, jaką muzykę lubi, jakie czyta książki i jakie kwiaty podobają się jej najbardziej. I kupował te same książki. Słuchał tej samej muzyki. Dzięki niej znowu zauważył, że istnieją kwiaty.

Sama także nigdy nie pytała go o nic, co dotyczyło bezpośrednio jego biografii. Zawsze tak potrafiła pokierować rozmową, że zupełnie niepytany i tak jej opowiadał o sobie. Już samo to było niesamowite dla niego. Wydawało mu się dotąd, że od czasu wizyt u psychiatry – ale to było przecież zupełnie co innego – nikogo tak naprawdę nie interesowało jego życie. Zresztą sam uważał, że nie ma w nim nic interesującego. To ona pierwsza zaczęła go przekonywać, że jest inaczej. Nawet to, że pochodzi i mieszka w małej podhalańskiej wsi, było dla niej czymś niezwykle interesującym, godnym zazdrości. W którymś e-mailu napisała do niego:

Masz szczęście żyć w miejscu, o którym ja zawsze marzyłam. Może przez to, że nigdy nie spełniło się moje marzenie, i teraz już chyba nigdy nie spełni, idealizuję wieś. I patrzę na nią idyllicznie. Wydaje mi się, że na wsi jest spokój. Wszyscy wiedzą, czego się od nich oczekuje, każdy zna swoje miejsce, a gdyby ktoś o nim zapomniał, to przypomina mu się o tym natychmiast. Gdy widzi się coś, czego widzieć się nie powinno, po prostu odwraca się głowę. Jeśli jakieś nadzieje się nie spełniają, to koryguje się te nadzieje. Na wsi trudno być anonimowym i dlatego skazanym się jest na to, co ja w ludziach cenię najbardziej: na szczerość. Na wsi bowiem trudno jest wsiąść do samochodu, taksówki lub autobusu, przenieść się do innej dzielnicy i udawać kogoś, kim się naprawdę nie jest.

Wieś kojarzy mi się ze spokojem i pogodzeniem się z tym, że gdy nie można mieć więcej, musi wystarczyć to, co się ma. I to jest dla mnie piękne i niezwykłe. To pogodzenie się ze sobą niosące spokój. Może dlatego że sama jak mało kto wiem, jak to jest, gdy zżera i zatruwa człowieka tęsknota za czymś, czego NIGDY mieć nie będzie, ponieważ z racji miejsca, w którym się znajduje, mieć tego nie może...

Gdy odpisał, że dla większości ludzi z miasta życie takie jak jego jest skrajnie banalne i sama myśl o możliwości „zesłania" w takie miejsce ich przeraża, kojarzy się z karą, na którą nie zasłużyli, odpowiedziała jednym zdaniem:

Ciesz się, Marcinie, że do Ciebie nie zsyłają takich ludzi...

Pewnego razu zapytał ją, gdzie dokładnie znajduje się komputer, z którego z nim rozmawia. Odpowiedź przyszła po dłuższej chwili.

Jesteśmy – bo gdy piszę do Ciebie, to chcesz tego czy nie chcesz, sadzam Ciebie w moich myślach na krześle obok siebie – w małym wypełnionym innymi komputerami pokoju bez okien łączącym się wspólną drewnianą ścianą ze stajnią. Prawdziwą, pachnącą końskim potem i sianem stajnią! Gdy jestem tutaj sama albo gdy zapada cisza w tym pokoju, słychać czasami rżenie koni. Czasami, wtedy nie musi być cicho, uderzenie ich kopyt w ścianę. Czy to nie genialne i cudowne rozmawiać na czacie o koniach, będąc tak blisko koni?! No sam powiedz, Marcinku? Mogę cię, Marcinku, tak czasami nazywać?

To dla mnie, po moim domu, najważniejsze miejsce na świecie. Bardziej ta stajnia za ścianą niż ten pokój. Tutaj, gdy nie było jeszcze nic oprócz małej stodoły z dwoma końmi, którejś niedzieli osiemnaście lat temu przywiózł mnie mój ojciec. Od tamtej niedzieli zmieniło się moje życie. Rosłam z tym miejscem, tęskniłam za nim, gdy wyjeżdżałam z Ciechocinka na dłużej.

Przed każdym takim wyjazdem, i to nie tylko gdy byłam małą dziewczynką, przygotowywałam sobie mały bawełniany woreczek nasycony zapachem tego miejsca. Ten woreczek był dla mnie jak amulet. Gdy tęskniłam lub gdy ktoś wyrządził mi krzywdę, wąchałam go. Uspokajał mnie i dawał poczucie bezpieczeństwa.

Czy Ty też tak reagujesz na zapachy?

Tutaj pierwszy raz się zakochałam, tutaj opowiadałam na głos o tej miłości koniom, każdemu z osobna, i tutaj opłakiwałam – także z każdym koniem z osobna – to że on znalazł sobie inną. Tutaj też po prawie roku śmiałam się w głos z siebie, że mogłam się zakochać w takim buraku. Ale tymi opowieściami o swojej głupocie nie obciążałam już koni. Chociaż wiem, że pewnie by się uśmiały.

Tutaj przyjeżdżałam z Poznania cieszyć się ze zdanych egzaminów, tutaj przyszłam rozpaczać, gdy umarł mój ojciec. Dzięki temu moja rozpacz i tęsknota za nim powoli stawała się do zniesienia. Moja mama nie miała i dotychczas nie ma takiego miejsca. Tutaj zdarzyła się...

Tutaj jest mi dobrze. Po prostu najzwyczajniej dobrze.

Mogłabym mieć Internet w domu. Ale nie chcę. Bo dla mnie przyjazdy tutaj to... to wydarzenie. I nie tylko przez stajnię za ścianą i świat za ekranem monitora. Dają mi poczucie normalności.

Od tamtego pierwszego dnia sprzed kilkunastu lat wiele się zmieniło. Jest ogromny padok, jest przytulna stajnia na trzydzieści koni, jest hala z reflektorami pod sufitem, jest mały hotelik z jadalnią i jest prawdziwa wiejska gospoda oddzielona od hali ścianą ze szkła. Gospoda od niedawna łączy się z małym pokojem, do którego właściciel wstawił kilka komputerów i doprowadził stałe łącze. Dzięki temu na tablicy przy wjeździe do Ciechocinka mógł dodać „...Internet C@fe". To teraz jest bardzo modne i nowoczesne. I musi być koniecznie z „@" w środku. Właścicielem tego raju jest pan Michał. Fizyk z wykształcenia, zakochany w koniach i kochany przez konie, wybitny specjalista od laserów, najlepszy i jedyny przyjaciel mojego Taty. Pan Michał trzymał mnie do chrztu.

Wracając do Twojego pytania – to w tym pokoju obok stajni i mojego konia, którego spotykam i przytulam od dziesięciu lat, jest mój komputer, z którego do Ciebie piszę, sadzając Cię wirtualnie na krześle przed sobą. Czasami, gdy napiszesz coś takiego do mnie, że najdzie mnie ochota, to delikatnie dotykam, wirtualnie oczywiście, Twojej dłoni...

PS To nie całkiem prawda, że stajnia obok jest ważniejsza od tego pokoju. Ostatnio w niektóre wieczory jest on o wiele ważniejszy.

PPS A gdzie Ty przysiadasz się do swojego komputera, aby rozmawiać ze mną? Czy też gdzieś blisko koni?

Czytał ten fragment wiele razy. Specjalnie nie odpowiadał na jej pytania, aby to, co napisała, nie przesuwało się na ekranie do góry i nie znikło. Wtedy jeszcze nie potrafił w żaden sposób zatrzymać ani zapisać tekstu na ekranie. Wiedział, że jest to możliwe, ale tego nie potrafił. Nie chciał ani na sekundę oddalić się od komputera, więc sięgnął do kosza stojącego pod biurkiem. Wyciągnął jakąś zmiętą kartkę papieru i zaczął nerwowo spisywać to, co ona napisała. Chociaż później pisała do niego podobne czułości – od pewnego momentu dla niego każde jej słowo było przepełnione czułością – to i tak ten „pierwszy raz" pamięta najbardziej. Do dzisiaj trzyma tę zmiętą, poplamioną kartkę zamkniętą jak skarb w szufladzie swojego biurka. Z płytą Macy Gray, dwoma albumami Czyżykiewicza i tomikiem erotyków Apollinaire'a.

Gdy odpowiedział, że rozmawiając z nią, siedzi w maleńkim biurze swojego muzeum, wpadła w prawdziwy zachwyt. Rozbawiła i rozmarzyła go, pisząc:

Czy to nie jest genialne?! No sam powiedz! Takie spotkanie współczesności z historią (nie mam na myśli Twojego wieku – broń Boże! – zawsze interesowali mnie o wiele starsi ode mnie mężczyźni, młodsi trochę co prawda od łemkowskich ikon, ale starsi od Internetu). To, że Ty siedzisz w pokoju nad osiemnastowiecznymi ikonami, sam klikając w dwudziestowieczne ikony, a ja siedzę w drewnianej chacie, czując zapach stajni, i że obydwoje w tym czasie rozmawiamy, jest... to jest absolutnie fenomenalne.

Kiedyś, gdy byłam młodsza, bardzo chciałam żyć w epoce Ludwika XVI. To przez francuskie książki, których naczytałam się (w oryginale) na studiach. Tamte czasy kojarzyły mi się z romantyzmem, a ja bardzo lubię być romantyczna. Ale nie tylko dlatego.

Uwaga, uwaga! Teraz będzie trochę ekshibicjonizmu. Ostrzegam!

Nie uwierzysz, bo to prawdziwa dziecinada, ale także przez moje piersi. Mam piersi, które idealnie pasują do sukien, jakie kobiety nosiły w tamtych czasach. Może nawet trochę większe. Raz w miesiącu przez kilka dni nawet o wiele za duże:). Wydawało mi się, że to musi być piękne i podniecające uczucie, wiedzieć, że „działa się" tak widokiem swoich piersi na mężczyzn. Ale to były moje dzikie czasy. Dawno temu. Czasami wydaje mi się, że to było nawet przed Ludwikiem XVI...

Teraz chcę żyć tylko w tych czasach. W naszych czasach. Z Internetem w muzeum i komputerem przy stajni. Od niedawna wiem, że to może być także bardzo romantyczne...

Zrobisz dla mnie kilka fotografii swoich ikon w muzeum? Szczególnie tej Łukasza? Sprawiłbyś mi radość...

PS „Przekopałyśmy" wczoraj z mamą moje kartony z płytami pod łóżkiem. I znalazłam! Pamiętałam, że gdzieś musi być! Kiedyś, jeszcze przed... przed Internetem, byłam na obozie językowym w Bieszczadach. Pojechaliśmy któregoś dnia z Francuzami do skansenu w Sanoku. Francuzi uwielbiają skanseny. Niektórzy byli rozczarowani. Jadąc do Polski, myśleli, że to jeden wielki skansen.

W jednej z sal była wystawa ikon (tam jest ponad dwieście ikon, ale Ty to pewnie lepiej wiesz ode mnie). Także łemkowskich, takich jakie Ty masz w swoim muzeum. Pamiętałam, że oczarowana tym, co tam zobaczyłam, na pamiątkę kupiłam płytę z muzyką cerkiewną. Chór męski Oktoich, tak się nazywają. Czternastu mężczyzn dyrygowanych przez piętnastego śpiewa hymny Kościoła prawosławnego. Śpiewa tak, że dech zapiera. Najpierw przesłuchałyśmy płytę z mamą. Potem wyłączyłam światło, zapaliłam świece, otworzyłam butelkę wina, zamknęłam oczy i... odjechałam. Przy dwudziestym czwartym kawałku, ostatnim na płycie, czułam się jak jedna z tych dziewic na ikonach. Zasłuchana. W uniesieniu. Tyle że ja byłam „na winie" i na zupełnie innych, nieprzystojących dziewicom emocjach...

Potem w nocy śniło mi się, że zasypiam na lodowatej podłodze klasztoru razem z mnichami z filmu „Imię róży" i że podchodzi Sean Connery, zdejmuje swój habit i mnie nim okrywa. Potem modliliśmy się razem. To była bardzo dziwna modlitwa. On mówił cały czas: „Nie jestem godzien", a ja cały czas odpowiadałam, dotykając jego twarzy: „Ale powiedz tylko słowo". Śnię ostatnio coraz intensywniej i z coraz większą przyjemnością.

PPS Chciałabym kiedyś posłuchać tego chóru z Tobą. Najlepiej w Twoim muzeum i będąc bardzo blisko Ciebie...

To, co przeczytał, było po raz kolejny wyjątkowe. Zaskakiwała go właśnie takimi nagłymi komentarzami nawiązującymi do wydarzeń z jej biografii. Potrafiła czasami być zdumiewająco otwarta, kokieteryjnie intymna, nawet lubieżna. Tak jak gdyby nagle zupełnie uległa erotyce, która posiada moc zabarwiania wszelkich innych jej przeżyć. I to w zupełnie nieoczekiwanych momentach. Pamiętał te momenty bardziej niż inne, ponieważ Emilia stawała się w nich radosna. Rzadko pisała do niego z radością. W większości ich rozmów dominował nastrój smutku i melancholii. Któregoś dnia napisała:

Wczoraj było mi smutno. I to już przed naszym spotkaniem. Tak zupełnie bez powodu. Wydawało mi się, że nawet niebo płacze, zaglądając przez okno do mojego pokoju...

Czasami zastanawiał się, czy to, co ich zbliża do siebie najbardziej, nie jest przypadkiem związane z identycznym pojmowaniem życia jako trwania w smutku i przekonania, że to jest normalny stan, z którym trzeba się pogodzić. „Szczęście to tylko garść pełna wody – napisała w odpowiedzi, gdy odważył się pewnego wieczoru i zapytał, kiedy ostatni raz była naprawdę szczęśliwa. – Wiem, jak szybko przecieka przez palce i jak trudno je zatrzymać na dłużej...".

Nie tylko tym różniła się od Marty. Najbardziej od Marty różniła się marzeniami. Marta była jak ktoś, kto nieustannie marzy o podróżach, aby podziwiać odległe gwiazdy. Był pewien, że gdyby jedna z tych gwiazd nagle spadła na podwórko, którym przechodzi wyrzucić śmieci, byłaby rozczarowana, przeszłaby obok niej obojętnie i natychmiast przestałaby marzyć o gwiazdach. Czasami wydawało mu się, że podobnie jak gwiazdy ze swoich marzeń traktowała także ludzi. Ważne i godne marzeń było dla niej jedynie to co bardzo odległe, wyjątkowe, ekskluzywne i dostępne tylko nielicznym wybranym.

Dla Emilii z kolei – takie miał wrażenie – marzenia się spełniały już wtedy, gdy wychodziła z domu. Czasami żartował przekornie z jej dziecinnego zachwytu nad czymś tak naturalnym i normalnym jak spacer, pójście do kina lub wyjazd do teatru w pobliskim Toruniu. Zawsze opisywała mu to w najdrobniejszych szczegółach i zawsze jako wielkie wydarzenie w jej życiu.

Nagle to muzeum, jego praca, której kulminacyjnym punktem dotychczas był obchód sal o czternastej, i zawsze te same notatki w brulionie nabrały zupełnie innego znaczenia. Miał uczucie, że dzięki Internetowi jest o wiele bliżej prawdziwego, a nie, jak mu się kiedyś wydawało, wirtualnego świata. Po pewnym czasie zauważył, że wraca do domu w Biczycach tylko po to, żeby tam sypiać. Pewnej niedzieli po mszy na podwórzu kościoła stara Siekierkowa podeszła do niego i powiedziała z wyrzutem w głosie:

– Ciemno wieczorami u ciebie w chałupie, Marcinku. W knajpie też cię nie ma. I na górkę do starej Siekierkowej już ani razu nie zajrzysz. Upiekłabym dla ciebie jabłecznika... Musi być piękna ta kobieta. Nasza jakaś? – zapytała, śmiejąc się głośno i zapalając papierosa.

Często zastanawiał się, jak wygląda Emilia. Ta z jego wyobraźni, wykreowana swoimi własnymi słowami była – dokładnie jak to ująła Siekierkowa – piękna. To przekonanie nie pojawiło się w jednej chwili. Każda rozmowa z nią dodawała szczegółów do obrazu, który sam sobie tworzył. Unikali opowieści o swojej fizyczności. Pomijając nawet wstyd i nieśmiałość, banalne i prostackie wydawało mu się zapytanie wprost o jej wygląd. Nie przeszkadzało mu to jednak fantazjować na ten temat. Uważnie wyłapywał strzępki opisów, które mimowolnie wtrącała czasami w rozmowę. Tak jak na przykład ten o jej piersiach pasujących do sukien francuskich kobiet z dworu Ludwika XVI. Wyłapywał te fragmenty i układał cierpliwie w całość, a brakujące kawałki sam sobie tworzył w wyobraźni.

Pod tym względem Internet wydawał mu się trochę niebezpieczny. Jak dalece wierny rzeczywistości może być obraz innego człowieka, jaki tworzy w swojej wyobraźni ktoś, kto tak naprawdę jest niewidomy? I to obraz kreowany przez tego człowieka wyłącznie swoimi własnymi słowami. Obraz bardzo subiektywny chociażby już tylko z tego powodu, że ludzie najczęściej postrzegają siebie samych inaczej, niż widzą ich inni. I dotyczy to zarówno ich zachowań, jak i wyglądu. Przeważnie uważają, że są lepsi, bardziej atrakcyjni, wyżsi, szczuplejsi, z mniejszą łysiną, z większymi piersiami, z mniejszym brzuchem, z czerwieńszymi i bardziej wydatnymi ustami, z większymi oczami czy z dłuższymi rzęsami. Nawet gdy nie mają takiego planu lub zamiaru, opisując siebie, zawsze trochę kłamią. Bez premedytacji, ale kłamią. Gdy dochodzi jeszcze do tego oddalenie i anonimowość, którą zapewnia Internet, i gdy nie ma obaw przed konfrontacją z rzeczywistością, to te nieświadome kłamstewka – chociaż wielokrotnie zdarzają się kłamstwa perfidnie przemyślane, świadome, ułożone w misterną manipulację – mogą być o wiele bardziej fantazyjne i w ten sposób paradoksalnie także bardziej przekonujące. Ten paradoks ma uzasadnienie. Ludzie nie chcą w Internecie spotykać zwykłych szarych rozmówców. Wystarczą im w zupełności sąsiedzi z bloku spotykani w windzie i przy zsypie na śmieci lub koledzy czy koleżanki z pracy, którzy już sto razy opowiedzieli im o swojej działce za miastem, zżerającym ich kredycie lub nowej tapicerce do lanosa. W Internecie chcą spotkać kogoś pięknego, fascynującego, frapującego, innego, wyjątkowego. Dokładnie takiego samego jak oni. I gdy do tego czują się samotni, to idą na takie spotkania jak na randkę z kimś z elitarnego klubu lub stowarzyszenia pięknych ludzi. Zapominają, że często jest to zwykła randka w ciemno, być może – gdy mają pecha – z grubą, natapirowaną sąsiadką z parteru lub łysawym, dłubiącym w nosie kolegą z działu transportu. Elitarny klub pięknych ludzi może okazać się klubem nieogolonych, śmierdzących potem, niedomytych i kłamliwych żyjących poetów w niedopranych wyciągniętych swetrach, wykrzywionych butach i z brudem za resztkami obgryzionych paznokci. Przychodzą godzinę spóźnieni na wymarzoną, opowiedzianą romantycznie w szczegółach pierwszą randkę i wszystko, co mają do zaproponowania, to McDonald i kolacja nie przy świecach, ale przy stoliku tuż obok drzwi prowadzących do toalety. Z hamburgerem i małą porcją frytek. Na końcu okazuje się na dodatek, że są akurat „od kilku dni" bezrobotni i trzeba za nich zapłacić.

Tak na dobrą sprawę to niewidomy w trakcie rozmowy ma nawet lepiej. Ma bowiem do swojej dyspozycji – u ludzi niewidzących z reguły o wiele bardziej wyostrzone – dwa dodatkowe zmysły: słuchu i powonienia. Słuchając kogoś, można bardzo często ze sposobu, w jaki mówi, z tonu lub melodii głosu ocenić jego szczerość. Rozpoznać pychę, pogardę, arogancję, zdumienie, zawstydzenie, ale także niepewność, skromność lub nieśmiałość. Na ekranie komputera są tylko litery ułożone w słowa i słowa ułożone w zdania. Nie ma westchnień, szeptów, zakłopotań, zająknięć, nagłych zatrzymań lub zamilknięć, przyśpieszeń czy zwolnień. Nie ma słowotoków na wydechu, połykanych końcówek wyrazów na wdechu czy bezdechu po znakach zapytania. Nie ma także w powietrzu zapachu intensywnie wydzielanego potu towarzyszącego strachowi przed odkryciem kłamstw. Tak samo jak nie można wywąchać zapachu perfum. Głuchy, bezwonny i bezdotykowy Internet sprzyja fantazjom, ale sprzyja również kłamstwu.

Marcinowi wydawało się jednak, że to może dotyczyć wszystkich innych, ale w żadnym wypadku nie dotyczy Emilii. Dalej składał łapczywie w całość kawałki jej obrazu. Bardzo szybko zauważył, że z tej wykreowanej w swojej fantazji całości wyłania się kobieta zupełnie inna niż Marta.

Uroda Marty była wyzywająca. Marta o tym wiedziała i często wykorzystywała. Gdy bywali wieczorami w krakowskich klubach, nie mógł nie zauważyć, jak mężczyźni wpatrują się w jej odsłonięty dekolt, który z premedytacją przez dobór sukienek, bluzek czy swetrów zawsze eksponowała.

– Jeśli na pierwszym spotkaniu nie zapamiętają tego, co do nich mówię, to przy następnym przypomną mnie sobie poprzez moje sterczące sutki. Dlatego na pierwszym spotkaniu rzadko mówię ważne rzeczy – skomentowała z ironicznym uśmiechem, gdy zwrócił jej na to uwagę.

Często narzekała na, jak to patetycznie nazywała, „brzemię niezawinionej cielesności" w jej odbiorze przez mężczyzn. Ale także przez inne kobiety. Twierdziła, że przez sam tylko fakt, iż zdobywa się na odwagę eksponowania swoich sterczących piersi i długich nóg, zarówno mężczyźni, jak i kobiety nie traktują jej jako równorzędnego partnera. Mężczyźni w trakcie rozmowy tak bardzo zajęci są myślą o jej uwiedzeniu, że przeszkadza im to się skupić. Kobiety z zazdrością postrzegają ją jako wyzywającą samicę, a to samo w sobie powoduje, że z o wiele większą uwagą ją obserwują, niż słuchają. Na jego sugestię, aby spróbowała nie odsłaniać biustu, nie nosić zbyt obcisłych spodni lub zbyt krótkich albo zbyt wysoko rozciętych spódnic, reagowała wymówką o „prawie do eksponowania kobiecości, co niektórym myli się z ekshibicjonizmem".

Gdy dzisiaj myśli o „eksponowaniu kobiecości" przez Martę, zastanawia się, czy nie był śmieszny, bo zmuszał się do czekania, aż nastąpi ten właściwy moment. Spędził tylko jedną noc u niej. Wtedy na podłodze przy jej łóżku. Nawet tej nocy nie potrafił przekroczyć granicy. Granicy czego? Szacunku, nieśmiałości, lęku przed odrzuceniem? Może Marta bardziej niż on czekała, że ją wreszcie przekroczy? Może swoim zachowaniem przed tą nocą dawał jej do zrozumienia, że stał się bardziej jej bratem i przyjacielem niż potencjalnym kochankiem? Marta eksponowała swoją kobiecość także przy nim. Właśnie tak. Eksponowała. Tak samo jak przed wszystkimi innymi. A on nie chciał być „wszystkimi innymi". On pragnął być jej kobiecością – jako jedyny – obdarowany.

Gdy zdarzało się, że spędzali wieczory w jej mieszkaniu, potrafiła w czasie kąpieli zostawić otwarte drzwi, a nawet prosić, aby podał jej ręcznik. Wchodził z ręcznikiem, oglądał ją nagą i pośpiesznie wracał do pokoju. Nie chciał, aby zauważyła, że oddycha szybciej, że drżą mu ręce lub ma erekcję. Nigdy nie wpadł na to, aby rozebrać się i wejść do niej pod prysznic. Albo chociaż nie wstydzić się swojego podniecenia, zostać z nią w łazience i przeżyć to, co mogłoby się zdarzyć. Pamięta, że najbardziej bał się rozczarowania i zawodu, iż mogło się nic nie wydarzyć. Poza tym, gdy marzy się o czymś tak długo, gdy snuje się w wyobraźni niezwykłe scenariusze ich pierwszej intymności, to myśl, że mogłoby się to zdarzyć ot tak, zwyczajnie, bez zapowiedzi, w zaparowanej łazience, przy okazji podawania ręcznika, paraliżowała go.

Marta wracała potem do pokoju w pomarańczowym krótkim szlafroku, siadała w fotelu naprzeciwko niego, zamykała oczy i powoli czesała mokre włosy. Nie zwracała uwagi na to, że pasek szlafroka rozwiązywał się coraz bardziej za każdym razem, gdy podnosiła rękę z grzebieniem. Po chwili miała odsłonięty brzuch i uda. Na jej piersiach zatrzymywały się sczesywane z włosów krople. Wstawał wtedy nerwowo z fotela i podchodził do regału z książkami, odwracając się do niej plecami.

Nawet dzisiaj, po tylu latach od tamtych wydarzeń, nie jest do końca pewien, czy Marta robiła to wszystko celowo, aby dać mu znać, że ma jej przyzwolenie i sprowokować nagością, czy były to kolejne epizody jej gry w „eksponowanie swojej kobiecości".

Dla niego takie sytuacje jak te w łazience Marty nawet dzisiaj nie są jednoznaczne. Kiedyś rozmawiał o tym z psychiatrą z Katowic. Mówiła o pewnym typie mężczyzn mających podobne wahania. Nazwała to mądrze „syndromem archetypu matki". Pamięta to do dzisiaj, bo sprawdzał potem w encyklopedii, co oznacza termin „archetyp". Uważała, że wzorzec matki u niektórych mężczyzn jest tak silny i dominujący, iż prowadzi do przekonania, że porządna, przyzwoita kobieta jest aseksualna i że żywiąc wobec niej pragnienia natury seksualnej, by ją poniżył. Dlatego też miłość do takiej kobiety, choć głęboka, nie może się dopełnić w sferze cielesnej.

Nie zgadzał się z psychiatrą. On pragnął Marty. Oprócz wszystkich innych odcieni tego pragnienia pragnął jej także seksualnie. Nie uważał przy tym, że jest w jego pożądaniu jej ciała cokolwiek, co mogłoby ją poniżyć. Chciał tylko, aby to pragnienie było odwzajemnione bardziej bezpośrednio niż tylko kuszeniem go nagością, której nie potrafił zinterpretować. I aby spełnienie tego pragnienia było najważniejszym wydarzeniem w ich związku, a nie zwykłym skorzystaniem z okazji. Chciał usłyszeć od niej słowo „kocham" wymawiane z czułością. Taką wielką chwilę wyreżyserował sobie w marzeniach z najdrobniejszymi szczegółami.

Może właśnie to był jego największy błąd w związku z Martą. Może zbyt dokładnie sobie wszystko wyreżyserował i nie zostawił już miejsca na spontaniczność, która byłaby odstępstwem od jego scenariusza. Może zamiast stopniowo, drobiazgowo ją poznawać i budować z nią relację, powinien w którymś momencie wybrać seks, który skraca drogę i pozwala jednym krokiem znaleźć się bardzo blisko?

Gdy myśli o tym dzisiaj, coraz częściej dochodzi do wniosku, że skrajnie wyidealizował Martę. Kochając kobietę nieosiągalną, pogrążył się w złudzeniu, że była wyjątkowa, jedyna, niepodobna do nikogo. Przez to, że do końca pozostała dla niego niedostępna, także na zawsze mogła pozostać ideałem.

Nie wyobrażał sobie Emilii w takich sytuacjach jak te ze wspomnień o Marcie. Nawet w jego fantazjach była zawsze ubrana. Jej urody jak dotychczas nigdy nie kojarzył z nagością. Ale Siekierkowa miała rację. Zajmowała go „piękna kobieta". Był o tym przekonany.

*

Internet nie tylko zetknął go z Emilią. Zbliżył także do rodziny. Nie pamiętał czasu w swoim życiu, poza dzieciństwem, kiedy tak często jak obecnie kontaktował się z braćmi. Odkąd rozjechali się po Polsce, odwiedzali Biczyce tylko od wielkiego święta. W czasie choroby matki czasami pisali do niej listy. Wszyscy z wyjątkiem Adama. Dla matki każdy taki list był ogromnym przeżyciem. Wiedział z jej relacji, co się u nich dzieje. Gdy matka zmarła, i to ustało. Karolina rozgłosiła wszystkim entuzjastycznie, że „wujek Marcin ma sieć w muzeum", i po krótkim czasie zaczął odbierać e-maile od braci.

Pierwszy odezwał się Adam z Łodzi. Marcin czuł radość i poruszenie, gdy zobaczył imię i nazwisko brata w polu nadawcy. Po przeczytaniu listu czuł tylko złość i rozczarowanie. Gdyby nie podpis „Twój brat Adam", pomyślałby, że to reklama firmy ochroniarskiej wysłana przez komputerowy automat lub sekretarkę. Adam zachęcał go na dwóch bitych stronach oficjalnego pisma, aby jak najszybciej zamówił u niego „ultranowoczesny system zabezpieczeń" do swojego muzeum. Przekonywał go, w jakim ogromnym niebezpieczeństwie przez noce i dnie znajdują się jego ikony i jak będą bezpieczne, gdy tylko zamontuje nowoczesny i niezawodny oraz „sprawdzony i wytestowany system ochrony z firmy, która jako jedna z nielicznych w tym kraju posiada certyfikat ISO 9002". Posunął się w swojej arogancji do nadętej bufonady – pisał o „odpowiedzialności za dzieła kultury, które zostały powierzone Twojej pieczy". Nigdy tego nie robi, ale bratu oferował znaczący rabat i namawiał go usilnie do takiego rozpisania przetargu, aby „nie było wątpliwości, kto ma go wygrać".

Marcin trzymał w dłoniach wydrukowane kartki papieru i nie mógł uwierzyć w to, co czyta. Pierwszy kontakt z rodzonym bratem po długich miesiącach od śmierci matki, a on jak natrętny domokrążca sprzedający odkurzacze opowiada mu bzdury o zintegrowanych noktowizorach, wytyka brak odpowiedzialności i bez żadnych ogródek namawia go przy tym do nepotyzmu i jawnych przekrętów. Żadnego pytania o Biczyce, o zdrowie, o grób matki czy chociażby o góry.

Nic, zupełnie nic, pomyślał, ze złością zgniatając w dłoni kartki z e-mailem.

Ale za to wie, że brat ma certyfikat ISO 9002. Ciekawe, komu dał za to łapówkę...

Adam zawsze miał problemy z okazywaniem uczuć. Nawet matka wiedziała, jak trudno było go ukarać. Kara ma tylko wtedy sens, gdy ktoś choć w najmniejszym stopniu okaże, że jest dla niego dolegliwa. Podobnie nagroda ma sens, gdy sprawia radość, jest wyróżnieniem, powodem do dumy. Adama trudno było nagrodzić i jeszcze trudniej ukarać. On nie okazywał żadnych uczuć. Nawet w czasie pogrzebu matki sprawiał wrażenie, że to, co się stało, jest mu zupełnie obojętne i przyszedł tylko dlatego, że tak wymaga tradycja. Spełnia obowiązek. W dzieciństwie nigdy nie tulił się ani nie całował matki, nie starał się zbliżyć do braci.

Marcin w okresie lęku „po Marcie" czytał wszystko o mózgu i emocjach. Natknął się kiedyś na interesujący opis. Okazało się, że wielu ludzi nie potrafi przeżywać, a tym bardziej wyrażać swoich emocji i że jest to w pewnym sensie choroba, która ma nazwę aleksytymia. Chorują na nią biedni i bogaci, starzy i młodzi. Mężczyźni o wiele częściej niż kobiety. Typowy aleksytymik to mężczyzna, który nie widzi żadnej różnicy w tym, czy przyniesie swojej kobiecie kwiaty, czy da jej pieniądze, aby kupiła je sobie sama. Aleksytymik nie wyznaje miłości, podobnie jak Pigmej nie opowiada o dokuczliwości zasp śnieżnych. Gdy Marcin o tym czytał, przypomniał sobie bohatera książki Maksa Frischa „Homo Faber". Absolutnie wzorcowy aleksytymik, który przy łóżku umierającej bliskiej mu osoby potrafił zdobyć się jedynie na cytowanie statystyk umieralności.

Adam pasował do tego modelu wprost idealnie. Biczyce powinny być dumne! Nie tylko dekadencka Ameryka na prozacu i viagrze ma swoich aleksytymików. Biczyce też mają jednego. Ale żarty na bok. Aleksytymią – bardzo mądre i naukowe słowo, pomyślał Marcin – da się może usprawiedliwić dziwaczny emocjonalny chłód brata, lecz w żadnym wypadku jego arogancji, pychy i pogardy wobec innych. Szczególnie kobiet.

*

Około miesiąca przed wysłaniem tego e-maila Adam odwiedził go niespodzianie w Biczycach. Była sobota. Obudziło go łaskotanie w stopy. W pierwszej chwili odwrócił się na drugi bok, myśląc, że to poranny sen przed przebudzeniem.

– No, braciszku, żyjesz niebezpiecznie, bardzo niebezpiecznie – usłyszał głos tuż przy uchu i poczuł odór oddechu wódki zmieszanej z czosnkiem.

– Adam! Co ty tu robisz?! – wykrzyknął, podnosząc się przestraszony na łóżku.

– Jak to co, braciszku? Wracam do szczęśliwego dzieciństwa. Małgosi chciałem swoje korzenie pokazać. Jeden korzeń jej nie wystarczy. – Adam zaśmiał się, poklepując go po twarzy. – Ale ty żyjesz niebezpiecznie, braciszku! Otworzyłem drzwi tym samym kluczem, który zabrałem, gdy wyjeżdżałem do Kanady. Od tego czasu minęła epoka i były trzy wojny na świecie, a ten klucz ciągle pasuje. Gdzie elektronika, gdzie kamery, gdzie chociaż jakiś owczarek, co by nas obszczekał? W willi mieszkasz, a nie stać cię na nowy zamek?! Niedobrze, braciszku, oj niedobrze. Otwórz u mnie zlecenie, a zabezpieczymy ci chatkę tak, że się halny nie przeciśnie. Małgosiu – odwrócił się do młodej dziewczyny stojącej przy drzwiach – przedstaw się Marcinkowi, mojemu najmłodszemu braciszkowi. Gdy go poprosisz, opowie ci o sztuce cerkiewnej albo o kablach elektrycznych.

Dziewczyna zbliżyła się powoli do łóżka i wyciągnęła nieśmiało rękę.

– Dzień dobry – powiedziała z wymuszonym uśmiechem. – Przepraszamy, że pana obudziliśmy. Mówiłam Adasiowi, żeby poczekać i przyjechać później.

Przykrywając się kołdrą, wysunął rękę w kierunku dziewczyny i powiedział:

– Ależ nic nie szkodzi. Zaraz zrobię herbatę. Jedliście śniadanie?

– Małgosia, zrób nam jakąś zakąskę – rzekł rozkazującym tonem Adam. – Lodówka nawet na wsi jest w kuchni, ale ty to sama wiesz, prawda, maleńka? W tym czasie Marcinek wciągnie spodnie i się odnowi – zaśmiał się, wyciągając paczkę papierosów z kieszeni.

Dziewczyna bez słowa wyszła do kuchni. Po chwili usłyszeli brzęk talerzy.

Małgosia miała dwadzieścia trzy lata, studiowała zaocznie pedagogikę na uniwersytecie w Łodzi i na nocnych dyżurach w firmie Adama zarabiała na czesne, opłatę za stancję i na nowe spódnice i bluzki. To, co jej zostawało, wysyłała przekazem na wieś do rodziców. Adam zatrudniał ją „na obiektach", bo niektóre firmy życzyły sobie obsługi telefonu nawet w nocy. Kiedyś uruchomił kamerę podłączoną do Internetu i zobaczył, jak zamiast siedzieć wpatrzona w telefon, zupełnie rozebrana przed komputerem masturbowała się do własnej kamery ustawionej na ekranie monitora. Nigdy dotąd nie widział piersi tak dużych, które by jednocześnie tak sterczały. Następnego dnia w nocy pojechał „na ten obiekt" z kasetą, którą nagrał poprzedniego dnia. Gdy przyłapana na gorącym uczynku Małgosia się ubrała, znudzony wysłuchał od niej historii „o narzeczonym, za którym tęskni i który się z nią ożeni po powrocie z Anglii", a potem pokazał jej kasetę.

– I tak, Marcinku, zaczęła się nasza miłość z Małgosią – roze-śmiał się, podnosząc do ust kieliszek z wódką.

Rozmawiali przy stole. To znaczy Adam mówił. Marcin tylko słu-chał, a czasami wychodził do kuchni, by pokazać Małgosi, gdzie są sztućce i gdzie w lodówce jest musztarda, bo „Adaś wszystko lubi z musztardą".

Adam po powrocie z Kanady nawet chciał się ustatkować. Kasia, rozwódka, którą przywiózł z Toronto, to porządna kobieta. Zebrała dużo kasy przez dziesięć lat. Zainwestowali w biżuterię i zrobili Ka-nadę na Piotrkowskiej w Łodzi. Ale na biżuterię trzeba w tych cza-sach dobrze uważać, więc z kolegą „z resortu" poszli w „ochronę". Ochrona to nie jubiler, lecz takie teraz czasy, że wszyscy się chronią, więc wychodzi się na tym lepiej niż na pierścionkach i kolczykach do pępka. Poza tym gdyby nie miał ochrony, to i Małgosi by nie miał. A on potrzebuje Małgosi. Oraz kredytów. Bez kredytów nie ma rozwo-woju i koniunktury. A jak nie ma rozwoju, to wszystko stoi. No, nie wszystko. Jemu akurat przy słabej koniunkturze przestaje stawać.

Kasia jest ogólnie w porządku. Pracowita, oszczędna i niegryma-śna. O dzieciaka się troszczy. Obiad na stole codziennie, o wygląd dba, chociaż w kremy to za dużo inwestuje, koszule wyprasowane, buty się świecą co rano i pary z ust nie puści w urzędzie skarbowym. Tyle że go nie kręci. To znaczy bardzo go kręci, ale nie tak, jak on by chciał. Feministka jest. Religijna feministka. I do tego z Suwałk. A jej matka z Opola. Takie są najgorsze. Gdy on chce iść do łóżka, to słyszy, że ją traktuje jak „obiekt seksualny". A jak on ma ją w łóż-ku traktować? Jak święty obrazek?

On nie ma nic przeciwko feministkom. Ani religii. Nie uważa, że kobieta ma być w kapciach, w ciąży i w kuchni. Nigdy nie traktował kobiety jak zlew na spermę. Ale loda powinna umieć robić. A dla Kasi lody to jak Korea Północna. Kto tam słyszał o lodach? Małgosia to co innego. Tyle że Małgosia to nie jest kobieta na stałe. Jej piersi prę-dzej opadną, zanim ona nauczy się prasować koszule i wypisywać fak-tury. Ona nie umyje naczyń, gdy w kuchni nie ma zmywarki. I nie podmyje się, gdy nie ma łazienki. Nigdy nie słyszała o miednicy. To zupełnie inne pokolenie. A on się przecież starzeje. Przyjdzie taki czas, że bardziej niż seks oralny i czy mu przy tym stoi będzie go interesować, czy na nocnym stoliku stoi kieliszek z syropem. Poza tym on wie, że Małgosia nie przyjechała z nim w góry, bo chce wrócić z nim do jego dzieciństwa i z nim podziwiać Rysy. Na Rysy spojrzy. Jasne. Ale tylko przez chwilę. Bardziej interesują ją butiki w Zakopanem. I słusznie. Kobieta za seks powinna być wynagradzana, bo ponosi większe ryzyko. Jak wróci jej narzeczony z Anglii, to on jej nawet na suknię ślubną da. On zawsze spłaca swoje erekcje. Kasi spłaca je od wielu lat. Zresztą kobiety coraz mniej go kręcą. Wszystkie takie same. Kiedyś mu się wydawało, że kobieta, aby pójść z kimś, potrzebuje uczucia. Teraz mu się wydaje, że potrzebuje tylko miejsca...

A poza tym to tak się powoli toczy. Ostatnio zachorował na morgana. Śliczne autko. Angielskie. Nie, żeby zaraz jeździć. Za małe i tyłek można sobie odbić na drogach w Polsce. Laseczki też na tylne siedzenie się nie da namówić, bo to ma tylko jedną ławkę. Ale postać przed garażem by mógł. Nikt takiego nie ma. Nawet w Warszawie. Ma już jednego upatrzonego w Berlinie. On lubi stare auta. Wszystko stare lubi. Meble, biżuterię, porcelanę, obrazy i nawet książki. Nie lubi czytać, ale lubi je mieć na półce w salonie. On czyta tylko „Gratkę" i „Anonse". Tam jest prawdziwe życie. Ostatnio znalazł w antykwariacie w Krakowie Krasnyka czy Asnyka albo jak mu tam, z dziewiętnastego wieku. Stargował połowę ceny. Kasia mówi, że dostał jak za darmo. Starocie go kręcą. Tylko nie lubi starych kobiet. Co to, to nie! Starzenie się jest jak choroba. Taka sama jak reumatyzm albo skleroza. Jak kobieta ma zmarszczki lub cycki tuż nad pępkiem, to znaczy, że jest zaniedbana. Jak tylko zauważy, że Kasi się piersi wyciągają, to ją pośle zaraz pod nóż. Obojętne, ile to będzie kosztować. Stać go na to, aby mu kobieta z wymionami po domu nie biegała.

A morgana kupi. Czeka już na niego w Berlinie. Tylko musi wygrać jeszcze kilka przetargów. Nienawidzi przetargów. Jakiś idiota to wymyślił. I tak wszyscy wiedzą, że wygrywa ten, kto najlepiej lub najszybciej posmaruje. On w zasadzie nic innego nie robi, tylko smaruje przetargi. Najgorsi są mali urzędnicy z dzielnicy. Ci najbiedniejsi. Z dzielnicowych budżetówek. Nigdy nie wie, czy ich przypadkiem nie przepłaca. Może oni czekali na pięćset złotych, a on im daje grube tysiące. Gdy im dać dwadzieścia tysięcy, to ślinią się i wzruszają, jakby zostali wybrani do Big Brothera. A co to jest w końcu dwadzieścia papierów!? Ostatnia sukienka dla Małgosi kosztowała dychę. No może nie. Z butami, pończochami, nowymi perfumami, bielizną i kolacją w „Łazience" wyszło tak na trzynaście. „Łazienka"? Taka knajpa w bok od Piotrkowskiej. „Musisz, Marcinku, gdy będziesz następnym razem w Łodzi, koniecznie o nią zahaczyć". Małgosia mu ją pokazała. Ona zna takie klimaty. Na pierwszym piętrze jest pokój z wanną. Gdy już się człowiek naje, napije i zachce mu się bzykać, to kelner naleje wody do wanny, ręczniki przyniesie, pianę zrobi, zamknie pokój na klucz i nie przyjdzie, dopóki się po niego nie zapuka.

Z grubymi „budżetami" jest drożej, ale moralnie lepiej. Tam cena jest ustalona i nie da się nic stargować. Ale człowiek wie, za co smaruje. Czysta sprawa i krótka piłka. Ostatnio dwa razy rozmawiał z takim jednym grubym w Warszawce. Przyszedł na kolację do Marriotta ze swoją asystentką. Świetna laska. I umiała się zachować. Zawsze siedziała tak, że mógł dojrzeć jej stringi pod spódnicą. Gdy asystentka wyszła do toalety, grubas na pięć minut wpatrzył się maślanymi oczami w jego roleksa. Na drugim spotkaniu nie było już asystentki. Zostawił mu roleksa. Na pamiątkę. Ale projekt jest wart każdego zegarka. Zresztą znudził mu się już ten rolex.

Był ostatnio w Gdańsku. Załatwiał nowy duży obiekt. Nawet większy od tego z roleksem. Ale Błażeja nie odwiedził. Błażej go wkurwia. U niego w firmie nawet bezmózgowy napakowany sterydami byle jaki bramkarz nie jeździ skodą. Gdyby zaczął jeździć, toby go wyrzucił na zbity pysk. Znaczyłoby to, że jest pijak i zamiast pilnować bramki, przepija pieniądze, które on mu płaci. Profesorek ze śmierdzącego zsypem blokowiska! Gdyby nie jego diety z Ameryki, to Sylwia musiałaby ze szmatą latać po biurowcach. Wydaje mu się, że jest prorokiem. Niech nawet i jest. Ale nie musi zaraz przy tym trawić swojej mądrości w monumentalną kupę i srać marmurem. I na dodatek wszystkim się wydaje, że on jest przy tym sraniu sobą. Żeby być sobą, trzeba najpierw być kimś. A kim on jest?! No kim?! Błażej traktuje go jak buraka, co to dumny jest z siebie, gdy uda mu się przypomnieć cztery cyfry PIN-u przy bankomacie. Profesorek jeden...

– Małgosia, a ty, kurwa, co?! Myjesz tam Marcinkowi naczynia!? Jak długo będziemy jeszcze czekać na tę flaszkę?! – krzyknął zdenerwowany w kierunku drzwi do kuchni.

Pije trochę za dużo. Musi odreagować. Stresy ma. Urząd skarbowy go odwiedza bez zaproszenia, Widzew nie gra już tak, jak grał, pracownicy piszą na niego anonimy, zadyszki dostaje na schodach. Ale ma to pod kontrolą. Przed hejnałem nie pije. Chyba że jedno lub dwa piwa na klina. Zresztą lepiej być słynnym pijakiem niż anonimowym alkoholikiem.

Widział, że na podwórku chałupy Siekierkowej stoi maszt. Ciekawe, ile starucha za to wzięła. Przecież nie załatwiła tego urokiem osobistym! Ona zawsze była taka brzydka, że nie oglądał się za nią nawet ksiądz. A pomarszczona jest jak żółw z Galapagos. Ale Siekierkowa przeżyje nawet te żółwie, chociaż one to tak ze sto pięćdziesiąt lat chyba żyją. Chciałby jakoś wejść w GSM. To teraz jest na topie i na kilometry zionie kasą. Może wyjeżdżając, wpadnie z Małgośką do Siekierkowej i dowie się, z kim i jak to załatwiała...

Przespali u niego w Biczycach tylko jedną noc. Małgosia tego wieczoru robiła wszystko, a Adam upił się do końca i zasnął przed nią. Gdy był już całkiem pijany, przenieśli go razem na łóżko w pokoju matki. Małgosi pościelił w swoim pokoju. Sam położył się na dwóch zsuniętych fotelach i przykrył kocem. Rano bardzo wcześnie wstał. Żeby ich nie obudzić, nie sprzątnął nawet stołu po wczorajszej kolacji. Wyszedł, cicho zamykając drzwi. Pojechał na cały dzień do muzeum. Wrócił bardzo późnym wieczorem. Dom był pusty, stół w takim stanie, w jakim zostawił go rano. Tylko popielniczki były pełniejsze i doszły dwie nowe puste butelki po koniaku. Do drzwi lodówki w kuchni Małgosia magnesem przymocowała kartkę:

Adam także potrafi być dobry. Trudno w to uwierzyć, ale tak jest...
Małgorzata

Nie uwierzył. Na następny dzień zamówił ślusarza i zmienił zamek w drzwiach wejściowych.

*

Błażej swój pierwszy e-mail do niego napisał z Waszyngtonu.

Marcinku (nie gniewaj się, ale do końca zostaniesz dla mnie małym braciszkiem),

nawet sobie nie wyobrażasz, jak bardzo się cieszę, że NARESZ-CIE (!) jesteś dostępny jak normalny człowiek. Sam wiesz, jak trudno znaleźć czas, by usiąść i napisać taki zwykły papierowy list. Potem trzeba jeszcze pamiętać o znaczku pocztowym i o wrzuceniu listu do skrzynki. Mnie się to rzadko udaje. Zdarzało się, że nosiłem listy po dwa miesiące w kieszeni marynarki. Ale teraz, chwała Bogu, jesteś już pod ręką.

Witaj, braciszku, w elektronicznej wiosce.

Gdy Karolina powiadomiła nas wszystkich, że masz adres e-mailowy, nie mogłem w to uwierzyć. A uwierzę tak naprawdę dopiero, gdy odpiszesz. Kiedy wyjeżdżałem w świat z Biczyc, to w Sączu, który był dla nas wtedy wielką metropolią, na rozmowę telefoniczną z Warszawą czekało się na poczcie po dwie godziny. A dzisiaj w Twoim muzeum, kilkaset metrów od tej poczty masz dostęp do Internetu! Powiedz sam, czy to nie jest genialne??!!! Szymonowi, Karolinie i mojej Ilonce wydaje się to tak samo normalne jak fakt, że z kranu leci woda, gdy przekręci się kurek, ale dla mnie, mimo że korzystam z Internetu już ponad dwadzieścia lat, to, że mogę pisać do Ciebie, do Twojego archaicznego biura na poddaszu w muzeum, jest ciągle bardzo niezwykłe. Wioska się ze świata zrobiła. Ale moim zdaniem ciągle nie jest to globalna wioska. Stanie się globalna, gdy będę mógł napisać e-mail do starej Siekierkowej. A wtedy napiszę jej, jak bardzo się jej bałem, bo swoim zachrypłym od palenia głosem krzyczała na nas i groziła laską, gdy ze Stasiem kradliśmy jabłka z ogrodu przy jej chałupie na górce. Tak naprawdę nie wiem do dzisiaj, po co kradliśmy te jabłka, bo przecież wszystkie dzieci w Biczycach wiedziały, że Siekierkowa i tak nam je rozda, gdy dojrzeją.

Szymon był na cmentarzu przy grobie Mamy i zrobił zdjęcia. Obiecał, że je zeskanuje i mi przyśle. Podobno bywasz tam bardzo często. Ja wiem, że matka kochała nas wszystkich po równo. Ale gdy myślę o tym czasami – starzeję się, bracie, robię się sentymentalny i wracam ostatnio coraz częściej do przeszłości – uważam, że to jest bardzo niesprawiedliwe. Ciebie powinna kochać kilka razy mocniej...

Chciałem Ci to powiedzieć w Biczycach, gdy wróciliśmy z cmentarza po pogrzebie Mamy, ale nie zdążyłem. Dałem się idiotycznie po raz kolejny sprowokować Adamowi i jak obrażony zasmarkany szczeniak wyjechałem. Ilonka płakała całą drogę do Gdańska, Sylwia milczała, dusząc w sobie złość. W Tarnowie, gdy podniosłem głos, kłócąc się z nią, wysiadła z samochodu i wróciła do Gdańska pociągiem. Wyrządziłem wszystkim krzywdę. Wszystkim. Naszej Matce największą. I na dodatek nie mogłem już zadzwonić następnego dnia, aby ją przeprosić.

Adam jest moim bratem. Tak jak Ty. Nosił buty po mnie. Biłem się w jego obronie, gdy ktoś w Biczycach chciał mu zrobić krzywdę. Dzisiaj także biłbym się za niego, ale pomimo to nie mogę pogodzić się z tym, że stał się takim... takim ceprem.

Jestem od sześciu miesięcy w Waszyngtonie. Kleję tutaj te swoje peptydy. Wychodzę z laboratorium i wracam do hotelu tylko po to, aby spać, brać prysznic i sprawdzać, czy jest jeszcze jakiś świat na zewnątrz i czy prognoza pogody, którą podają w Internecie, się zgadza. Przeważnie się nie zgadza. Pomimo to sprawdzam także pogodę w Gdańsku. Chociaż to zupełnie irracjonalne, wydaje mi się, że gdy wiem, czy tam pada deszcz lub świeci słońce, jestem bliżej Ilonki.

Już dawno tak za nią nie tęskniłem jak tym razem.

Uważaj na swoje ikony.

Błażej

PS Gdybym mógł cofnąć czas i zacząć wszystko od nowa, to tak pokierowałbym swoim życiem, aby mieć więcej czasu dla ludzi, a nie dla projektów i nauki.

National Institute of Health
9000 Rockville Pike
Bethesda, Maryland 20892
USA

„Kleję te swoje peptydy...".

Marcin zastanawiał się, jak jednym prostym zdaniem można podsumować czyjeś całe życie. Błażej „kleił" peptydy, o których pisał cały świat. A opowiadał o tym w taki sposób, że miało się wrażenie, iż mówi o pieczeniu placków lub gotowaniu bigosu. Jego brat. Profesor doktor habilitowany z Biczyc, który w wywiadach na pytanie dziennikarzy, skąd bierze się jego upór w dążeniu do celu, odpowiadał, że „jest góralem, a oni tak mają, nawet jeśli mieszkają nad morzem".

Podziwiał go. Wcale nie za to, że pewien czas był najmłodszym profesorem w Polsce i że Szwedzka Akademia Nauk, ta od Nobla, upomniała się o niego, o jedynego polskiego naukowca, gdy internowano go po wprowadzeniu stanu wojennego. Odmówił, nie zgodził się na przedterminowe zwolnienie i azyl polityczny w Szwecji. Gdy Marcin zapytał go kiedyś, dlaczego nie skorzystał z wyjątkowej szansy wyjechania z Polski, która nie dość, że jest „muzealna", to jeszcze go wsadziła jak jakiegoś przestępcę do celi, odpowiedział:

– Ja jestem nieprzystawalny. Dla mnie emigracją było już przeniesienie się z gór do Gdańska. Życie okrakiem w dwóch kulturach jest dla mnie przekleństwem, a nie błogosławieństwem. Pamiętam to ciągle z Nowego Jorku. Nie chcę znowu wzruszać się smakiem bigosu kupionego w polskawym, bo przecież nie polskim sklepie w Green Point na Brooklynie. Zachód nie jest dla mnie, tak jak myśli większość, ani od dawania, ani podły – zdradził nas tyle razy – ani niewdzięczny, ani nas niedoceniający. Zachód jest prosty jak bilans księgowego. Kalkuluje. Gdy mu wyjdzie na plus po odjęciu podatku i przy przyjętym poziomie ryzyka, to przystępuje do transakcji. Wyszło im w Szwecji, że mój mózg kalkuluje się wydrenować. Bo przecież nie wierzysz chyba, że jakiś szwedzki księgowy wzruszył się myślą, że siedzę w grudniu, w zimnej celi pozbawiony telewizora, wegetariańskiego obiadu i innych ważnych praw szwedzkiego obywatela.

Marcin podziwiał go głównie za to, że nigdy nie szedł na żadne kompromisy. Gdy solidarnościowy rektor uniwersytetu w Gdańsku próbował z politycznych powodów, głównie po to, aby przypodobać się nowej władzy, zwolnić partyjnego profesora, cenionego za osiągnięcia naukowe, Błażej wstawił się za nim i napisał otwarty list w jego obronie do Wałęsy.

Poza tym nigdy nie krył się z tym, że jest ateistą. Przy tym wiedział o Bogu wszystko. Uważał, że jeśli nie wierzy w coś, co „doprowadza do zbiorowych halucynacji" całe cywilizacje, trzeba to przede wszystkim dogłębnie poznać, aby móc przeciwstawić wiedzę wierze. Znać odpowiedzi na tak trywialne pytania, jak na przykład to, dlaczego składa się dłonie do modlitwy, ale wiedzieć także, na czym zasadza się teologia „życia konsekrowanego".

W Gdańsku, do którego przyjeżdżali biskupi, aby święcić supermarkety, i gdzie sprawdzało się obecność podczas pseudoreligijnych antyżydowskich happeningów w kościele Świętej Brygidy dokładnie tak samo, jak kiedyś skrupulatnie sprawdzało się obecność podczas pochodów pierwszomajowych, nie było to mile widziane. Już wolało się przefarbowanego i bierzmowanego w tajemnicy eks-komunistę niż eks-swojego z „internatu", który publicznie, kłując w oczy autorytetem swojej kryształowo czystej i „styropianowej" biografii, powątpiewał w istnienie Boga i wszem wobec opowiadał o „odpustowym skansenie polskiego katolicyzmu". Koledzy, szczególnie ci „ze styropianu", często mieli mu za złe nie tyle jego ateizm, ile fakt, że się z nim nie krył. Widzieli w tym brak wdzięczności, a niektórzy nawet dowód zdrady wobec Kościoła, który z definicji kojarzony był z opozycją i całym kultem „polskiej rewolucji". Błażej odpowiadał wtedy z uśmiechem:

– To wam się tak wydaje. Dla was jestem ateistą, ale dla waszego Boga jestem lojalną opozycją i wiem, że on to szanuje...

Przeważnie jest tak, że gdy nie potrafi atakować się myśli, atakuje się jej autora. W przypadku Błażeja i to było niemożliwe. Był ochrzczony, komunikowany i był na ty z Wałęsą. Na dodatek miał od dwudziestu lat ciągle tę samą żonę, studenci w anonimowych ankietach wybierali go na najlepszego profesora uczelni, mieszkał w bloku, a jego ojciec był ofiarą stalinowskich czystek. Żadnego haka. Zupełnie nic. Ateistyczny, ascetycznie biedny święty jeżdżący piętnastoletnią skodą. Na dodatek trudno mu było zarzucić, że nie wie, o czym mówi. Można było go publicznie ekskomunikować – co też wielokrotnie czyniono – za brak wiary, ale nie można było ani przez chwilę powątpiewać, że brakuje mu „religijnego rozumu". Wszyscy wiedzieli, że obok biochemii skończył także filozofię i „po godzinach" publikował prace z historii filozofii chrześcijaństwa. Prace na tyle istotne i napisane na tyle zrozumiale, że ich fragmenty regularnie drukował „Tygodnik Powszechny". To drażniło, prowokowało, a niektórych, nawet tych, którzy z racji powołania i kojarzonego z tym autorytetu powinni być wzorem tolerancji i przebaczenia, doprowadzało do ślepej nienawistnej wściekłości. Marcin pamiętał atak księdza i jednocześnie profesora z Akademii Teologii Katolickiej w Warszawie, który w agresywnym komentarzu do jednego z artykułów Błażeja w „Tygodniku Powszechnym" nazywał go pogardliwie „projektantem mody współczesnej teologii" oraz „przeciętnym teologiem wśród biochemików", aby na końcu zarzucić mu „odrażającą pychę", pisząc w ostatnim zdaniu, że „człowiek staje się ateistą, gdy poczuje się lepszy od Boga". Jedyną reakcją Błażeja na tę publikację był kilkuzdaniowy list, w którym prosił redakcję, aby w imieniu utytułowanego teologa podała w „jego obronie", że autorem tego ostatniego zdania jest Friedrich Nietzsche, ponieważ „czytelnik powinien po części usprawiedliwić autora, zdając sobie sprawę, że nie wszystkie bzdury i nieprawdy w jego artykule pochodzą od niego samego, ale że część z nich została najzwyczajniej w świecie skopiowana, i to od ateisty, którym Nietzsche niewątpliwie był, o czym wie każdy, nawet zupełnie przeciętny biochemik, a o czym jego świątobliwość profesor raczył skwapliwie zapomnieć prawdopodobnie w nadziei, że nikt nie zauważy plagiatu".

Rozmawiali kiedyś o religii. W dwa lata po tym, jak zachorowała matka. Spotkali się na kilka godzin w Krakowie, gdzie Błażej przyjechał na jakiś kongres. Marcin wtedy zdobył się na odwagę i zapytał go, poproszony przez matkę, dlaczego Ilonka – córka Błażeja – nie przyjęła jeszcze pierwszej komunii. Brat odpowiedział mu, że oboje z Sylwią – żoną – postanowili zostawić wybór samej Ilonce. Zdecyduje, gdy dorośnie. Tak zaczęła się ich rozmowa o Bogu i religii.

Z Błażejem bardzo trudno rozmawiało się o tych sprawach. Głównie przez jego chorobliwy brak pokory wobec autorytetów. Wydawało mu się, że uczciwość wymaga, aby zwątpienie, a tym bardziej pokorę dzielić wobec wszystkich i wszystkiego po równo. I jeśli już, to dopiero wtedy, gdy wobec pokory nie ma się żadnej innej alternatywy. W dodatku swoją wiedzą, swoimi wątpliwościami, a najbardziej swoimi pytaniami budził niepokój.

– Wierzysz, że Bóg może być sprawiedliwy, miłosierny i nieskończenie mądry, a jednocześnie niewidzialny, niedostępny i milczący jak głaz? Wierzysz w to i nie widzisz w tym podstawowej sprzeczności? A nawet jeśli, z niezrozumiałych mi powodów, tak jest, to czy nie uważasz, że każdy Bóg gardziłby myślą, że jest idolem? Że buduje Mu się pomniki, świątynie, które swoim doprowadzonym do granic kiczu bogactwem dają świadectwo pychy, pada się przed Nim na twarz, całuje obrazy, składa krwawe ofiary i jako dowód uwielbienia dla Niego przebija dłonie gwoździami w ekstatycznym amoku? Czy nie uważasz, że absurdem jest nasze przekonanie, że wszechmogący i nieskończenie doskonały, bezgranicznie dobry Bóg ma jedną z najnędzniejszych ludzkich słabości, jaką jest próżność i nigdy nienasycone pragnienie poklasku? Ja nie mogę uwierzyć w takiego Boga... Wielu ludzi nie wierzy w Boga, bo to dla nich zbyt obciążające. Ja nie wierzę w Boga, bo to zbyt wygodne.

Gdy pamiętało się z dzieciństwa wspólne modlitwy przed posiłkami przy stole, codzienne „niech będzie pochwalony" po powrocie do domu ze szkoły i pełne uniesienia góralskie pasterki w kościele w Biczycach, trudno było słuchać wypowiadanego przez własnego brata zdania typu „Boga można było uniknąć, gdyby ludzie zawierzyli swojej mądrości". Kiedy rozstawali się po tej rozmowie, Błażej prosił go, aby nie powtarzał niczego matce.

– Ta wiedza mamie się do niczego nie przyda, a może ją zranić...

Marcin pamiętał także, jak kilka dni po odebraniu nominacji profesorskiej w Belwederze gdańska prasa komentująca to wydarzenie opublikowała obszerny wywiad z Błażejem. Szymon przyjechał wtedy specjalnie do niego do muzeum i przywiózł ten numer „Dziennika Polskiego". Obok zdjęcia Błażeja w laboratorium widniał krzyczący wielkimi literami prowokujący tytuł: „Bóg to tylko (neuro)peptyd". Stara Siekierkowa, która zaczynała dzień od czytania gazety, natychmiast rozpoznała Błażeja na fotografii. Artykułu nie czytała. Wystarczyło jej, że „Błażejek Marcinowej" mówi coś o Bogu. Chodziła potem podniecona z tą gazetą po wsi, pokazując ją każdemu, kogo spotkała, i opowiadała, jak to „Błażejek kradł najpierw jabłka z mojego ogrodu, a teraz pokazują go w gazecie" i jak dumna powinna być Marcinowa, że wychowała „takiego geniusza". Poszła też z tą gazetą na plebanię do księdza Jamrożego, prosząc go, aby z ambony w niedzielę po zapowiedziach ogłosił wszystkim, jakiego to „Biczyce doczekały się Polaka". Z plebanii poszła do gospody i siedziała tam tak długo, aż ajent wysłał jedną ze swoich kucharek do kiosku. Dopiero gdy wycinek z gazety zawisł na gwoździu obok kartki z długą listą nazwisk dłużników, którzy w gospodzie piją „na krechę", wyszła i wróciła do domu. W niedzielę, gdy proboszcz Jamroży „nie powiedział nic o Błażeju", postanowiła, że nie będzie więcej nic dawać na tacę.

Marcin wiedział, co to są (neuro)peptydy. Gdy „po Marcie" miał napady lęku i łykał według swojego grafika wszystko, co mogło ten lęk uspokoić i okiełznać, starał się dowiedzieć i zrozumieć, dlaczego jakaś magiczna substancja w małej zielonej, różowej lub białej tabletce czyni to, czego on nie potrafił wywołać swoimi myślami. Oczywiste było dla niego, że ta substancja musi coś robić z jego mózgiem, bo tam zagnieździł się jego lęk. To, że serce waliło mu jak oszalałe lub że musiał biec, aby rozładować napięcie mięśni, było tylko fizjologicznym przejawem tego, co tak naprawdę odbywało się w mózgu. Nie musiał tego usłyszeć od psychiatry. Jeśli już potrzebował do czegoś psychiatry, to tylko do tego, aby mu doradził, jak radzić sobie bez tych tabletek. Instynktownie czuł, że sam się oszukuje i że nie można całe życie oszukiwać mózgu jakimiś substancjami chemicznymi. Dlatego chciał się dowiedzieć, jak te substancje działają. Jak to się dzieje, że serce się uspokaja i jego puls spada z dwustu uderzeń na minutę do normalnych osiemdziesięciu, przestają drżeć dłonie, nie czuje pancerza uciskającego mu głowę, czuje natychmiast odrętwienie, obojętność, a czasami nawet błogość już w kilkanaście minut po łyknięciu xanaksu. Wtedy właśnie, szukając odpowiedzi na te pytania, zetknął się z terminem „peptyd".

Do dzisiaj pamięta swoje zdumienie, gdy czytając w bibliotece podręczniki farmakologii, odkrył, że Natura w swoim podstawowym zamyśle i konstrukcji jest w zasadzie bardzo prosta. Jeśli Naturę stworzył Bóg, bardzo sprytnie to wymyślił. Trzy litery w czteroliterowym A-T-C-G alfabecie DNA kodują dwadzieścia liter aminokwasów. Istnieje bowiem tylko dwadzieścia aminokwasów, każdy oznaczany jedną literą, które układają się w białka, a te z kolei budują organizmy i determinują ich życie. Triada życia: DNA – aminokwasy – białka. To przecież zrozumiałaby bez większego trudu nawet Siekierkowa! Tyle że z pewnością byłaby przekonana, iż ta triada to tylko inne słowo na Świętą Trójcę. Może nawet miałaby rację...

Dwadzieścia kawałków układa się w puzzle i te puzzle to białko. Obojętnie jak duże są puzzle, to i tak składają się tylko z dwudziestu różnych kawałków. Gdy układanka jest mała, zbudowana z nie więcej niż stu połączonych z sobą aminokwasów, to nazywa się peptydem. Gdy ma ich kilkaset, jest polipeptydem. Gdy ma ich tysiące, nazywa się ją proteiną. Dla postronnych i niewtajemniczonych wszystko to razem wzięte nazywa się zwyczajnie białkami.

Często zastanawiał się, czy naukowcy zawsze muszą tworzyć tylko sobie znane hermetyczne języki pełne tajemniczej terminologii. Czasami miał wrażenie, że robią to z czystej próżności i żeby wszystko skomplikować jak najbardziej. Niech broń Boże nikt spoza klanu nie zdoła ich zrozumieć. Kiedyś zagadnął brata na ten temat.

– Masz rację – odpowiedział Błażej – często robią to z autentycznej próżności. Niektórzy naukowcy więcej czasu poświęcają na wymyślanie chwytliwej nazwy dla tego, co odkryli, niż spędzili przy samym odkryciu. Już raczej są gotowi użyć cudzej szczoteczki do zębów niż cudzej terminologii – dodał, śmiejąc się w głos.

Marcin podziwiał tych niewielu, którzy gotowi byli podzielić się z innymi swoją wiedzą, i to w taki sposób, jak robił jego brat, przy którym miało się wrażenie, że gdy opowiada o syntetyzowaniu peptydów, mówi o klejeniu figurek z plasteliny. Ma się potem przekonanie, że wystarczy kupić plastelinę, przypomnieć sobie jego słowa i zrobić to samo, a może nawet zrobić to o wiele lepiej. Przy tym wszystkim jego brat kleił jeśli nie najpiękniejsze, to na pewno najważniejsze figurki. Przysłał mu kiedyś na adres muzeum fragment pisanej przez siebie książki popularnonaukowej. Załączył krótki list:

Jeśli czegokolwiek z tego nie zrozumiesz, to znaczy, że piszę złą książkę. Powiedz mi to natychmiast, abym miał czas coś zmienić.

Zrozumiał wszystko. Tak jak rozumie się słowa złożone z liter w alfabecie. Aminokwasy to litery układające się w słowa, które są peptydami, polipeptydami lub białkami. Układając te słowa w zdania, można wydawać komendy. Takie zdania w komendy układa głównie mózg. Albo sam syntetyzując peptydy lub inne neuroprzekaźniki i rozsyłając je z krwią do wszystkich organów, albo dając sygnały tym organom, aby same takie peptydy lub neuroprzekaźniki wytworzyły. Gdy już się tak stało, to przedostają się one do wnętrza komórek i wywołują te zmiany, których mózg oczekuje. Wzrasta ciśnienie krwi i przyśpiesza serce, gdy neuroprzekaźnikiem jest adrenalina, żołądek i jelita zaczynają trawić, gdy neuroprzekaźnikiem jest acetylocholina, wzrasta poziom cukru, gdy peptydem jest insulina, kurczy się macica podczas porodu lub tworzy się mleko w piersiach matki, gdy peptydem jest oksytocyna. Za każdy proces życiowy odpowiada jakiś peptyd. I to miał na myśli jego brat Błażej, gdy mówił: „Bóg to tylko (neuro) peptyd". Neuro – by podkreślić, że chodzi mu o ten wytwarzany w mózgu.

Jeśli się nad tym zastanowić, to Błażej miał rację i mógł tak powiedzieć dziennikarce z gazety. Z drugiej strony Marcin był pewien, że ta dziennikarka wyjęła zdanie z kontekstu i użyła w tytule, aby zaszokować, zbulwersować, zatrzymać uwagę czytelnika. Nie ma nic bardziej atrakcyjnego, jak w katolickiej Polsce w wysokonakładowej gazecie, dużą czcionką, zaprzeczyć istnieniu Boga. Najlepiej cudzymi słowami. Bezpiecznie i wygodnie, dla siebie i dla gazety. A przy tym prowokacyjnie. Włożyć kij w mrowisko i zacierając ręce, czekać na reakcję mrówek.

Znał brata na tyle dobrze, aby wiedzieć, że takie zdanie wypowiedział z pokorą, jako przypuszczenie i z pewnością ze znakiem zapytania na końcu. Zresztą po przeczytaniu całego artykułu nie można było mieć co do tego najmniejszych wątpliwości.

Nikt nie zna do dzisiaj odpowiedzi na pytanie, jak to się dzieje, że wytwarzane są takie a nie inne peptydy i kto lub co programuje mózg, aby peptydami przekazywał swoje komendy. Peptydy nie wykluczają Boga. Może nawet potwierdzają jego istnienie. Błażej to wyraźnie powiedział w tym wywiadzie.

Nie powiedział przy tym wielu innych dużo bardziej interesujących rzeczy. Tych, które nie dotyczą zwykłej fizjologii, ale dotykają czegoś, co wszystkim kojarzy się z emocjami, duszą, świadomością, a więc poprzez to z religią. Nie powiedział na przykład tego, że ludzie kochają dzięki (neuro)peptydom. Że Boga, którego wcale nie musi być, ale którego można mimo to kochać, kochają także właśnie dzięki nim. Jego brat takimi peptydami się zajmował – odpowiedzialnymi za przeżywanie emocji. W książkach z farmakologii, które Marcin czytał, gdy chciał zrozumieć swój lęk, większość odnośników dotyczyła prac naukowych zagranicznych autorów. Jeśli cytowano kogoś z Polski, to głównie jego brata. Niezwykłe uczucie – czytać swoje nazwisko na stronach tych książek. Pamięta, że gdy zdarzyło się to pierwszy raz, wybiegł podniecony z czytelni i z automatu telefonicznego w holu natychmiast zadzwonił do brata. Błażej zupełnie zignorował to, co chciał mu powiedzieć. Że jest dumny, że go podziwia, że mama z pewnością się ucieszy. Przerwał mu po trzech pierwszych zdaniach.

– Marcin, po jaką cholerę czytasz takie książki? – zapytał zaniepokojony. – Czy coś się stało? Po co bierzesz te prochy?

Nie powiedział mu nic o swoim lęku. Wstydził się. Skłamał, że trafił na tę książkę zupełnie przypadkowo, że usłyszał o niej od kolegi. Że u niego wszystko w porządku. Gdy odłożył słuchawkę, zastanawiał się, czemu tak zrobił. Czemu nie powiedział mu o tak po prostu: „Słuchaj, Błażej, jestem od jakiegoś czasu jak warzywo, które odczuwa tylko lęk. Boję się zasnąć i boję się obudzić. Skrzywdziła mnie kobieta. Połykam tabletki, aby się nie bać. A jednocześnie boję się, co te tabletki ze mnie zrobią. Chcę wiedzieć, czego się lękam, i chcę zrozumieć, dlaczego po tych tabletkach jest mi na krótki czas lepiej. Dlatego czytam takie książki. Tylko dlatego".

Nie. Tego nie powiedziałby nikomu bliskiemu. Także swojemu bratu. Może nawet szczególnie jemu. Górale nie powinni się bać.

Trzy dni później w portierni akademika czekała na niego duża pękata koperta. Błażej przysłał mu odbitki wszystkich swoich artykułów dotyczących szczególnych peptydów, które nazywał „molekułami emocji". Wzorami chemicznymi opowiadał, jak to się dzieje, że ludzie czują wstręt, rozkosz, smutek, przywiązanie, tęsknotę, podniecenie lub wstyd. Opisywał mechanizmy reakcji, w których te molekuły biorą udział. Marcin długo siedział ze słownikami i mozolnie tłumaczył teksty artykułów – większość była po angielsku – starając się zrozumieć każde słowo.

Obraz, który się wyłonił z tego, co zrozumiał, zachwycił go i przeraził jednocześnie. Odczuwanie jest możliwe prawie wyłącznie dzięki ułożonym z aminokwasów peptydom, a te, aby dotrzeć do komórek w mózgu, muszą znaleźć na ich powierzchni rodzaj otworu, przez który mogłyby przecisnąć się do wnętrza komórki. Taki otwór przypomina dziurkę od klucza i znajduje się w pływających na powierzchni komórki receptorach, które nie są niczym innym, jak tylko dużymi białkami. Peptyd przeciśnie się do środka komórki jedynie przez pasującą do niego dziurkę od klucza w receptorze. Insulina nie będzie pasowała do receptora, który przepuszcza przez swoją dziurkę od klucza oksytocynę. Gdy taki peptyd znajdzie się już w środku komórki, następuje cały łańcuch reakcji, które przekładają się na to, co ludzie nazywają odczuwaniem. Czerwienią się policzki, gdy jesteśmy zawstydzeni, serce bije szybciej, gdy jesteśmy podnieceni, mamy uczucie bezpieczeństwa lub nawet błogości, gdy peptydem, który przecisnął się przez receptor, jest coś, co swoją strukturą przypomina morfinę. „Morfinę" wytwarzaną wewnętrznie w mózgu, a nie tą wstrzykiwaną z ampułki przez lekarza lub pielęgniarkę. Takich wewnętrznych narkotyzujących „morfin" wytwarza mózg człowieka mnóstwo. A także innych peptydów, które w swoim działaniu podobne są do innych narkotyków. To one przekładają się na emocje. Dzięki nim tak naprawdę czujemy oszołomienie i fascynację, gdy jesteśmy zakochani. Także dzięki nim odczuwamy pragnienie bliskości. Pragnienie tak mocne, że chcemy się rozbierać i dotykać.

Przez swoje podobieństwo do narkotyków powodują to, co wywołać mogą wszystkie narkotyki: uzależnienie. To podobieństwo chemii emocji do chemii narkotyków było z jednej strony zdumiewające, a z drugiej niebezpieczne. Myśl, że heroina i miłość tak naprawdę na poziomie mózgu funkcjonują według tego samego schematu, była sama w sobie oszałamiająca. Przecież Bóg powinien wiedzieć, iż ludzie bardzo szybko zorientują się, że ich receptory przez swoje dziurki od klucza przepuszczą nie tylko wewnętrzne „poprawne" peptydy, ale znajdą sobie namiastki! I na dodatek będą one wszędzie pod ręką. W soku niedojrzałych makówek i ich łodyg, w liściach koki, które Indianie żuli już trzy tysiące lat temu, w suszonej konopi indyjskiej, którą muzułmanie palili już w starożytności. Ponieważ ludzie żyją tak naprawdę tylko po to, aby przeżywać emocje, jasne musiało być, że szybko odkryją działanie tych roślin. A gdy zaczną tworzyć naukę chemii, nie będą im nawet do tego potrzebne żadne rośliny. Sami sobie zsyntetyzują gazy, proszki i płyny pełne emocji. Niektóre z nich będą potem sprzedawać w aptekach.

Nagły brak emocji – podobnie jak brak narkotyków odczuwany przez ćpuna – powoduje symptomy odstawienia. Magda, dziewczyna z bandażem na przegubie dłoni z poczekalni u psychiatry w Katowicach, nie chciała nic innego, niż tylko mieć dostęp do substancji, którymi mogłaby zapchać chociaż na krótki czas swoje receptory w mózgu!

Gdy Marcin czytał to wszystko, zaczynał rozumieć, jak działają kolorowe tabletki. Składnikami tych tabletek zapychał receptory swojego mózgu. Z jakiegoś powodu wszystko, co przeżył „po Marcie", zaburzyło mu funkcjonujący dotychczas poprawnie jego chemiczny mózg i te tabletki, na krótko, przywracały tę utraconą równowagę. Nie rozumiał jedynie, dlaczego akurat symptomy odstawienia w jego przypadku przejawiały się wyłącznie jako paniczny lęk.

To, co jednakże najbardziej poruszyło go i dało mu najwięcej do myślenia po lekturze artykułów brata, dotyczyło czegoś o wiele ważniejszego niż zwykłych zapisków laboranta na temat chemicznej teorii emocji z miłością włącznie. Jego brat, jak sam to nazywał, „kleił" o wiele ważniejsze peptydy. I właśnie z ich powodu zapraszany był do najbardziej renomowanych instytucji naukowych na całym świecie. Każda z tych instytucji chciała, aby kleił je u nich, kusząc dostępem do najlepszej aparatury i najbardziej uznanych mózgów pracujących w tej samej dziedzinie. Jak Sylwia znosiła nieustanne wyjazdy męża? W porównaniu z Błażejem nawet marynarzy można było nazwać bywalcami w domu.

Peptyd, którym zajmował się Błażej, miał zapchać dziurkę od klucza w wyjątkowym receptorze. Receptor ten znajdował się nie tylko na powierzchni komórek mózgu, ale przede wszystkim na komórkach limfocytów w układzie immunologicznym każdego człowieka. Wirus HIV, gdy patrzeć na niego pod mikroskopem elektronowym, przypomina jeża. Igły tego jeża są proteinami, które idealnie pasują do receptorów na limfocytach. Do zakażenia HIV dochodzi wtedy, gdy te proteiny połączą się z białkiem receptora, prześlizną się do wnętrza limfocytu i praktycznie go zabijają. Gdyby udało się „skleić" peptyd, który także pasowałby do receptora na limfocycie, i zapchać nim jego dziurkę od klucza, zablokowałoby się drogę dla HIV! Taki mechanizm działał doskonale na receptorach komórek mózgowych. Opisywały to wszystkie podręczniki farmakologii. Wystarczyło wstrzyknąć kilka miligramów naloxanu, aby uratować życie narkomanowi, który przedawkował heroinę i zapadł w stan śpiączki. Magicznie działający naloxan blokował receptory heroiny na neuronach w mózgu, zamykając drogę cząsteczce narkotyku. O tym wiedzieli nawet policjanci w każdym większym amerykańskim mieście znajdujący nieprzytomnych narkomanów w toaletach dworcowych. Nie nosili wprawdzie ze sobą strzykawek z naloxanem, ale wzywając karetki pogotowia, prosili, aby sanitariusze zabrali go ze sobą.

Brat Marcina sklejał coś podobnego do naloxanu. Tylko że to coś miało blokować nie heroinę ze „złotego strzału", ale wirusa wywołującego AIDS.

Być może, jego brat kleił najważniejszy peptyd na świecie...

*

Wzruszył go ten e-mail od Błażeja. Tak na dobrą sprawę był pełen smutku i rozgoryczenia. Zdanie w postscriptum: „Gdybym mógł cofnąć czas i zacząć wszystko od nowa, to tak pokierowałbym swoim życiem, aby mieć więcej czasu dla ludzi, a nie dla projektów i nauki", było jak wyznanie kogoś, kto źle pokierował swoim życiem. W klimacie niekwestionowanego sukcesu, który kojarzył mu się z tym, co robi Błażej, nie potrafił zrozumieć jego rozczarowania.

Odpisał natychmiast. Listy z Waszyngtonu przychodziły regularnie przez następne trzy miesiące. Miał wrażenie, że poznał brata przez te trzy miesiące lepiej niż przez całe dzieciństwo w Biczycach. Człowiek, który miał wszystkie powody, aby być dumny z siebie, aby korzystać ze wszystkich wyróżnień, które niesie sukces, pozostał małym zagubionym Błażejkiem, którego matka musiała wypychać z szeregu, aby odebrał nagrodę za dobrą naukę w podstawówce. Wychodził wtedy zawstydzony, czerwienił się, gdy wymieniano jego nazwisko, i jak najszybciej chował się z powrotem w grupie uczniów. Gdy siadali przy stole do kolacji, zawsze czekał, aż wszyscy napełnią talerze, i dopiero wtedy sięgał po swoją porcję. Czasami zostawała dla niego tylko resztka wyławiana z brei na dnie miski. Nigdy nie narzekał. Brał resztki i jadł tak samo długo, jak inni. Aby tylko nikt nie zauważył, że ma mniej. Taki był zawsze. Nie chciał wychodzić z cienia. A teraz musiał stać w świetle reflektorów.

Po powrocie Błażeja z Waszyngtonu do Gdańska korespondencja nagle ustała.

Brat nie odpowiadał na e-maile. Marcin zaczął się niepokoić. Po sześciu tygodniach znalazł w skrzynce list od Sylwii, żony Błażeja. Był zaskoczony. Sylwia nigdy dotąd do niego nie pisała.

Marcinie,

Błażej odszedł od nas. Poprosiłam go, aby to zrobił. Z bezsilności i rozpaczy. Wcale się nie sprzeciwiał. To boli mnie najbardziej. Spakował swoje książki i zniknął. Ilonka nawet tego nie zauważyła. Myśli cały czas, że tata znowu gdzieś wyjechał.

Sylwia

Pojechał do Błażeja następnego dnia. Późnym wieczorem dotarł do Gdańska i prosto z dworca taksówką pojechał do instytutu, w którym pracował Błażej. Strażnik zaprowadził go do biura na trzecim piętrze. Zagracony ciemny pokoik z książkami i kartkami papieru leżącymi na każdym wolnym miejscu. Ściany obwieszone arkuszami białego papieru z rysunkami struktur chemicznych, strzałek, komentarzy i wykrzykników. Na małym stoliku pod oknem parował czajnik z wrzącą wodą. Pod ścianą, przy metalowym biurku, na którym stał monitor komputera, siedział Błażej.

– Panie profesorze, przyprowadziłem panu gościa – powiedział strażnik, gdy weszli do biura.

– Marcin! Dlaczego nie zadzwoniłeś?! Wyjechałbym po ciebie na dworzec...

Podszedł, objął go. W czarnym wełnianym golfie, bosy, zarośnięty i wychudzony stał przed nim jego brat. Ukradkiem ocierał łzę.

– Zrobię ci herbaty. Akurat woda się gotuje – powiedział cicho.
– Proszę, usiądź – dodał, wysuwając krzesło i stawiając je na arkuszach papieru zalegających podłogę.

Otworzył szafę i w świetle lampy na biurku obok komputera sprawdzał, czy filiżanka na herbatę jest czysta.

– Nie pisałeś, martwiłem się, że coś się stało – powiedział Marcin. – Dostałem wczoraj e-mail od Sylwii – dodał cicho.

Błażej odwrócił się gwałtownie, rozlewając wrzątek. Złożył ręce jak do modlitwy.

– Od Sylwii?

Zaczął opowiadać. Chodził pomiędzy nim a komputerem i opowiadał. Tak jak gdyby czekał, że ktoś przyjdzie i poprosi go w końcu o tę opowieść.

*

Sylwia urodziła mu Ilonkę. Nic ważniejszego nie mogło mu dać życie. I nic ważniejszego nie może mu odebrać. Już przez ten fakt Sylwia jest najważniejszą kobietą w jego życiu. I taka pozostanie. Nie tylko urodziła. Sprawiła także, że Ilonka jest takim dzieckiem, jakie zawsze chciał mieć. Najcudowniejszą córką, jaką można być obdarzonym przez los i jaką można zostawić po sobie. Lecz on także przecież to sprawił. Owszem, wyjechał do USA na rok, aby robić doktorat, w trzy miesiące po urodzeniu Ilonki, ale przecież musiał. Miał wyjechać półtora roku wcześniej, lecz wprowadzono stan wojenny, został internowany, o podróży nie miał co marzyć. Dopiero w październiku 1983 roku dostał zgodę na wyjazd. Nie widział córeczki przez rok.

Nie mógł wtedy pracować naukowo w Polsce, gdzie biochemia kojarzyła się z odkrywaniem nowych nawozów sztucznych lub manipulowanych genetycznie nowych gatunków kukurydzy dla rolnictwa. To, że pomagał matce przy żniwach w Biczycach, nie znaczy, że jako biochemik musi kochać rolnictwo. Nie mógł zrezygnować z tej wyjątkowej szansy. Nie zostawił Sylwii samej z dzieckiem dla kariery. Bo on gardzi karierą. Za każdym razem chce mu się wymiotować, gdy ona wypowiada to słowo we wszystkich możliwych przypadkach. Zostawił je obie dlatego, aby mogły być dumne z niego po powrocie. Bez tego doktoratu w Stanach byłby specjalistą od nawozów lub kukurydzy rosnącej poziomo, a nie pionowo. On nie chciał być „biochemikiem w warunkach polskich". Można być cenionym dobrym polskim historykiem, ale nie można być dobrym polskim biochemikiem. Biochemia to nie unia polsko-litewska. Tego nie można się nauczyć w archiwum w Białymstoku. W biochemii archiwalne są już informacje z ubiegłego tygodnia.

Chciał mieć znaczenie. W nauce, tak mu się wtedy młodzieńczo i naiwnie wydawało, można nabrać znaczenia tylko i wyłącznie przez wiedzę. Teraz wie, że jest inaczej. Ale to tutaj nie jest ważne. I to złudna prawda, że znaczenie mają także jego koledzy, którzy nigdy nie pracowali i nie pracują tyle co on i wracają do domu przed siedemnastą albo jeszcze wcześniej. Oni mają znaczenie prezenterów pogody w wiadomościach telewizyjnych o dziewiętnastej trzydzieści. Tak naprawdę nie traktuje się ich poważnie. Po pierwsze, pogoda jakaś i tak będzie, a po drugie, gdy następnego ranka nie zgadza się z prognozą, jest to najwyżej zabawnie irytujące. On chciał się zajmować naprawdę istotnymi sprawami. Dlatego zostawił Sylwię z trzymiesięczną Ilonką i pojechał na rok do Stanów.

To on dzielił się z sobą samym opłatkiem w Wigilię w opustoszałym college'u. Nawet strażnik pojechał do domu. To on stał na mrozie z butelką wina w zmarzniętej dłoni i z automatu pod akademikiem przez trzy godziny wybierał numer do Gdańska. Po kierunkowym do Polski czasami miał długi sygnał, ale po 58 do Gdańska zawsze było zajęte. Skończyło mu się wino i rozbił z wściekłością butelkę o automat, raniąc sobie odłamkiem szkła czoło. Nawet dzisiaj, gdy czasami dzwoni skądkolwiek do Gdańska i wybiera 58, to drżą mu ręce.

Nieważne, że jest ateistą. Wigilia ma dla niego znaczenie symboliczne. Nie można być góralem, urodzić się w Biczycach, mieć taką matkę, jaką oni mieli, i traktować Wigilię jak jakieś pogańskie gusła. To przede wszystkim dzień na wyjątkowe spotkanie z najbliższymi. Gdyby nie wyjechał, byłaby to jego – to znaczy ich – pierwsza Wigilia z Ilonką. Katolik dzięki swojej wierze nigdy nie jest w Wigilię sam, bo zawsze spotyka w ten wieczór swojego Boga. Opuszczony w ten wieczór ateista czuje się jak zostawiony w kosmosie astronauta, któremu zerwała się lina łącząca go z sondą. Taka samotność zapiera dech, poraża, paraliżuje. Wigilia wywołuje w nim obawę, że może jednak warto wierzyć w Boga. Nawet jeśli go nie ma.

To on chodził pieszo codziennie ponad sześć kilometrów do uniwersytetu, aby oszczędzić dziewięćdziesiąt centów na bilecie autobusowym w jedną stronę. To on po pięciu czternastogodzinnych dniach w laboratorium wstawał w weekendy o czwartej rano i roznosił gazety. Z tego, co oszczędził lub dorobił, kupili potem w Peweksie skodę i urządzili mieszkanie.

To on nie zobaczył, jak Ilonka stawia pierwsze kroki, i nie usłyszał, jak wypowiada pierwsze słowa. To on cierpiał jak skopany pies i miał łzy w oczach, gdy Ilonka po jego powrocie wylękniona uciekała jak od kogoś zupełnie obcego. Nie mógł wziąć jej na ręce i przytulić. Dobrze, może sam był sobie winny, ale przecież wyjechał także dla całej ich trójki.

Nigdy nie krył, że jest mu trudno się zatrzymać. W nauce nie można się zatrzymać. To nie piłka nożna czy gra w kręgle. Nauka wymaga oddania, wierności i czasu. I jest bezwzględna, trzeba jej dawać z siebie wszystko. Wtedy dopiero można od nauki też żądać wszystkiego. Ale to nieprawda, co myśli Sylwia, że żadna kobieta nie może konkurować z taką kochanką. Chociażby z tego powodu, że nauka nigdy nie była jego kochanką. O kochankach nie mówi się po powrocie do domu. A on chciał z Sylwią o tym rozmawiać. Nie mógł się doczekać, aby w łóżku, zanim zasną lub zanim zdejmie z niej koszulę nocną i będą się kochać, opowiedzieć jej podniecony o tym, że na przykład dzisiaj rano z laborantką zrobili koktajl z mózgu szczura, naznaczyli go nowymi radioaktywnymi peptydami i że receptory T4 w probówce świeciły w liczniku jak lampki na choince! Może nie powinien jej tego mówić w łóżku. Jaka kobieta chce słuchać opowieści o koktajlach z mózgu szczura w łóżku tuż przed seksem? Z pewnością nie powinien, ale dla niego świecenie radioaktywnych peptydów przypinających się do receptorów było nie mniej podniecające niż seks. Zresztą samo łączenie się peptydów z receptorami przypomina seks. To tylko taki inny seks. Na poziomie molekularnym.

Ale ona nie chciała tego słuchać ani przed seksem, ani przy obiedzie. Najpierw wydawało się jej, a potem była absolutnie przekonana, że peptydy są dla niego ważniejsze niż angina Ilonki. I że rozmawiając z nim o peptydach, wyraża przyzwolenie na to, aby tak pozostało. Tak wcale przecież nie było! Nie potrafił jej tego wytłumaczyć. Może nie starał się wystarczająco mocno. Może pochopnie założył, że ona w końcu sama to zrozumie. Bo jest jego żoną, a żony bez słów powinny wiedzieć, co oznacza szczęście dla ich mężów.

Nie rozumiała. Najpierw ignorowała to, co mówi. Potem, gdy częściej zaczął wyjeżdżać, reagowała agresją na każde słowo o instytucie, konferencjach lub nowych publikacjach. W końcu doszło do tego, że wracał do domu i nie mówił jej nic o tym, co robił przez cały dzień. Gdy w niektóre soboty musiał po śniadaniu pojechać do instytutu i przenieść filtry membran mózgowych do liczników, aby mieć wyniki pomiarów na poniedziałek rano, zazwyczaj kończyło się to awanturą lub w najlepszym przypadku jej uporczywym karzącym go milczeniem przez cały weekend. Ale on przecież musiał pojechać. Jego laborantka wracała na weekendy do Sztumu, a na skacowanych młodych asystentach balujących „na mieście" w piątki wieczorem nie można było polegać i oczekiwać, że zwloką się z łóżek i pojadą do instytutu w sobotę rano.

Doszło do tego, że zaczął ją oszukiwać. On, który brzydzi się kłamstwem i oszustwem wszelkiej maści! Mówił, że wychodzi na pół godziny spotkać się z kolegą z uniwersytetu mieszkającym kilka bloków dalej. Pewnego razu w taką sobotę podczas prania pękł wąż odprowadzający wodę z pralki i zalało całą łazienkę. Sylwia w panice wysłała Ilonkę, aby natychmiast przyprowadziła ojca. Przeżył wielki wstyd – no i jaką mu zrobiła awanturę!

Po tym incydencie zupełnie przestał rozmawiać z Sylwią o swojej pracy. Wracał wieczorem do domu i milczał. Zataił przed nią także wiadomość o tym, że jego artykuł przyjęto do druku w „Nature". Pracował nad tym artykułem osiemnaście długich miesięcy. To dla niego między innymi pozorował te sobotnie poniżające ucieczki z domu. Artykuł w „Nature" dla naukowca to tak, jak gdyby mieć własną ewangelię w Nowym Testamencie.

O tej publikacji wiedziało pół uniwersytetu i wszyscy w jego instytucie. Łącznie ze strażnikami na dole. Tylko żona nie wiedziała. Najbardziej bolało go to, że nie może z nią przeżywać radości z sukcesu. Uczciwie zapracowany prawdziwy sukces niepodzielony z nikim bliskim jest podobny do Wigilii spędzonej w samotności i opuszczeniu. Już raz taką kosmiczną samotność przerabiał. Wtedy w Stanach.

Po tym artykule w „Nature" dostali wreszcie od rektora pieniądze na kupno fantastycznie drogiego polytronu do przekształcania tkanek mózgowych w ciekłą zawiesinę. Cztery lata bezskutecznie składał wnioski o jego kupno. Dopiero ten artykuł przekonał rektora. Gdy uzyskali dostęp do polytronu, wszystko zaczęło się jeszcze bardziej komplikować. Rozpoczęli jako jedyna polska instytucja naukowa współpracę z NIH, National Institute of Health. Amerykanie z NIH wybierają do współpracy tylko najlepszych. Raz w miesiącu, czasami częściej, musiał latać do Waszyngtonu.

Oddalali się coraz bardziej od siebie. Sylwia zamknęła się w swojej szczelnej skorupie rozczarowania i wiecznych pretensji. Gdy słuchał jej wyrzutów, jak to „niszczy ich rodzinę, przedkładając pracę i karierę nad wszystko inne", czuł się jak ktoś, kto zostaje regularnie niewinnie skazywany za przestępstwa, których nie popełnił. I do tego stawał przed takim sądem za każdym razem bez obrońcy. Myślał, że chociażby osiągnięcia naukowe staną w jego obronie. Tak nie było. Wręcz przeciwnie. Im więcej miał osiągnięć, tym surowsze dostawał wyroki.

Potem nawet przestali się kłócić. Kłótnia w naturalny sposób przerywa milczenie i w związku dwojga rozczarowanych sobą ludzi jest jak nacięcie ropiejącego wrzodu – likwiduje ból, rozpoczyna proces gojenia. Oni nie kłócili się o nic. Praktycznie przestali z sobą rozmawiać o sprawach istotnych. Rozmowa z Sylwią zawsze miała dla niego znaczenie. Gdy się poznali, najbardziej go w niej pociągało nienasycone pragnienie rozmowy. W każdej podróży tęsknił głównie za ich rozmowami. To wszystko powoli umierało. Aż umarło zupełnie. Doszło do tego, że gdy dzwonił do niej z Japonii lub Australii, rozmawiali o rzeczach tak nieistotnych jak na przykład kolor wykładziny do przedpokoju.

Nie potrafił zrozumieć także jej zupełnego braku wdzięczności. Nie żyli w specjalnym bogactwie, to fakt, ale przynajmniej Sylwia nie musiała pracować. Dla niego był to niezbywalny luksus, bo naukowcy miewają zarobki na granicy poniżenia. Ilonka nie musiała mieć niań, nie musiała chodzić do przedszkola, nosić klucza na szyi i wracać po lekcjach do pustego domu. Dom z niepracującą matką czekającą z obiadem to w Polsce autentyczny luksus. Sylwia mogła zostać w domu dzięki jego wyjazdom, oszczędzanym skrupulatnie w ich trakcie dietom lub stypendiom, dzięki zlecanym z zewnątrz projektom, dodatkowym wykładom na uczelniach od Rzeszowa po Dublin, niezliczonym recenzjom lub książkom. On wyrazów wdzięczności od Sylwii nie usłyszał. Wdzięczność to ważna rzecz dla niego. Błażej był zawsze wdzięczny za wszystko, co ma. Nawet gdy to, co ma, mu nie wystarczało.

Doceniał to, że Sylwia prowadziła dom i przejmowała na siebie wychowanie Ilonki. Rano wychodził do pracy spokojny, bo jego córka była pod najlepszą opieką. Może zbyt mało się tym cieszył, może zbyt szybko przyjął to za oczywiste i zbyt rzadko mówił Sylwii, jak ważne jest to dla niego? Może to on nie wyrażał wdzięczności, a Sylwia tylko odpłacała mu tym samym?

Może on zbierał kolejne tytuły naukowe, wysuwał się przed szereg, spełniał się i realizował, wspinał po drabinie, a Sylwia miała uczucie, że trzyma kurczowo na dole tę drabinę i dostaje tylko bolesnych odcisków na dłoniach? Dzisiaj żywi wątpliwości, czy fakt, że Sylwia od ukończenia studiów nie pracowała poza domem, był dobrym planem na ich życie. Może gdyby od czasu do czasu miała do dotrzymania terminy „na wczoraj", ciągle niezadowolonego, chimerycznego i niekompetentnego szefa, który od swoich czterdziestych urodzin nieprzerwanie przeżywa andropauzę, musiałaby znieść ciśnienie konkurencji, czyhanie innych na każde jej potknięcie, nieukrywaną zawiść przy każdym jej sukcesie – może wtedy inaczej spojrzałaby na jego pracę. Może najpierw opowiedziałaby mu wieczorem o swoim dniu, a potem, sama wiedząc, jakie to ważne, zechciałaby wysłuchać i jego opowieści? Może gdyby jej życie nie było tak bardzo naznaczone niedocenianą przez nikogo codziennością przebywania w domu, prania, prasowania, gotowania, robienia zakupów, sprzątania, troszczenia się o to, czy rachunki zapłacone, i zajmowania się setkami innych drobnych czynności, których znaczenie zauważa się dopiero wtedy, gdy nie są wykonane, to nie czekałaby na jego powrót z pracy jako na najważniejsze wydarzenie w ciągu jej całego dnia? Może...

On zawsze pracował dużo. Już wtedy, gdy wychodziła za niego za mąż. Nie mógł wracać do domu po piętnastej jak listonosz po rozniesieniu listów. Teoretycznie niby mógł, szczególnie po habilitacji, ale byłby wtedy najbardziej sfrustrowanym mężczyzną na ziemi. Sylwia i Ilonka miałyby go w domu o kilka godzin dłużej, lecz myślami byłby zupełnie gdzie indziej.

Po okresie oddalenia przyszedł etap odrzucenia. Doszło do tego, że żona przestała odbierać telefony od niego. Nawet wtedy, gdy chciał tylko powiadomić, że doleciał bezpiecznie do Waszyngtonu. Któregoś razu wrócił w nocy pociągiem z Warszawy po wylądowaniu na Okęciu i zastał kanapę pościeloną w pokoju stołowym. Nawet nie mógł pocałować śpiącej Ilonki, bo Sylwia wzięła ją do siebie do sypialni. Aby wyraźnie i dotkliwie poczuł, że nikt już na niego nie czeka w tym domu.

Nie chciała budzić się przy nim rano! Dla mężczyzny to chyba najgorszy ze wszystkich dowodów odrzucenia. Najbardziej poniżający i raniący. On nawet w noc poślubną bardziej cieszył się na wspólne przebudzenie niż na to, że zasną razem. Sypiać z nim przestała już bardzo dawno. Unikała jego dotyku, jakby był trędowaty. Nawet gdy jeszcze zasypiali w jednym łóżku, owijała się szczelnie kołdrą i odsuwała od niego jak najdalej. Nie mógł się z tym pogodzić. Czy mieli ze sobą wyjątkowy seks? Nie wiedział, ale na pewno mieli seks spełniony. Mówiła mu przecież o tym. Przed oddaleniem – tak to chciał nazywać – byli długo ze sobą i było im coraz lepiej. Może odwrotnie niż u innych, kiedy to pożądanie ma niekontrolowane erupcje na początku związku, po roku lub dwóch latach ogranicza się do nudy zmieszanej z rzadkimi chwilami uniesienia, po których pozostaje niedosyt wzmagany wspomnieniami i tęsknotą za fazą „początku". U nich było odwrotnie. Poznawali się i zrzucali wstyd powoli. I do wspomnień z „początku" oboje nie chcieli już wracać. Dlatego też jej odrzucenie było dla niego tak bolesne.

Wtedy i on zamknął się w swojej skorupie. Po sześciu miesiącach takiego życia zaczęli przypominać gości hotelowych zmuszonych wbrew woli do przebywania ze sobą w jednym pokoju. Wstawali rano ze swoich oddzielnych łóżek, spotykali się w łazience lub kuchni, rozstawali się na cały dzień, aby wieczorem, nie patrząc na siebie, przemilczeć razem swoje pensum godzin. Ona, siedząc w fotelu, zmieniała pilotem programy w telewizji, on na kanapie obłożony książkami i notatkami zmuszał się do czytania. Potem ona bez słowa wstawała, zamykała się na klucz w łazience i bez „dobranoc" szła do sypialni. Każdego takiego wieczoru czuł, jak powoli umiera ich miłość.

Czasami, gdy stawało się to nie do zniesienia, odbijali się od siebie z hukiem swoimi skorupami jak bilardowe kule, w kolejnej głośnej kłótni, po której znowu zapadała kilkutygodniowa cisza. Został sam, tylko ze swoją pracą. Tylko tam miał jeszcze jakieś znaczenie.

Rok temu zaproszono go na miesięczne szkolenie do Sztokholmu. Po Amerykanach to właśnie Szwedzi mają największe osiągnięcia w neurobiochemii. Tyle że Amerykanie potrafią zrobić ze swoich sukcesów – bo neuropeptydy są zawsze gorącym tematem przez to, że dotyczą także wagin, penisów, łechtaczek i erekcji – nagłówki nie tylko w „Newsweeku", ale nawet na pierwszych stronach najpodlejszych brukowców, które pięć minut po wydaniu zaśmiecają ulice i o których wszyscy mówią z pogardą. Szwedzi natomiast publikują wyniki swoich badań bez rozgłosu, wyłącznie w dostojnych czasopismach naukowych, których nie można kupić przy kasach supermarketów i które czytają ich koledzy z komitetu Nagrody Nobla. To Szwed, Miles Herkenham, odkrył receptory opiatu marihuany w mózgu szczurów. Później ich obecność potwierdzono u ludzi. Gdyby odkrył to Amerykanin, najpierw przeciągnięto by go przez wszystkie stacje telewizyjne pomiędzy Oceanem Atlantyckim i Spokojnym, a potem być może – gdyby był wystarczająco przystojny lub poprawiony wystarczająco kunsztownie botoksem – dostałby swój własny talk-show w telewizji. Najlepiej w sobotę i najlepiej nocny, aby przed dwudziestą trzecią nie deprawować amerykańskiej młodzieży mówieniem o marihuanie. Ta młodzież i tak nie oglądałaby jego programu, byłaby bowiem o tej porze w nocnych klubach i już po marihuanie wypalonej w samochodzie, łykając ecstasy do pierwszego drinka i wciągając dobrze po północy swoje kreski kokainy z wypolerowanych do sucha powierzchni umywalek w toaletach.

Nie chciał wcale jechać w lipcu do Sztokholmu. Odmówił. Głównie z powodu Ilonki nie zamierzał zostawić domu na tak długo. W połowie czerwca Sylwia oznajmiła mu, że zabiera Ilonkę ze sobą na wakacje do jej rodziców do Gorlic i „wolałaby pojechać tam bez niego". Jej rodzice nie muszą się już teraz dowiedzieć, że „ich małżeństwo to żałosna fikcja".

Wcale tak nie uważał. Wierzył, że odnajdą się jeszcze. Że przeczekają tę fazę ostrego rozczarowania. Że uda mu się to wszystko

140

wyjaśnić. Omówić. Znaleźć jakiś kompromis. Przekonać. Przeprosić. Usłyszeć przeprosiny. Obiecać, że się zmieni. Wysłuchać jej obietnic. Uwierzyć sobie, uwierzyć jej, sprzątnąć gruzy po zniszczeniach, jakie sami zrobili, i zacząć od nowa. Przypomnieć sobie nawzajem utraconą bliskość. Daleko od domu, w obcym miejscu, bez pośpiechu i codzienności znowu jakoś ostrożnie zapomnieć i połączyć się ze sobą.

Ogłosił w instytucie, że bierze zaległy urlop i nie będzie go przez dwa miesiące pod żadnym telefonem. Dla wielu była to „rewelacyjna i szokująca wiadomość" oplotkowywana przez dwa tygodnie w palarniach i instytutowej stołówce.

Chciał spędzić ten czas tylko z Sylwią i Ilonką. Gdy powiedział o tym, wyśmiała go cynicznie.

– Cóż za wyjątkowo heroiczne poświęcenie z twojej strony! Ty przecież nie znosisz wakacji – dodała zgryźliwie. – Napiszesz zaległe publikacje, zrecenzujesz kilka doktoratów, wpadniesz trzy razy do Waszyngtonu lub do Tokio i najważniejsze, że nie będziesz musiał w ogóle wracać na noc do domu. Jak twoja firma, z którą jesteś ożeniony, przeżyłaby tak długą separację?!

Nie dał się sprowokować. Zaczął wyjaśniać. Starał się nie usprawiedliwiać. Tylko spokojnie wyjaśniać. On zawsze z czegoś przed nią się usprawiedliwiał, a ona to traktowała jak przyznanie się do winy. Nie słuchała go. Podczas gdy on mówił, przygotowywała swoje odpowiedzi, w których nie było żadnych argumentów, jedynie pretensje. Trudno przekonać kogoś, kto jest święcie przekonany, że różowe majtki z bawełny najlepiej schną na kaloryferze, który ma największą liczbę żeberek i jest ustawiony poprzecznie do równika. Przed takim argumentami można było uciekać, ale na pewno nie można było uciec. Przed takim argumentami ucieka się tylko w kółko i zawsze wraca do punktu wyjścia.

Zrezygnował. Wyszedł z domu. Nawet nie trzasnął drzwiami. Spokojnie zszedł na parking do samochodu. Nie czuł złości. Tylko rezygnację i obojętność. Właśnie po tej kłótni spędził pierwszą noc w instytucie, spał na podłodze.

Następnego dnia zadzwonił do Sztokholmu i potwierdził, że jednak przyjedzie. Instytut odetchnął z ulgą. Plotki ustały. Na początku lipca odwiózł Sylwię z córką na dworzec. Nawet nie podali sobie dłoni na pożegnanie. Wracał późnymi wieczorami do domu tylko po to, aby odsłuchiwać automatyczną sekretarkę ich telefonu. Wiedział, że Sylwia nigdy nie „poniży się" i nie zadzwoni do niego do instytutu. Do domu także nie zadzwoniła. W połowie lipca poleciał do Sztokholmu. Zamieszkał w hotelu w centrum miasta. Każdego ranka organizatorzy podstawiali specjalny autobus, który zbierał uczestników szkolenia z różnych hoteli i wiózł ich do budynku Arrheniusa na terenie campusu, gdzie mieściły się uniwersyteckie wydziały chemii, biologii i genetyki.

Po tygodniu zaczynał żałować, że przyjął zaproszenie na ten wyjazd. Okazało się, że ściągnęli ich z całego świata na miesiąc w jedno miejsce, aby nauczyć obsługi nowego programu, który chciała zakupić jedna ze szwedzkich firm farmaceutycznych. Szwedzka Akademia Nauk – organizator i gospodarz tego szkolenia – dostała ogromne pieniądze od tej firmy, pod warunkiem że przetestuje program, zapraszając do Sztokholmu i tych, którzy znają się na neurobiochemii najlepiej, i tych zupełnie początkujących, ale z perspektywami. Sprytny pomysł, zważywszy, że koszt programu wraz z kosztami konserwacji sięgał miliona dolarów. Finansująca szkolenie firma liczyła, że wydrenuje najlepsze mózgi. Błażej nie znał wprawdzie tego programu, ale uważał, że nie warto było z jego powodu spędzać całego miesiąca w deszczowym i zimnym Sztokholmie. Amerykanie robią takie szkolenia w Internecie i zajmuje im to nie dłużej niż tydzień. Poza tym liczył, że spotka tam Herkenhama, ale okazało się, że ten na stałe wyemigrował do Stanów Zjednoczonych i rzadko pojawiał się w Szwecji.

Po tygodniu organizatorzy zaprosili wszystkich na uroczystą powitalną kolację w holu Stadshuset, historycznego sztokholmskiego ratusza. Gdy wreszcie skończyły się wszystkie oficjalne przemówienia, których trzeba było wysłuchać, aby móc ruszyć do zastawionych stołów, postanowił, że napije się wina i przejdzie spacerem do hotelu. Podszedł do kelnera we fraku i sięgnął po kielszek.

– Czy mogę napić się z panem? – usłyszał pytanie z tyłu. Po polsku.

Tak poznał Kingę. Przyjechała z Krakowa. Ze Sztokholmu miała wrócić na kilka dni do Polski i wyjechać do Baltimore na studia doktoranckie – dostała stypendium z fundacji Fulbrighta. Znała go z jego publikacji. Podziwiała go. Wszyscy w Krakowie go podziwiali. Długo wahała się, zanim podeszła do niego tego wieczoru. Mówiła o tym, czerwieniąc się jak mała dziewczynka. Wiedziała, gdzie są Biczyce. Jej brat mieszkał w Nowym Sączu. Tylko kilka ulic od budynku, w którym jest muzeum z ikonami.

Wypili dużo wina tego wieczoru. Żartował, że upije się „na smutno", gdy nie przestanie w końcu zwracać się do niego tym okropnie oficjalnym i zbędnym „panie profesorze". Obiecała, że przestanie, ale tylko wtedy, gdy on będzie mówił jej po imieniu. Rozmawiali cały wieczór. W pewnym momencie zauważył, że zostali sami w opustoszałym holu ratusza i wszyscy kelnerzy im się dziwnie przypatrują. Wyszli. W taksówce okazało się, że mieszkają w tym samym hotelu.

Następnego dnia spotkał ją przy śniadaniu w hotelowej restauracji. Zapytała go, czy podoba mu się jej szminka. Nie wiedział, co odpowiedzieć. Zaczął przyglądać się jej ustom. W końcu uznał, że ma zbyt piękne usta, aby zakrywać je wiśniową powłoką. Woli, gdy usta kobiety są w naturalnym malinowym kolorze. A delikatnie zwilżone są wyjątkowo śliczne. W czasie przerwy na lunch zauważył, że usunęła szminkę z ust.

Zawsze przychodziła nieco spóźniona na kolację do hotelowej restauracji. Nie mógł nie zauważyć, jak mężczyźni odwracają za nią głowy. Wybierała zawsze pusty stolik. Trzeciego wieczoru podszedł do niej z talerzem i nieśmiało zapytał, czy może się przysiąść. Od tego wieczoru zawsze jadali razem. Po tygodniu bez pytania zaczęto stawiać na jego stoliku dwa kieliszki do wina. Wkrótce też zauważył, że najważniejszym wydarzeniem w ciągu całego dnia jest dla niego kolacja z Kingą. Któregoś dnia opuścił popołudniowe zajęcia i poszedł do centrum handlowego w centrum Sztokholmu, aby kupić nowe koszule. Ostatnią koszulę kupiła mu Sylwia tuż przed nominacją profesorską w Belwederze kilka lat temu.

Czasami wieczorami wychodzili na spacer do miasta. Mieli swoją ulubioną trasę prowadzącą wąskimi krętymi uliczkami Skeppsholmen, jednej ze sztokholmskich wysp z dala od przepełnionej turystami starówki. Nie pamiętał, kiedy ostatni raz zwykła rozmowa z kimś dawała mu tyle radości. Uczucie czyjegoś zasłuchania, czyjejś absolutnej uwagi jest tak samo ważne jak czułość. Albo może nawet ważniejsze. On takiego uczucia przy niej doznawał za każdym razem, gdy rozmawiali. Odnajdywał je w jej zdumieniach wyrażanych całym ciałem, w jedności myśli, gdy zapadli we wspólne milczenie, w jej ciągłym zaciekawieniu. Ale także w czymś tak banalnym jak w pionowej zmarszczce, która pogłębiała się na jej czole, gdy bardzo starała się mu coś wytłumaczyć.

Któregoś razu podczas spaceru spadł ulewny deszcz. Po chwili stromymi ulicami spływały potoki wody. Pamięta, że zdjęła buty, pobiegła boso do butiku, który minęli, i kupiła parasol. Czuł niepokój i zawstydzenie, gdy przytuliła się do niego pod parasolem, zostawiając plamę po mokrych włosach na ramieniu jego koszuli. Następnego dnia rano w łazience, gdzie suszył tę koszulę, ciągle czuł zapach jej perfum.

Odkąd mieli te swoje kolacje, za każdym razem czuł rodzaj żalu z powodu kończącego się dnia, gdy wieczorem odprowadzał ją pod drzwi pokoju hotelowego. Nigdy nie zaprosiła go do środka. On także nigdy nie przełamał swojej nieśmiałości. Całował ją w rękę i odchodził.

Po trzech tygodniach wybrali się do filharmonii. To ona odkryła, że w Sztokholmie będzie koncertował Krystian Zimerman. Wieczorem tuż przed koncertem zapukała do jego pokoju. Z ozdobnego pudełka wyjęła jedwabny krawat.

– Te kolory najlepiej pasują do twojej koszuli. I do twoich oczu.

Stała przed nim w długiej szyfonowej czarnej sukni. Rozwiązała krawat, który miał na sobie, i zaczęła mu wiązać ten przyniesiony ze sobą. Zamknął oczy, aby nie patrzyć na jej nagie piersi w rozcięciu sukienki.

Po koncercie wrócili do hotelu i usiedli w restauracji na kieliszek wina. Była zamyślona i smutna. Odprowadził ją do pokoju. Wrócił do siebie, usiadł w ciemnym pokoju i kłócił się z samym sobą. To najgorszy rodzaj kłótni. Nie można wtedy nikogo zbyć krzykiem, milczeniem ani nawet obłudnym „ty po prostu tego nigdy nie zrozumiesz". W kłótni z samym sobą nigdy nie ma się racji. Zawsze się jest pokonanym. Można tylko oszukać się chwilowym przekonaniem, że wybrało się mniejsze zło. Mniejszym złem byłoby w tym przypadku nie pójść do jej pokoju. Mniejszym, ponieważ samo pragnienie pójścia tam było złe. Po godzinie zszedł na dół, kupił w restauracji butelkę wina i wjechał windą na jej piętro. Nie spała. Bez słowa zaprosiła go do środka. W przyciemnionym pokoju słuchała muzyki z płyty kompaktowej, którą kupiła po koncercie w foyer filharmonii. Usiedli w fotelach. Milczeli. Po chwili wstała, uklękła przed nim na dywanie i zapytała szeptem, czy mógłby zostać z nią całą noc. Gdy dotknął palcami jej ust, zsunęła z obu ramion materiał sukienki.

To była noc pełna wzajemnego zabiegania o siebie, czułości i intymności. Gdyby nie uczucie grzechu nad ranem – tak, on doskonale ciągle pamięta, jak czuje się grzech, do tego niepotrzebna jest spowiedź – nie kłóciłby się z sobą każdego następnego wieczoru, zanim jechał windą na jej piętro.

Ona pewnie także kłóciła się z sobą. Pewnie dlatego tłumaczyła mu, że kto jak kto, ale oni przecież muszą wiedzieć, że przeżywają tylko chwilowe zapchanie swoich receptorów emocji. Że jeszcze przez kilka dni mogą spacerować, trzymając się za ręce, bo gdy wiedzą, że to chwilowe odurzenie, nie parzy aż tak bardzo obrączka, którą on nosi na palcu. Wrócą przecież za chwilę do swoich światów, wszystko się uspokoi i zapiszą Sztokholm w jakimś obszarze pamięci, do którego będą wracać, być może, tylko w snach. Takie emocje wyłuskane z plew codzienności zawsze są idealne. A przecież to, jak żyją tutaj w Sztokholmie, nie ma nic wspólnego z codziennością. Zapomną. I tak będzie najlepiej. I dla świata, i dla receptorów.

Na lotnisku w Warszawie, gdy odbierali swój bagaż w pełnej ludzi hali przylotów, wsunęła mu do kieszeni swoją wizytówkę i znikła w tłumie. Po kilku dniach w kopercie adresowanej do jego instytutu znalazł płytę z koncertu Zimermana. Słucha jej każdego dnia. I kłóci się z sobą.

Ilonka wróciła z Sylwią pod koniec sierpnia. Nie zawiadomiła go nawet, którego dnia wraca. Chciał czekać na dworcu. Sylwia przecież musiała wiedzieć, jak bardzo jest szczęśliwy, gdy Ilonka po każdym takim rozstaniu biegnie do niego i rzuca mu się w ramiona z okrzykiem „tatusiu!!!". Czasami celowo zatrzymywał się przy wejściu na peron i nie zbliżał do pociągu. Chciał jak najdłużej przeżywać radość na widok biegnącej do niego z wyciągniętymi rączkami córki. Potem tulił ją, a ona obejmowała go mocno za szyję i całowała po twarzy i nie przestawała opowiadać z przejęciem o pani z przedziału w pociągu, która „chrapała nawet głośniej niż ty", lub o nowym kotku, którego urodziła i schowała na strychu stara kocica Karolina, ta od sąsiadów babci Józi w Gorlicach.

Przyjechały bardzo późnym wieczorem. Ilonka spała na rękach Sylwii. Taksówkarz pomógł wnieść ich bagaże na górę. Błażej chciał Sylwię pocałować, ale odchyliła głowę. Wziął Ilonkę z jej rąk i ostrożnie przeniósł na łóżko. Nie budząc małej, przebrał ją w piżamę. Przez kilka minut patrzył na śpiącą córkę. Zanim wrócił, Sylwia zdążyła zamknąć się w sypialni. Na podłodze w przedpokoju leżała jego pościel.

Wrócił z tą pościelą na swoją kanapę w salonie. Zastanawiał się, dlaczego jest taki pogodzony z tym kolejnym odrzuceniem. W przeszłości nie wyobrażał sobie, że mógłby poczuć taką obojętność wobec kobiety, która była jego żoną. Przecież jeszcze nie tak znowu dawno z wściekłością kopnąłby tę pościel i trzasnąłby drzwiami, wychodząc z domu. Przeszedłby się kilka razy dookoła osiedla i gdy zrobiłoby mu się zimno i wykrzyczałby w myślach wszystkie swoje pretensje, wróciłby skruszony do domu i wszedł jak najciszej, aby jej nie budzić. Chociaż pewnie by nie spała, tylko czekała na niego, płacząc pod kołdrą. Następnego dnia pewnie byłby w domu już przed siedemnastą i na przeprosiny przyniósłby jej książkę. Zawsze uważał, że nowa książka to lepszy prezent niż kwiaty.

Ta bliskość znikła przysypana wzajemnymi pretensjami, niespełnionymi oczekiwaniami. Dzisiaj wspomnienie o tym, jak zachowywał się wtedy, wydaje mu się dziwaczne, tragikomiczne. Dzisiaj nawet nie wiedział, jaką książkę mógłby Sylwii kupić na przeprosiny. A kiedyś przed zaśnięciem czytali sobie książki na głos. Może to jarmarczne, ale gdyby zapytano go, co jest dla niego najbardziej erotyczne, odpowiedziałby, że naga kobieta czytająca na głos książkę, którą jej sam podarował.

*

Nie miał prawa tęsknić za Kingą. Przecież gardził kłamstwem, obłudą i każdym rodzajem zdrady. Czuł się jak wiarołomny mnich, który łamie swoje śluby i doskonale wie, że wobec wszechobecnego Boga nie można tego ukryć. Mimo to tęsknił. Czasami wybierał numer jej telefonu, który podała mu na wizytówce, ale za każdym razem w ostatniej chwili odkładał słuchawkę.

W październiku tuż po rozpoczęciu nowego roku akademickiego poleciał na kilka dni do Waszyngtonu. Miał ustalić zasady finansowania nowego wspólnego projektu i wygłosić referat w trakcie wewnętrznego seminarium NIH. Na lotnisko Amerykanie wysłali po niego samochód z młodym stypendystą z Polski. Z Krakowa. Zarozumiały bufon, bez pytania w ciągu krótkiej drogi z lotniska do hotelu zdążył mu opowiedzieć całą swoją naukową biografię usłaną długą listą nagród, wyróżnień i kolorowych dyplomów. Mówił praktycznie bez przerwy, seplenąc i plując. Zanim dojechali do hotelu, Błażej wiedział nawet i to, że ten młodzieniec był genialny już w przedszkolu. Gdy zdołał na chwilę dojść do słowa, zapytał mimochodem o Kingę. Mogli się znać z Krakowa. Usłyszał, że Kinga robi doktorat w szkole medycznej przy uniwersytecie Johns Hopkins w Baltimore. Niedaleko od „pałacu" – jak stypendysta nazywał gmach NIH – około pół godziny drogi autostradą, gdy nie ma korków. Nie musiał mu tego mówić. W Hopkins w Baltimore Błażej był już, zanim tego smarkacza przyjęli do przedszkola. Miał nadzieję, że nigdy więcej nie natknie się na tego bufona w „pałacu".

Spotkał go już niestety następnego dnia rano. Przy drzwiach do auli, w której miało odbyć się seminarium. NIH ściągnął z całego świata wszystkich szefów krajowych projektów. Młody geniusz rozdawał swoje wizytówki i wyciągał do wszystkich rękę na powitanie. Większość wchodzących patrzyła na niego z nieukrywanym zdziwieniem. Niektórzy nie reagowali na jego wyciągniętą dłoń. Na szczęście gdzie jak gdzie, ale akurat w NIH łatwo odróżnia się ludzi zdolnych od ludzi zdolnych do wszystkiego. Błażej patrzył na to z zażenowaniem, mając nadzieję, że nie wszyscy wiedzą, iż ten arogancki cwaniaczek jest z Polski. Nauka to nie nowa pizzeria na osiedlu, którą trzeba reklamować ulotkami. Latami robił wszystko, aby Polska, przynajmniej ta z naukowego – jego – świata, kojarzyła się z godnością i szacunkiem. To, co ten szczeniak tam wyprawiał, było jak wbijanie mu palca w oko.

Jego prezentacja była druga w kolejności. Usiadł w drugim rzędzie obok Japończyka, który zasnął, gdy tylko przygaszono światła. Japończycy – zaobserwował to już w czasie wielu konferencji – mają niesłychaną umiejętność dyskretnego zasypiania i budzenia się na zawołanie. Tym razem nie było to zbyt dyskretne. Prelegent, młody Austriak, zupełnie nieprzygotowany do wykładu, opowiadał monotonnym głosem tak banalne oczywistości, że Błażej zaczynał zazdrościć śpiącemu obok Japończykowi. Po piętnastu minutach chrapanie Japończyka było na tyle głośne, że gdy Austriak milkł, cała sala bez wątpienia słyszała odgłosy dochodzące z drugiego rzędu. W pewnym momencie Austriak, nie mogąc dłużej udawać, że tego nie słyszy, wyraźnie speszony przerwał wykład i zwracając się do Błażeja, powiedział:

– Czy mógłby pan, proszę, obudzić swojego sąsiada po prawej stronie?

– Pan go uśpił swoim wykładem, więc niech go pan teraz sam obudzi – odpowiedział Błażej spokojnie.

Sala wybuchła gromkim śmiechem. W tym momencie Japończyk obudził się i sądząc, że to koniec wykładu, zerwał się z fotela i zaczął głośno klaskać. Rozbawienie na sali sięgnęło zenitu. Austriak nie mógł dojść do słowa. Wreszcie prowadzący seminarium szef NIH, z trudem ukrywając rozbawienie, poprosił „o większą dyscyplinę". Wieczorem w czasie powitalnego rautu, na którym nie było ani Austriaka, ani Japończyka, nie rozmawiano o niczym innym jak o incydencie z porannego wykładu. Błażeja śmieszyły gratulacje, które musiał przyjmować, aby nie wypaść na gbura. Szczególnie te od Amerykanów, którzy nie przepadają za Niemcami ani za Japończykami i z radością wyłapują każde ich potknięcie. Taka gratka, aby jednym jajkiem trafić jednocześnie i Japończyka, i Niemca, nie zdarza się często. Poklepywali go jowialnie po ramieniu, wykrzykując ze śmiechem:

– Ale przyłożył pan temu Niemcowi. Pierwsza klasa!

– A Japoniec też już więcej nie przyleci się tutaj wysypiać!

Najpierw próbował zwracać im uwagę, że prelegent był Austriakiem, a nie Niemcem, ale za którymś razem dał sobie spokój. Amerykanie często myślą, że Austria to jakieś miasto w Niemczech.

Lot powrotny do Warszawy miał zarezerwowany na niedzielę wieczór. Po południu w niedzielę czekał go późny lunch z szefem projektu w NIH. Prosto z restauracji zamierzał taksówką pojechać po bagaż do hotelu i zaraz potem na lotnisko w Waszyngtonie. Zorganizował swój pobyt tak, aby wszystko zamknąć do piątku. W sobotę rano wynajął samochód i pojechał do Baltimore. Nie odważył się zadzwonić do niej przed tą wizytą. Bał się, że usłyszy jakieś wymyślone ad hoc kłamstwo, że na przykład dzisiaj nie może, że nic nie wiedziała o jego przyjeździe i ma już dawno umówione spotkanie. Nie uwierzyłby, ale po czymś takim nie zdobyłby się na to, aby tam pojechać.

Dotarł do Baltimore około południa. Bez kłopotu trafił na miejsce. Wydział medyczny mieścił się w slumsowej dzielnicy śródmieścia Baltimore. Gdyby przez przypadek nie zabrał przepustki do NIH, strażnik nie wpuściłby go na parking przy uniwersytecie. Jak się okazało, przynależność do świty „pałacu" otwierała bramy także poza Waszyngtonem. Nawet te prowadzące na parking. Miejsce do parkowania na amerykańskim uniwersytecie to dowód największego wyróżnienia. Niektórzy jego amerykańscy koledzy żartowali sarkastycznie, że zastanawiają się, czy nie zaznaczać tego w swoich CV. Pamięta wywiad z Miłoszem, który ukazał się w „Los Angeles Times" po tym, jak Miłosz z Nagrodą Nobla powrócił ze Sztokholmu do Kalifornii, gdzie pracował jako profesor literatury w prestiżowym uniwersytecie Berkeley. Na pytanie dziennikarza, co zmieniło się w jego życiu po otrzymaniu Nagrody Nobla, Miłosz rozbrajająco odpowiedział:

– Dostałem w końcu miejsce do parkowania na uniwersyteckim parkingu.

Błażej zaparkował przy zachodnim skrzydle budynku starego laboratorium wydziału medycyny. To w tym budynku Candace Pert odkryła w 1972 roku receptory opiatowe i tym odkryciem rozpoczęła historię molekuł emocji. Historię, którą i on tworzy.

Czuł podniecenie i napięcie, ale wcale nie z powodu historyczności i wyjątkowości tego miejsca. Dzisiaj było mu to – także tutaj – zupełnie obojętne. To może paradoksalne i w dużej mierze obłudne w kontekście tego, czym się zajmował, ale nigdy nie myślał o molekułach emocji, gdy akurat przeżywał swoje własne stany. I odwrotnie. Gdy pisał o emocjach, sprowadzając je do reakcji chemicznych, nie myślał o tym, że tak naprawdę pisze o uczuciach. W artykułach naukowych jest jedynie miejsce na opisywanie tego, co się wie. Nie ma miejsca – i nawet gdyby było, to nie jest to do przyjęcia – na dzielenie się z tym, co się czuje. On miał pisać o emocjach odartych z ich sensu i sprowadzonych do struktur chemicznych. I napisać to tak, aby czytający nie zauważył, że za tymi informacjami stoi jakiś normalnie czujący człowiek. W artykułach i raportach, które dotąd publikował, jedyną informacją o autorze jest jego nazwisko, instytucja, w której imieniu pisze, i czasami również adres tej instytucji. Nawet te informacje były zazwyczaj i tak najmniej istotne dla czytelnika. Przypominał w tym trochę astronoma, który w najdrobniejszych szczegółach objaśnia fizyczny fenomen świecenia słońca jako rezultat reakcji termojądrowych, ale nigdy nie napisze, że zachwyca go jego zachód na plaży w Kołobrzegu.

Nagle z jakiegoś powodu coraz częściej zaczął zauważać ten swoisty dysonans i być może właśnie stąd zrodziło się w nim ostatnio nieodparte pragnienie napisania „prawdziwej książki". Także to, co ostatnio przeżywał w swoim życiu poza laboratorium, wzmacniało to pragnienie. Czuł się odrzucany, niezrozumiany i regularnie odbierano mu prawo do bycia wysłuchanym. To tak jak gdyby odebrać katolikowi prawo do spowiedzi. Chciał w końcu przebić się przez tę ścianę, która z każdym dniem stawała się coraz wyższa, coraz grubsza i coraz bardziej szczelna. Chciał w końcu kiedyś, będąc już po drugiej stronie muru, móc – tak do końca – opowiedzieć siebie Sylwii. Właśnie tak. Opowiedzieć siebie. Tak jak opowiada się siebie na kozetce u psychoanalityka. Psychoanalitykowi płaci się przecież za swoje prawo do bycia wysłuchanym. Nie ma się przy tym absolutnie żadnej gwarancji, że on naprawdę słucha, nie mówiąc już o tym, że cokolwiek przy tym czuje. Dlatego dla niego wizyta u psychoanalityka byłaby tylko innym rodzajem prostytucji. Od psychiatry wraca się przynajmniej z receptą w kieszeni.

I wtedy pojawiła się w jego głowie powracająca myśl o rozmowie z samym sobą. Jeśli potrafi kłócić się z sobą, to powinien także potrafić z sobą rozmawiać. Może, gdy przeczyta zapis tego, co przeżył i przeżywa, co czuł, co chciał, aby poczuli inni, inaczej spojrzy na to, jak żyje, nabierze dystansu i spojrzy na siebie inaczej. I z tych właśnie myśli wziął się pomysł napisania „prawdziwej" książki. Takiej, w której będzie miejsce nie tylko na raporty o badaniach, eksperymentach, wynikach, tezach, pomiarach, wnioskach i tendencjach na przyszłość. Chciał napisać w końcu o tym, co czuje, a nie tylko o tym, co wie. Ostatnio najwięcej czuł przy Kindze...

Gruba Murzynka za szybą recepcji spisała dane z jego przepustki do NIH i w komputerze sprawdziła numer biura, w którym pracowała Kinga. Na tablicy rozdzielczej, którą wywołała na monitor komputera, sprawdziła, czy ktoś odbezpieczył zamek do tego pokoju. Zamrugało zielone światełko. Dopiero wtedy nacisnęła przycisk otwierający pleksiglasową zaporę.

Pokój 2114 znalazł na końcu korytarza tuż za schodami na pierwszym piętrze. Zatrzymał się na chwilę przed drzwiami, aby zwolnić oddech i uspokoić drżenie rąk. Zapukał.

Ścięła włosy. Schudła. Jej oczy wydawały się jeszcze większe i jeszcze bardziej niebieskie. Poprzeczna zmarszczka na czole wydała mu się głębsza. Oboje milczeli. Stali w progu jej biura i milczeli. Plecami oparła się o drzwi, trzymając obie ręce w kieszeniach białego fartucha, zdumiona patrzyła mu w oczy. Po chwili podniosła prawą dłoń i zaczęła delikatnie dotykać jego twarzy i włosów, tak jak niewidomy stara się dotykiem rozpoznać jakiś przedmiot. Momentami palcami lub wnętrzem dłoni dotykała jego ust. Uśmiechała się, gdy przyciskał wtedy wargi do jej dłoni. Po chwili gestem dała mu znak, aby wszedł. Gdy drzwi zatrzasnęły się za nim, bez słowa podeszła do biurka. Zebrała książki, które tam leżały, i przeniosła je na półkę. Wyłączyła komputer i jednym ruchem ręki zrzuciła na podłogę kartki leżące przy monitorze. Butelkę z niedopitą wodą mineralną postawiła na parapecie okna. Przyciemniła żaluzje. Stanęła naprzeciwko niego. Rozpięła guziki fartucha i pozwoliła mu opaść na podłogę. Zsunęła z bioder spódnicę wraz z bielizną. Podeszła do niego, odwróciła się plecami i wychylając do tyłu rękę, wskazała palcem zapinkę stanika. Wzięła jego obie dłonie w swoje ręce, zwilżyła językiem palce i przesunęła na swoje piersi. Gdy zaczął całować jej szyję i włosy, odwróciła się twarzą i stając na palcach, pocałowała go w usta. Potem uklękła przed nim i powoli rozpięła pasek jego spodni...

O nic go nie pytała. Nic nie chciała wiedzieć. Najważniejsze, że tutaj przyjechał i ją odnalazł. Chciała tylko usłyszeć, nawet gdyby to było kłamstwo, że tęsknił za nią.

Opowiadała o swoich badaniach, o tym, że ma świetne wyniki. Wie o jego projekcie w NIH, o jego najnowszej publikacji i o tym, że jutro wieczorem wraca do Polski, ponieważ dostała zaproszenie na jego referat. Organizatorzy dołączyli także plan jego pobytu. Takie coś NIH rozsyła tylko w przypadku prawdziwych VIP-ów. Czasami tutaj, w Hopkins, wiedząc, że przyjechała z Polski, pytają ją, czy go zna. Jest wtedy bardzo dumna i wspomina ich pierwszy poranek, gdy w półśnie szukał jej obok na łóżku. I jego radość, gdy ją przytulił do siebie. Te dwa ostatnie dni były okropne dla niej. Wiedziała przecież, że jest tak blisko. Wspominała ich pierwszą rozmowę, ich pierwsze wspólne śniadanie, po którym pobiegła do toalety, aby zmyć szminkę z ust, ich spacery w Sztokholmie i jego wzruszającą nieśmiałość tego wieczoru, gdy przyszedł do niej z butelką wina. Już po tygodniu czekała, że odważy się zapytać, czy mógłby wejść z nią do pokoju, gdy odprowadzał ją na górę. Kładła się dopiero po północy, czekając na jego telefon. Stracili tyle czasu. Dlatego dzisiaj postanowiła, że nie straci ani minuty. Od tej pierwszej nocy z nim i tak jest już potępiona, więc tych kilka godzin grzechu więcej nie zrobi żadnej różnicy...

Pragnie go, choć nie ma do tego prawa. Wieczorem, gdy zasypia, ale także rano, gdy stoi pod prysznicem, zamyka oczy i dotyka swojego ciała. Przypomina sobie wtedy, jak on jej dotykał. Nie czuje wtedy żadnego wstydu. Czuje tylko swoją wilgotność, powiększające się piersi, obrzmiałe pulsujące podbrzusze i nienasycenie. Dzisiaj, tutaj, na tej podłodze i na tym biurku, gdy jest w niej lub w jej ustach, także wstydu nie czuje. Jest lubieżna i bezwstydna. Chce, aby ją oglądał, smakował, penetrował i zapamiętywał. I żeby już po godzinie mu tego brakowało.

Wcale nie jest pewna, że to tylko jej zapchane receptory. Ostatnio coraz częściej myśli, że z tych receptorów można napisać świetny doktorat, ale tak naprawdę to jest wielkie uproszczenie. Potrafi doskonale przełożyć na chemię to, co czuje, gdy on dotyka ustami jej pleców lub piersi, ale nigdy nie uda się jej przełożyć na reakcje chemiczne tego, co czuła, gdy rozstali się bez słowa na lotnisku w Warszawie, i wiedziała, że on wraca do domu i, być może, nigdy już się nie zobaczą. Traktowała to jak zasłużoną karę za to, co zrobiła jego żonie i córce. Tak skomplikowanych uczuć nie można zarejestrować w żadnym, nawet najlepiej przygotowanym eksperymencie ani tym bardziej wytłumaczyć w żadnym artykule. Przy takich uczuciach chemicy powinni zamilknąć, bo nawet poeci mają wtedy niewiele do powiedzenia...

Gdy przestawała mówić i zapadała cisza, całował ją. Czasami odpychała jego głowę i kończyła zdanie, które jej przerwał w połowie, czasami wstawała, siadała na krawędzi biurka i gdy miał głowę pomiędzy jej udami, kładła dłonie na jego włosach i szeptem powtarzała jego imię.

Nie potrafi sobie poradzić z myślą, że jest jego kochanką. Nie obchodzi ją zupełnie to, czy jest jego jedyną kochanką. Głównie dlatego, że bycie jego kochanką zawiera w sobie fakt istnienia nie jakiejś innej kobiety, ale tej specjalnej, wyjątkowej, jedynej kobiety: jego żony. Małżeństwo dla niej to, oprócz wszystkiego innego, także zobowiązanie dochowania szczególnej tajemnicy. Tej jednej jedynej kobiecie. Lub temu jednemu jedynemu mężczyźnie. Najpiękniejszej tajemnicy. Ona także nie chciałaby, aby ktokolwiek odebrał jej mężczyznę i wraz z nim także poznał jej tajemnicę. Nawet na kilka godzin. Tych kilka godzin może wystarczyć. To, jak on oddycha, co i jak mówi albo gdzie w pierwszej kolejności kładzie swoje dłonie, gdy ona siedzi i unosi się nad nim, jest zdradą tej tajemnicy. Ona chciałaby mieć przekonanie, że on tak oddycha i tak dotyka, tylko gdy jest z nią. Z nią i w niej wyłącznie. Ona chciałaby mieć taką wyłączność. I jest prawie pewna, że tak samo musi myśleć jego żona. Odkąd go poznała, nie może sobie wyobrazić, że zdradziłaby ich tajemnicę i rozebrałaby się przed innym mężczyzną.

Przy tym wszystkim nie potrafi sobie także poradzić z myślą, że mogłaby przestać być jego kochanką. I dlatego, gdy tutaj wszedł dzisiaj, bardziej niż rozmowy z nim chciała, aby to biurko, już od jutra, przypominało jej o tym, że ciągle nią jest. Poza tym – dodała z uśmiechem – rozebrana kochanka ze specjalistą od molekuł emocji na biurku w Hopkins to niezaprzeczalny dowód, że chemia jednak działa. Szkoda tylko, że nie można tego opublikować w żadnym artykule.

Zmęczeni zasnęli na podłodze jej biura. Było już jasno, gdy Kinga go obudziła, podała mu plastikowy kubek z kawą. Przykryta tylko rozpiętym białym fartuchem, zbierała jego ubranie rozrzucone po całym biurze. Siedząc na obrotowym krześle, uśmiechała się, gdy schylony zbierał kartki papieru leżące na podłodze i kładł je po kolei na jej biurku. Na koniec włączył jej komputer i przeniósł książki z półki regału, stawiając przy monitorze. Biurko wyglądało dokładnie tak samo jak w momencie, gdy wszedł tu wczoraj.

Był gotowy do wyjścia. Kinga wstała powoli z krzesła, podała mu rękę. Przed drzwiami poprawiła mu krawat i delikatnie przeczesała dłonią jego włosy. Gdy całował ją na pożegnanie, nagle odwróciła się do niego plecami, pochyliła się nieznacznie do przodu i wysunęła ręce do tyłu, aby pociągając za rękawy, mógł zdjąć z niej fartuch. Naga podniosła ramiona do góry, oparła obie dłonie na blacie drzwi, rozsuwając uda...

Większą część lotu z Waszyngtonu do Warszawy przespał. Z Okęcia zadzwonił do domu. Sylwia bez słowa podała telefon Ilonce. Wrócił do Gdańska pociągiem z Warszawy po południu w poniedziałek. Prosto z dworca pojechał do biura. Do wieczora pisał sprawozdanie z pobytu w NIH. Wrócił do domu około dwudziestej. Sylwia zamknęła się w sypialni. Ponad godzinę spędził z Ilonką. Sylwia wpadła do pokoju i wykrzyczała, że „jeden wieczór to zbyt mało, aby po czterech dniach nieobecności uspokajać swoje sumienie i bawić się z dzieckiem, które dawno już powinno spać". Ilonka zaczęła płakać. W nocy wstał z kanapy, ubrał się i zszedł do piwnicy po walizkę. Spakował swoje książki, kilka koszul i bieliznę. Z łazienki zabrał przybory do golenia. W kuchni wypił kawę. Na stoliku zostawił dokumenty i kluczyki do samochodu. Postawił spakowaną walizkę przed drzwiami w przedpokoju i wszedł do pokoju Ilonki. Usiadł na jej łóżku. Nigdy dotąd tak nie płakał jak przez tę godzinę, gdy siedział nad ranem w pokoju swojej córki. Przed piątą rano zamówił taksówkę. Wiedział, że o piątej strażnicy w instytucie otwierają drzwi.

Na razie mieszka tutaj, w tym pokoju. Gdy późnym wieczorem przejdzie wzdłuż korytarza i upewni się, że nikogo już na piętrze nie ma, zamyka drzwi swojego biura na klucz, wyciąga materac z szafy i kładzie go na podłodze. Każdego dnia nastawia budzik na piątą rano i wstaje. Myje się w toalecie na końcu korytarza i zaczyna swój dzień. Dwa razy w tygodniu idzie na dworzec wziąć prysznic. Tak nie może żyć. To jest poniżające. Chciałby wynająć małą kawalerkę, najlepiej w pobliżu instytutu.

Spotkał się z Sylwią kilka razy, odkąd się wyprowadził. Ona zachowuje się jak prokurator, który czyta akt oskarżenia, tyle że prawdziwy prokurator nie płacze i nie ma prawa oskarżonego zwymyślać. Za każdym razem obiecuje sobie, że będzie spokojny, i za każdym razem, jak dotychczas, łamie to przyrzeczenie. Jeśli siłę związku emocjonalnego z jakąś osobą mierzyć złością i żalem wobec tej osoby, to jego związek z Sylwią jest ciągle bardzo silny.

Wyprowadził się, ponieważ uważa – to brzmi jak banał z porad przyuczonych amatorów psychologów w tanich kobiecych czasopismach – że ich oddalenie jest jedyną i ostatnią szansą, aby zatęsknili za sobą i się w końcu odnaleźli. Na razie tęskni tylko za Ilonką.

Nie kontaktuje się z Kingą. To okrucieństwo z jego strony, ale uważa, że tak będzie lepiej dla wszystkich. Dla Kingi także. Jeśli sypia na materacu w biurze i ma na powrót zatęsknić za życiem, z którego się wysupłał, to nie wolno mu tęsknić za życiem, które opiera się w dużej mierze na przesianej z plew codzienności, erotycznym zafascynowaniu dwadzieścia lat młodszą kobietą, która go podziwia i pożąda. Sam wie, że taka chemia oparta wyłącznie na podziwie i pożądaniu kończy się bardzo szybko. I jego wiedza wywodzi się z tego okresu w jego życiu, gdy fascynował się bardziej filozofią niż chemią. Wie doskonale, że źródłem uroku nowych znajomości jest nie tyle znużenie dawnymi ani przyjemność odmiany, ile przykrość, że znajdujemy zbyt mało podziwu u tych, którzy nas zanadto znają. Dajemy się wtedy skusić nadziei, iż znajdziemy go więcej u tych, którzy nas znają mniej. On nie jest jeszcze pewny, czy uległ tylko tej pokusie. A chciałby być pewny, że tak właśnie jest. Że to głównie ta pokusa wpychała go do jej łóżka w Sztokholmie i na lub pod jej biurko w Baltimore. To może schizofreniczne, ale tak właśnie mógłby najlepiej opisać swoje rozdarcie, które obecnie przeżywa.

Chciałby być pewny, że te przeżycia, których dostarcza mu Kinga, nie są jak pierwsza porcja heroiny, którą wstrzykuje sobie w żyłę niewyleczony narkoman, gdy po dwóch latach wychodzi z więzienia. Bardzo częsta ta pierwsza porcja, o której marzył w swojej celi, jest aż tak przedawkowana, że staje się także ostatnią w jego życiu. Wie to z pierwszej ręki, ponieważ w NIH zajmują się mózgami takich ekswięźniów narkomanów po ostatnim strzale. On nie miał z Sylwią żadnych przeżyć od ponad dwóch lat i może być, że gdyby po nocy w Baltimore zmieszali koktajl z jego mózgu, to zarejestrowaliby takie same wyniki.

Sylwia utraciła z biegiem czasu swój cały podziw dla niego. Mężczyzna, którego przestaje podziwiać kobieta, z którą zasypia i z którą chce się budzić rano, czuje się porzucony. Nieważny. Zepchnięty na sam koniec listy nieistotny facet kręcący się wieczorami po kuchni. On także tak się poczuł. Ale pomimo jego pokaleczonego ego to nie jest najgorsze. Taki podziw można przecież odzyskać. Najgorsze jest to, że stracił u Sylwii – tak mu się wydaje – także cały szacunek. I gdy w domu, który przypomina mu emocjonalne igloo, będą coraz częściej i coraz głośniej obijali się o siebie swoimi skorupami, to może stracić szacunek także u córki.

Dlatego uwierzył swojej intuicji i amatorom psychologom z kobiecych gazet i postanowił na jakiś czas oddalić się od Sylwii. Może ona przez to zauważy jego brak, może on zauważy to, co mógłby stracić i co naprawdę jest dla niego najważniejsze. Wcale nie jest pewny, czy dobrze postąpił. Może błądzi i wróci do punktu wyjścia. Sądzi jednak, że lepiej być pewnym siebie, błądząc, niż niepewnym, mając rację.

Może nie ma racji. Może ryzykuje zbyt wiele. Może Sylwia potraktuje to jako ostateczny dowód na to, że ich rodzina nie ma dla niego już żadnego znaczenia, a ta cała filozofia „oddalenia, aby się przybliżyć" to tylko jego kolejny, tym razem najbardziej perfidny pretekst, aby mieć jeszcze więcej czasu na „robienie kariery, udowadnianie, że zawsze i wszędzie musi być najlepszy, zdobywanie kolejnych wyróżnień, pochwał, tytułów naukowych, medali, których nie ma już gdzie na nim przywieszać, podstawianie pleców do poklepywań, aby zapchać swoją próżność, która jest jak dziurawy balon, z którego schodzi powietrze już w godzinę po jego nadmuchaniu".

Jeżeli nawet tego tak nie potraktuje i w duchu zgodzi się z nim, i przystanie na to czasowe oddalenie, sama widząc w tym szansę, to i tak nie powstrzyma się i przy najbliższej okazji wyrzuci z siebie ten monolog o próżności. Będzie mu przy tym znowu przykro i znowu poczuje bezsilność. Nigdy nie zapychał swojej próżności. Nigdy mu na tym nie zależało. Każdy, oprócz Sylwii, kto go zna, nie zdobyłby się na taki zarzut. Nawet jego wrogowie. I ci polityczni z przeszłości, i ci obecni ze świata nauki, w którym się porusza. Kolejny medal dla kogoś, kto jest łajdakiem, i tak nie zmieni faktu, że ten dalej pozostanie łajdakiem. Ale on – ma prawo tak sądzić – nie jest łajdakiem i nie ma już więcej siły, aby to udowadniać. Może jest chorobliwie ambitny, może momentami egocentryczny, ale z pewnością nie jest próżnym łajdakiem. Nigdy dotychczas w swoim życiu nie był, nie będzie i także dzisiaj nie jest „w absolutnej władzy cudzego uznania", jak to szyderczo formułuje Sylwia. On nigdy nie uginał się przed żadną władzą. I Sylwia musi to wiedzieć lepiej niż kto inny.

Potrzebuje nowych wyzwań i potrzebuje poczucia sukcesu. To prawda. Tak samo jak prawdą jest to, że po każdym sukcesie ma natychmiast nowe pragnienia. Tak naprawdę, to już nawet przed nim. Gdy człowiek wspina się na jakiś szczyt, to nagle, będąc tuż pod nim, zaczyna wyraźniej widzieć inne szczyty, które go otaczają. Te znacznie wyższe. Z dołu ich w ogóle nie widać lub są bardzo niewyraźne. Tam u góry są wyraziste i tym, że są wyższe, denerwują. I samą tylko swoją obecnością odbierają całą radość wchodzenia na ten swój obecny. I będąc już na wierzchołku swojego, zamiast poczuć spełnienie, czuje się tęsknotę za tymi wyższymi. Przynajmniej on tak czuje. Ale to nie wynika z próżności. Dla niego brak czegoś, czego się bardzo pragnie, jest nieodzownym elementem szczęścia. Sądził, że Sylwia potrafi to zrozumieć i zaakceptować.

Do walizki, którą spakował przed wyprowadzką, wrzucił także album ze zdjęciami. Czasami wieczorem zamknięty w biurze ogląda te fotografie. Na jednej z nich składają sobie z Sylwią życzenia w noc sylwestrową. Zawsze zaczyna oglądać album od tej fotografii. On trzyma na ramieniu maleńką Ilonkę. W ręku ma kieliszek z szampanem. Sylwia na tej fotografii stoi naprzeciwko niego w wiśniowo-czarnej sukience, którą przywiózł jej kiedyś z Wiednia, i dotyka dłonią jego policzka. Jest taka szczęśliwa, uśmiechnięta. Wpatruje się w niego z miłością i oddaniem. Jak gdyby był całym jej światem. Może był całym jej światem i tylko tego nie zauważał. Może takie światy są o wiele ważniejsze niż ten, w którym on się zagubił? Może Ilonka, gdy dorośnie, nigdy mu tego zagubienia nie wybaczy? Może rację miała ich matka, gdy w Biczycach, kiedy pierwszy raz przyjechali pokazać jej Ilonkę, przytuliła go do siebie i wyszeptała:

– Pamiętaj, że najważniejsze, co ojciec może zrobić dla swojego dziecka, to być dobrym mężem dla jego mamy.

Zamilkł i podszedł do okna. Oparł czoło o mokrą szybę. Włożył obie ręce do kieszeni spodni, szukając czegoś nerwowo. Po chwili odwrócił się i zapytał:

– Masz chusteczki higieniczne? Twój starszy brat to góral, ale także mięczak. Czasami płacze.

Marcin wstał szybko i podszedł do marynarki wiszącej na haku przymocowanym do drzwi biura. Podał Błażejowi paczkę serwetek w niebieskiej folii.

Nie wiedział, co mógłby powiedzieć. Świat z opowieści jego brata wydawał mu się odległy, nieznany. Nie zrozumiał, dlaczego brat sypia na materacu w swoim biurze. Sylwia, którą znał z kilku spotkań w Biczycach i paru jego pobytów w Gdańsku, zupełnie nie odpowiadała wizerunkowi Sylwii z opowieści. Dla ich matki była aniołem, uosobieniem idealnej żony. Błażej, zamknięty w sobie introwertyk i mól książkowy, typowy biedny student, a potem jeszcze biedniejszy magister chodzący przez kilka lat w tym samym, coraz bardziej wyciągniętym czarnym swetrze i z tą samą wypchaną książkami teczką, spotkał kobietę, która dzięki swej urodzie mogła mieć każdego mężczyznę. Stara Siekierkowa uważała, że Sylwia „działa na górali jak halny", wygląda jak „pokuszenie i dobrze, że nie trafiła się Marcinkowi, bo górale nie daliby jej spokoju, chociażby przez te piersi". Przy tym wszystkim Sylwia wydawała się nie zauważać reakcji mężczyzn na jej urodę. Skromna, milcząca, nieśmiała i zawsze trochę zawstydzona, gdy zwracało się na nią uwagę. Kiedy Błażej przywoził ją do Biczyc latem, pomagała przy żniwach. Nawet tuż po urodzeniu Ilonki pchała wózek na pole i przerywała pracę tylko po to, aby nakarmić dziecko. Gdy wchodziła do chałupy w Biczycach, zaraz po przyjeździe szła do pokoju matki i całowała ją w rękę.

Nigdy nie wysuwała się przed męża. Stała zawsze w jego cieniu. Błażej z rodziną przyjechał do Biczyc tuż po zrobieniu habilitacji i w czasie urodzin matki ogłosił tę wiadomość całej rodzinie. Kiedy wszyscy skończyli mu gratulować, po całym podnieceniu, zamieszaniu i toastach zapadła cisza, ich matka dała znak, aby podepchnąć jej wózek do krzesła, na którym siedziała Sylwia. Przytuliła głowę synowej do piersi i powiedziała:

– Nie byłoby tego dnia, gdyby nie ty...

Dopiero potem poprosiła Błażeja, aby podszedł do niej. Gdy ukląkł przy wózku, wychyliła się do Sylwii, wzięła jej obie dłonie, położyła na swoich kolanach i przykryła je dłońmi Błażeja.

– Jestem z was dumna.

Matka miała rację. Błażej nie mógłby tyle osiągnąć, gdyby nie Sylwia. Marcin za każdym razem, gdy dzwonił do Gdańska, dowiadywał się, że brat jest gdzieś poza domem. Najczęściej gdzieś bardzo daleko. Gdy dzwoni się przypadkowo i za każdym razem „przypadkowo" nie ma kogoś w domu, to sprawa jest oczywista. Sylwia była ciągle sama.

Zastanawiał się, jak długo można godzić się z taką samotnością i co dostaje się w zamian. Na jak długo może wystarczać kobiecie samo trwanie u boku męża, jak długo duma i świętowanie jego osiągnięć mogą zrównoważyć codzienność wypełnioną czekaniem. Dlaczego jego pragnienie „osiągnięcia znaczenia", jak nazywał to Błażej, ma być ważniejsze od jej pragnień posiadania znaczenia? Jej znaczenia. W jego życiu. I jak długo można przesuwać w czasie spełnienie tego pragnienia? Mógł sobie wyobrazić, znając Sylwię, że „oddalenie", o którym opowiadał Błażej, nie było nagłym kaprysem jego żony. Bardziej przypominało jej ostateczną porażkę, której wynikiem najpierw był głęboki zawód, potem długotrwała frustracja zamieniona na końcu w bezsensowną ślepą agresję.

Sylwii nie opromieniał blask sławy męża. Stała w chłodnym cieniu, a nie w blasku, niezauważana przez nikogo. Jak w cieniu wielkiego dębu. Może sama zrozumiała, że w cieniu dębu nigdy nic wielkiego nie może wyrosnąć.

Nie uważał także, że wyprowadzenie się Błażeja z domu, aby „odnaleźć utraconą bliskość", jest tym, z czym Sylwia i prawdopodobnie każda inna kobieta na jej miejscu chciałaby się pogodzić. Jeśliby się pogodziła, to nie z własnej woli i przekonania, ale raczej z rezygnacji i braku innego wyboru. Bardzo często mężczyźni pozostawiają kobietom tylko ten jeden wybór, a kobiety, chcąc za wszelką cenę ratować swoje małżeństwo, przystają na to. Mogło się okazać, że Błażej odnajdzie wprawdzie utraconą bliskość, ale znajdzie ją z inną kobietą. Młodszą, naiwnie oczarowaną odświętnością spotkań z zapracowanym naukowcem darującym jej swój „bezcenny czas". Zakochana, nie zauważy – na początku – że on jej swój czas ściśle wydziela, jak lekarstwo, „daruje" go tylko wtedy, kiedy on tego chce. Może nawet będzie fałszywie i obłudnie go zapewniać, aby lepiej wypaść na tle „niewdzięcznej żony", powtarzając, że to jej w zupełności wystarcza, bo ona „czekała na kogoś takiego całe swoje życie", że tak jest w porządku, bo przecież „nie ilość, ale jakość spędzonego wspólnie czasu liczy się najbardziej i najważniejsze jest, aby on się realizował i aby mogła być z niego dumna". Albo inne tym podobne bzdury.

A może tak wcale nie będzie? Może Błażej wyciągnie lekcję z tego doświadczenia, zmieni się i ta następna kobieta dostanie wszystko – nie zdając sobie sprawy, komu to zawdzięcza? Może okaże się, że małżeństwo z Sylwią było dla Błażeja poligonem, na którym się dopiero uczył dzielenia życia z drugim człowiekiem?

Wstrząsnęła nim ta myśl. Biedna Sylwia! To musi być cholernie przykre i boleśnie niesprawiedliwe zdać sobie kiedyś sprawę, że przez najlepsze lata swojego życia było się dla kogoś tylko poligonem...

Tak naprawdę Błażej nie różnił się zbytnio od niektórych górali z Biczyc, którzy zamknęli swoje kobiety w chałupach, zostawili im dzieci do wychowywania, a sami spędzali wieczory w gospodzie. Tylko że te kobiety – pogodzone z nieuchronnością takiego losu, poskromione tradycją, nauczone przez matki powtarzające nieustannie, „że każdy chłop taki już jest, bo chłop to chłop, nawet jak czysty i ogolony", które to same na swojej skórze przeżywały, wystraszone do granic paniki potencjalną karą porzucenia i następującej po nim samotności w biedzie i niedostatku, podtrzymywane na duchu katolicką wiarą w świętość małżeństwa – przyjmowały swoje życie z pokorą. Jak dożywotni wyrok ogłoszony przez proboszcza w kościele pełnym widowni.

Marcin nie potrafił sobie wyobrazić, że mogłoby być cokolwiek ważniejszego niż rodzina. Nie wiedział, co innego może mieć większe „znaczenie" i jaka większa nagroda może kogoś spotkać w życiu niż spotkanie z kobietą, którą on wybrał, która jego wybrała i która urodziłaby mu ich dziecko. Gdyby jego coś takiego kiedyś spotkało, to on chciałby mieć znaczenie tylko dla niej. Bo tylko takie znaczenie jest prawdziwe i ostateczne.

Poczuł szarpnięcie za ramię.

– Marcin, zrobiło się bardzo późno. – Błażej wyrwał go z zamyślenia. – Zawiozę cię do Sylwii. Ona bardzo się ucieszy, gdy przenocujesz... – zastanowił się chwilę – u nas w domu. Często pytała o ciebie. Nie wybaczyłaby ci, gdyby dowiedziała się, że byłeś w Gdańsku i nie zajrzałeś do niej i do Ilonki...

Spojrzał na Błażeja. Siedział pochylony na krześle naprzeciwko niego i zakładał buty.

– Tak. Oczywiście – odpowiedział cicho. – Ale może najpierw do niej zadzwonisz? Przecież to już prawie świt. Nie chciałbym ich budzić. – Spojrzał zaniepokojony na zegarek. – Poza tym mam pociąg do Krakowa za trzy godziny. Gdybyś zawiózł mnie na dworzec, mógłbym tam poczekać

– Zwariowałeś, chłopie?! Nigdzie nie pojedziesz. Po co mam dzwonić i budzić ją już teraz.

Zeszli na dół. Błażej delikatnym stukaniem w szybę obudził strażnika, który poprawiając mundur, pośpiesznie wyszedł z małego pomieszczenia portierni i otworzył im drzwi.

– Panie Szczepanie, niech pan nie zasypia przez następną godzinę – rzekł Błażej. – Odwiozę tylko brata i zaraz wracam. Mam jeszcze coś ważnego do zrobienia.

Strażnik zmieszany odpowiedział:

– Taka jakaś ta noc. Zmorzyło mnie, panie profesorze. Normalnie nigdy nie zasypiam.

– Nic się nie stało. Ale ma pan rację. Ta noc faktycznie jest szczególna.

Wyszli na parking przed budynek. Wsiedli do samochodu.

– Błażej, nie chcę tobie ani Sylwii sprawiać kłopotu... – powiedział Marcin, gdy wyjechali za bramę. – Martwiłem się o was. Ot co. Dlatego przyjechałem.

– Marcin, przestań. Proszę cię!

Zjechał na pobocze drogi i zatrzymał samochód. Wyłączył silnik.

– Marcin, ja to przy tobie jestem skurwiel.

– Błażej, co ty mówisz! Przecież...

– Nie przerywaj mi! Tak jestem zajęty sobą, że gdy ktoś mi mówi „martwiłem się o was" i bez wahania jedzie pociągiem przez całą Polskę od gór do Gdańska, aby wysłuchać mojej bełkotliwej spowiedzi, to czuję się jak najgorszy złajdaczony cepr. Zdałem sobie właśnie teraz z tego sprawę. Przez całą noc ani razu nie zapytałem, co u ciebie. Nie wpadło mi to nawet do głowy. Zająłem się sobą i tylko sobą. Może dlatego jestem tam, gdzie jestem? Może tylko mi się wydaje, że jestem zdolny słuchać innych, a tak naprawdę to potrafię i chcę tylko słuchać swoich monologów? Może dlatego tak dużo chcę wiedzieć, abym sam mógł się tymi monologami zachwycać? Może Sylwii także nie pytałem o jej życie, tak jak dzisiaj nie zapytałem ciebie? Nie byłem przecież taki... prawda?

Oparł czoło o kierownicę i zamilkł.

– Nie przyjechałem, aby ci opowiadać o sobie – rzekł Marcin. – To mógłbym ci streścić w trzy minuty przez telefon. Pilnuję ikon, dbam o pole przed chałupą, biorę lekcje Internetu u Szymona i... i uczę się francuskiego. Ale na razie powoli mi to idzie. We wsi nic się nie zmieniło. Siekierkowa pali, tak jak paliła. Górale piją, tak jak pili. Kamień mamie na cmentarzu postawiłem. Chałupę wyremontowałem. Dach już nie przecieka, podłogę w kuchni zerwałem i kamieniami z Dunajca wyłożyłem. A na to nowe deski. Gdybyście mnie odwiedzili, mam dla was gościnny pokój. Ten mamusi. Z oknem na góry. Przyjechałem, bo chciałem się upewnić, że to nieprawda, co pisze Sylwia. Kobiety często piszą o tym, co im się wydaje, a nie o tym, co jest. Zwłaszcza gdy są zrozpaczone lub bardzo smutne. Tego nie wolno dowiadywać się przez telefon. To jest zbyt ważne. Dla mnie ważne. Nie tylko dla ciebie. Więc nie opowiadaj mi tych bzdur, że ceprem jesteś. Bo to nieprawda. Nikt nie pyta innych o samopoczucie, jeśli mu się świat wali. Nie chciałbym, aby mój brat spał na podłodze. Obojętnie, jaki wybierzesz dom, do którego się przeniesiesz z tej podłogi, to chciałbym, aby ktoś na ciebie w nim czekał. Poza tym bardzo bym chciał, aby to, co napisała Sylwia, tylko się jej wydawało. A teraz już jedź, bo zaczyna robić się jasno.

Ruszyli. Po chwili milczenia Błażej zwolnił, zdjął rękę z kierownicy, położył na dłoni Marcina i ściskając mocno jego palce, powiedział:

– Dobrze, że przyjechałeś... Dziękuję ci.

Jechali w milczeniu opustoszałymi o tej porze ulicami Gdańska. Zaczynało świtać.

– Marcin, a ten francuski? – zapytał w pewnym momencie. – Zazdroszczę ci. To jest dla mnie język, który działa na zmysły. Nawet gdy kasjerka we francuskim supermarkecie wypowiada na głos sumę, którą trzeba zapłacić, brzmi to erotycznie. Angielski przy francuskim przypomina pokrzykiwanie pijanego woźnicy, a niemiecki jest jak kłótnia dwóch żołnierzy Wehrmachtu. Zawsze chciałem znaleźć czas na naukę tego języka. Zabieram nawet książki i płyty do samolotu. Ale tylko latają ze mną. Ani razu nie udało mi się ich rozpakować. Dlaczego akurat francuskiego się uczysz? Tobie chyba w pracy bardziej przydałby się rosyjski, prawda?

Marcin się zaczerwienił. Przez chwilę zastanawiał się, co odpowiedzieć.

– Na moje zmysły także działa. Ostatnio bardzo mocno. Chociaż ona nie jest kasjerką supermarketu – powiedział, przełamując nieśmiałość.

– No tak... – Błażej się zaśmiał. – Cieszę się. Naprawdę się cieszę – dodał, poklepując go po kolanie.

Wjechali w dzielnicę podobnych do siebie bloków. Kilka minut krążyli po osiedlowych uliczkach. W wielu mieszkaniach paliły się już światła. Stanęli pod obdrapanym wieżowcem. Wysiedli z samochodu i razem podeszli pod pordzewiałą i pogiętą na obrzeżach metalową kasetę domofonu. Błażej nacisnął dzwonek i zbliżył głowę do kratki głośnika.

Nikt nie odpowiadał. Spróbował kolejny raz. Za trzecim razem długo trzymał przycisk dzwonka. Potem przeszedł na trawnik przed blok. Nerwowo wyciągnął telefon komórkowy z kieszeni marynarki i wybrał numer, wpatrując się w okna na górze. Wrócił pod drzwi wieżowca i powiedział zaniepokojony:

– Sylwii tam nie ma. Musiałaby się obudzić po tym alarmie. Ona bardzo niespokojnie śpi. Klucz zostawiłem w biurze. Marcin, przepraszam. Nie spodziewałem się, że jej nie będzie w domu. Musiała gdzieś wyjechać... Zaczekaj chwilę, jeszcze się upewnię.

Nacisnął całą dłonią kilka przycisków jednocześnie. Odezwały się zdenerwowane głosy obudzonych lokatorów. Ktoś bez pytania uruchomił brzęczyk i otworzył drzwi. Błażej wbiegł do klatki schodowej. Wrócił zdyszany po kilku minutach.

– Nie ma nikogo w domu. Musiała wyjechać... Nic mi nie powiedziała – powtarzał z niepokojem.

Pojechali na dworzec. Usiedli na plastikowych brudnych krzesłach w dworcowej restauracji, pijąc herbatę. Sala wypełniona była zaspanymi pasażerami. Pod ścianą z dala od stolików siedzieli skupieni w jedną grupę bezdomni. Często podchodziła do nich kelnerka, tłumaczyła coś podniesionym głosem. Coraz to któryś z bezdomnych wstawał i prosił pasażerów o jałmużnę. Do stolika Marcina i Błażeja podeszła anorektycznie wychudzona dziewczyna o ziemistej cerze, ubrana w czarną rozerwaną ortalionową kurtkę i obcisłe białe legginsy, przez które wyraźnie prześwitywały czarne majtki. Wyciągnęła w ich kierunku drżącą, pokrytą siniakami i plamami wyschniętej krwi brudną rękę, mamrocząc coś pod nosem. Błażej bez wahania wysypał na jej dłoń wszystkie drobne, jakie miał w portfelu. Dziewczyna zacisnęła kurczowo dłoń, schyliła się pod stół i na klęczkach zbierała monety, które tam upadły. Błażej zerwał się z krzesła i zaczął jej pomagać.

– Przepraszam panią, bardzo panią przepraszam – powiedział, dając jej podniesione z brudnej posadzki pieniądze.

Dziewczyna milczała. Po chwili z trudem, opierając się ręką o blat stolika, wstała powoli z kolan i bez słowa podziękowania odeszła w kierunku grupy bezdomnych.

– Błażej, powiedz mi, co się czuje, gdy robi się coś takiego jak ty? – zapytał Marcin.

Brat spojrzał na niego, sięgając po szklankę z herbatą.

– Masz na myśli tę dziewczynę czy coś mniej ważnego? – zapytał z uśmiechem.

Pierwszy raz w ciągu ostatnich kilkunastu godzin, które spędzili razem, Błażej uśmiechał się do niego.

– Coś o wiele mniej ważnego oczywiście. Jak na przykład peptyd, nad którym ostatnio pracujesz...

– Wiesz, Marcin, gdy widzę takie życie jak to na tym dworcu, wydaje mi się, że to, co ja robię, jest bardzo mało ważne. Ale ja nic innego nie potrafię, więc to robię. Co czuję, pytasz. Ostatnio głównie zmęczenie i frustrację. Jeśli masz na myśli ten peptyd przeciw HIV, to na dodatek czuję agresję. Na świecie tylko NIH może wyłożyć wystarczające pieniądze, aby skleić peptyd T. I tylko tam jest masa krytyczna tych wolnych pieniędzy, utalentowanych mózgów i odpowiedniej aparatury, aby to przeprowadzić. Ale NIH nie wierzy tak do końca, że jakikolwiek peptyd może blokować wirusy. Ci, co dzielą pieniądze w NIH, to mafia utytułowanych starców wierzących wyłącznie w chemioterapię. Popierają trucie ludzi starociem z lat sześćdziesiątych. Pomylił im się rak z AIDS. Najgorszy przykład demencji starczej. Może słyszałeś? Nazywa się to AZT i wprawdzie zatrzymuje replikację HIV, ale to jakbyś łykał kwas solny w tabletkach i popijał lizolem. Rozpada ci się po tym na części wątroba, wychodzą ci nie tylko włosy z głowy, podbrzusza, ale nawet brwi i rzęsy. Pomimo to w NIH postawili na AZT. Łykając to, jak na razie, żyje się najdłużej. Nikt nie pyta, jak się żyje. W statystykach, które ich przekonują, liczą się tylko dodatkowe miesiące życia pomnożone przez liczbę chorych. Przy AZT wynik, który wychodzi z tej tabliczki mnożenia, jest jak na dziś najlepszy. Nikogo nie interesuje, jak żyją ci ludzie i czy w ogóle chce im się żyć na tej trutce. NIH to nie Caritas i nikt tam nie interesuje się takimi drobiazgami jak jakość życia. Liczy się tylko jego przedłużone chemią trwanie przeliczone na osobomiesiące. Takie dane ładnie wyglądają na arkuszu Excela załączanym do ich raportów. Dla naszego peptydu nie ma jeszcze żadnych statystyk, które można by zacytować w jakimś memorandum dla kogoś ważnego. Mamy nawet trudności z naszymi publikacjami. Starają się je zatrzymywać lub przynajmniej, w najlepszym przypadku, opóźniać. Wydaje się im, że wszystko wiedzą. Tacy są najstraszniejsi. Trudno z nimi walczyć. Są jak loża masońska składająca się z zakonników, utytułowanych dyplomami minimum dwóch, koniecznie amerykańskich lub brytyjskich, kultowych uniwersytetów. Z biochemików stali się zwykłymi księgowymi, chociaż im się wydaje, że są wielkimi architektami wszechświata. Już wolę zwykłego księgowego, po jednym fakultecie, najlepiej zaocznym, a najlepiej przyuczonego do księgowości polonistę z polskiej prowincjonalnej WSP. Tacy mają więcej pokory i czasami nawet słuchają, co się do nich mówi. Co z tego, że ktoś uczył się na dwóch uniwersytetach? Cielę też może ssać dwie krowy, a wyrośnie z niego zwykły wół. To, co my robimy, jest dla nich zbyt nowe i zbyt rewolucyjne. Trochę przypomina to Mozarta...

– Mozarta? – zapytał Marcin ożywiony. – Dlaczego akurat Mozarta?

Błażej uśmiechnął się.

– Pamiętasz tę niesamowitą scenę w „Amadeuszu", gdy zżerany zazdrością i zawiścią Salieri wygłasza publicznie absurdalną tezę, że ostatnia kompozycja Mozarta ma „zbyt dużo nut"? Tak samo jest z naszym peptydem T. Tak zwani eksperci, współcześni Salieri dzisiejszej neuroimmunologii, ogłaszają wszem wobec, że nasz peptyd ma „zbyt dużo nut" i że pomysł na leczenie nim AIDS to według nich absurd. Mnie zawsze się wydawało, że im człowiek jest inteligentniejszy, tym mniej wątpi w absurdy. Świat wcale się nie zmienił od czasów Mozarta. Ludzie są tak samo dziwaczni: bardziej cenią swoje mniemania niż rzeczywistość. I tak samo jak kiedyś zapominają, że świat robi postępy wyłącznie dzięki realizacji tego, co na początku wydaje się niemożliwe. Obecnie jesteśmy na etapie szukania innych ekspertów, którzy zauważą, że tych nut jest dokładnie tyle, ile trzeba. To bardzo nudne, mało ma związku z nauką i polega głównie na umiejętności masowania czyjegoś rozdętego jak balon ego. Gdy już wymasujemy kilka wybranych ego dostatecznie dobrze, to natychmiast zaczniemy żebrać o pieniądze. Nie ma różnicy, czy żebrzesz o jedenaście milionów dolarów na projekt, czy o złotówkę na bułkę. Gdy nie wybrałeś żebractwa jako sposobu na życie, to pod koniec dnia czujesz takie samo poniżenie. Nie różnię się zbytnio od tej dziewczyny, która tutaj przed chwilą była. Moim ostatnim podstawowym zajęciem jest uczestnictwo w zbiorowym żebractwie. Kiedy już coś wyżebrzę, to tak jak ona podzielę się tym z wszystkimi z grupy – dodał z ironicznym uśmiechem. – I podobnie jak ci pod ścianą, jestem bezdomny. Tylko że ja, idiota, jestem bezdomny z wyboru...

Zamilkł, patrząc w podłogę.

– Dlatego nie czuję się najlepiej ostatnio z tym, co robię. Ani tu w Gdańsku, ani w Warszawie, ani tam w Waszyngtonie – dodał po chwili. Spojrzał na zegarek. – O cholera! Muszę jechać do instytutu. O dziewiątej mamy cotygodniowe seminarium. Za chwilę będą straszne korki na ulicach. Oni nie zaczną beze mnie.

Wstał pośpiesznie z krzesła, objął Marcina.

– Dziękuję, że przyjechałeś. Napisz do mnie, gdy już dotrzesz do swojego komputera w muzeum. Napisz koniecznie! – krzyknął, idąc już do hali dworcowej.

Marcin nie zdążył nawet podnieść się z miejsca, aby go pożegnać. Dopił herbatę i przeszedł na peron. Był bardzo zmęczony po nieprzespanej nocy. Nie chciał zasnąć przy stoliku. W kiosku na peronie kupił dwie butelki wody mineralnej i gazety do czytania w pociągu. Usiadł na ławce przy kiosku obok staruszki trzymającej kurczowo swoją walizkę ułożoną na kolanach. Chuda żebraczka z restauracji dworcowej chodziła wzdłuż rampy peronu, podchodząc do każdej napotkanej osoby. W obu dłoniach trzymała otwarte butelki z piwem i na przemian przykładała je do ust. Gdy znalazła się na wysokości ławki, na której siedział, zatrzymała się, postawiła jedną z butelek na krawędzi rampy peronu i podeszła tak blisko niego, że dotknęła swoimi stopami jego butów. Staruszka z walizką na kolanach pośpiesznie wstała i wmieszała się w tłum na peronie.

– Kocham tylko siebie! – wykrzyknęła dziewczyna, podnosząc butelkę z piwem. – Tylko siebie! Rozumiesz?! Tylko siebie...

Spoglądał na nią w milczeniu, nie reagując. W pewnym momencie usiadła na zwolnionym przez staruszkę miejscu. Położyła Marcinowi rękę na kolanie i patrząc mu w oczy, powiedziała głośno:

– Uratowałabym ten świat. Ale nie mam czasu, bo muszę zajść w ciążę.

Ludzie wokół wybuchli gromkim śmiechem. Dziewczyna rozejrzała się i krzyknęła do mężczyzny w garniturze stojącego najbliżej:

– Dla ciebie też bym uratowała świat, niewolniku w krawacie! Dla ciebie też.

Ktoś z tyłu skomentował:

– A może tak byś się przed tym umyła, siostrzyczko?! I może wytrzeźwiała?

Śmiech zagłuszył jej odpowiedź. Dziewczyna zerwała się z ławki i zaczęła w popłochu uciekać w kierunku małego budynku na końcu peronu, wykrzykując przekleństwa. Po chwili nadjechał pociąg, zagłuszając jej głos.

Pociąg był przepełniony. Marcin, stojąc w korytarzu, czytał gazety. Środa, jedenasty września. Dokładnie rok po tragedii w Nowym

Jorku. Strony tytułowe pełne były zdjęć i komentarzy nawiązujących do tamtych wydarzeń.

To już rok...

*

Dowiedział się o zamachu ostatni ze wszystkich. Siedział zamknięty w swoim pokoju w muzeum, pisząc jakieś sprawozdanie, gdy około piętnastej nagle zaczęły bić dzwony w pobliskim kościele. Po chwili słychać było także dzwony z innych kościołów w Nowym Sączu. Długo nie cichły, więc zaniepokojony zszedł na dół. Z dzieciństwa pamiętał, że gdy biły kościelne dzwony w Biczycach, matka za każdym razem zamykała go z braćmi w swojej sypialni i wypuszczała, dopiero gdy zapadła cisza. Dla niej i dla niego też bijące kościelne dzwony nieprzywołujące wiernych do kościoła kojarzyły się z lękiem i niebezpieczeństwem. Muzeum było puste, a drzwi wejściowe zamknięte, co w normalnych godzinach urzędowania muzeum nigdy się nie zdarzyło. Wrócił pospiesznie na górę i zapukał do drzwi pokoju kustoszki. Nie zareagowała, gdy wszedł. Siedziała zamyślona przy swoim biurku, słuchając radia...

W domu w Biczycach, wieczorem, wpatrywał się w ekran telewizora i widząc powtarzane nieustannie sceny zapadania się obu wież WTC, zastanawiał się, co musieli czuć wszyscy ci ludzie zamknięci w dwóch bryłach ze stali i betonu, gdy pękały podłogi, składały się ściany, zapadały sufity. Jak bardzo się bali? Czy wstydzili się swojego lęku, do końca wierząc, że jutro nielubiany kolega z sąsiedniego biurka może ich za to wyśmiać i wyszydzić? Czy modlili się, czy raczej przeklinali Boga? O czym myśleli i kogo lub co przeklinali ci, którzy w Boga nie wierzyli? Czy także Boga, do którego, nie potrafiąc znaleźć żadnego racjonalnego sensu w swojej śmierci, nawrócili się w ostatnich sekundach swojego życia tylko po to, aby mieć kogo przeklinać? Co wspominali w tych ostatnich sekundach? Swoje pierwsze czy ostatnie miłości? Czy przekonani, że śmierć zazwyczaj dotyczy jakichś anonimowych, zupełnie obcych ludzi z ekranów telewizora, w ogóle nie dopuszczali do siebie myśli, że to są ich ostatnie sekundy i wbrew wszystkiemu wykluczyli, że ta katastrofa może dotyczyć ich samych, zapominając, że katastrofy nie kierują się sprawiedliwością? A jeśli zrozumieli, że za chwilę umrą, to czy pogodzili się z tym i czy nadchodząca śmierć uczyniła z ich rozproszonego i poplątanego życia jakąś całość? Jeśli w ogóle byli w stanie myśleć – sam doskonale przecież wie, jak bardzo paniczny ekstremalny lęk potrafi w jednej chwili wyłączyć pracę mózgu – to co myśleli w tych kilku ostatnich sekundach o swoim życiu? Czy dostrzegli w nim jakiś sens, czy może dopiero w tym momencie zrozumieli jego absolutny bezsens? Czyje imię wypowiedzieli jako ostatnie? Dziecka, matki, ojca, żony, kochanki czy sprzedawczyni w piekarni, w której co rano, w drodze do pracy, kupują bułki na drugie śniadanie? Czego żałowali? Swoich zdrad czy ich zaniechania? Komu chcieliby jako ostatniej lub ostatniemu wyznać swoją miłość? Z obrazem czyjej twarzy umierali? A może irracjonalnie, w obliczu absurdu swojego nagłego bezsensownego końca po prostu uwierzyli, że śmierć to tylko kolejne wydarzenie w życiu, po którym wszystko zacznie się od początku i drugi raz powtórzą swój los? Czy umierali ze złością, czując gniew i wściekłość nie z powodu, że umierają, ale że muszą umierać w sposób tak banalny? Bo przecież wyjść rano z domu, zostawić przymocowaną magnesem żółtą karteczkę na lodówce ze słowami: „Maleńka, odkurzę mieszkanie wieczorem, nie zdążyłem rano. Kocham Cię", i umrzeć po południu z powodu czyjegoś fanatyzmu, o którym się nie ma nawet zdania, jest przecież banalne i nie przystoi śmierci. Szczególnie własnej śmierci.

Własną śmierć, jeśli się o niej w ogóle rozmyśla, traktuje się z największym szacunkiem. Jak coś jedyne i wyjątkowe. Tak jak jedyne i wyjątkowe jest dla każdego własne życie. Każdy jest przekonany, że jego śmierć będzie końcem świata. Nie wierzy, że będzie to koniec tylko i wyłącznie jego świata. Na drugi dzień znowu ukażą się gazety, znowu spóźnią pociągi, znowu będą korki na ulicach, a w piekarni na rogu ludzie będą kupować świeże bułki. Jak gdyby nigdy nic...

Zawsze przerażał go fanatyzm. Jakikolwiek fanatyzm. Fanatyzm odurza jak wódka lub narkotyk i odbiera strach ludziom. Wydaje im się wtedy, że nie mają nic do stracenia. Najbardziej bał się ludzi, którzy nie mają nic do stracenia. Fanatyzm nie ma sensu i jest żałośnie śmieszny. Pamięta, jak poruszyła go kiedyś opowieść, którą przeczytał, interesując się – trochę z ciekawości i trochę też z obowiązku

– historią ikon w swoim muzeum. To było kilka lat temu i wtedy nie kojarzyło mu się to z żadnym fanatyzmem, a już na pewno nie z terroryzmem. Bardziej z upartą głupotą. Opowieść dotyczyła zdarzeń sprzed prawie czterystu lat. Dzisiaj, gdy o tym myśli, wydaje mu się bardziej aktualna niż kiedykolwiek.

Car Piotr I w 1700 roku wydał dekret, który między innymi nakazywał żegnać się w modlitwie trzema palcami, a nie dwoma, jak to było przyjęte i praktykowane dotychczas. Ci, którzy się na to nie godzili i robili znak krzyża dwoma palcami, byli surowo karani. Za to ginęli, cierpieli, byli torturowani, skazywani na katorgi i publicznie poniżani. Pomimo to wierzyli niewzruszenie, że zostaną zbawieni, jeśli za to dadzą się spalić w cerkwi.

Gdyby to były inne czasy i inny geograficzny rejon, to pewnie ci od dwóch palców owiązaliby swoje ciało trotylem i kilogramami śrub pod swoimi siermiężnymi sukmanami, i weszliby w tłum tych, co są przekonani, że znak krzyża zrobiony trzema palcami jest ważniejszy, jedynie słuszny i do tego prawomocny. Weszliby w ten tłum, nawet gdyby były tam dzieci, które jeszcze nie wiedzą, co to modlitwa, i dla tych swoich dwóch palców wysadziliby się w powietrze razem z dwudziestoma trzypalczastymi. Ci, którzy nauczyliby się pilotować odrzutowce, porwaliby je i dla wyższości dwóch palców nad trzema rozbili je na biurowcach pełnych ludzi, którzy modlą się, zupełnie nie używając rąk albo znak krzyża robią całą dłonią łącznie z kciukiem.

Zastanawiał się wtedy, czyj fanatyzm był bardziej absurdalny – sędziów i katów cara czy ich ofiar palonych w cerkwiach...

Tamtego wrześniowego wieczoru po raz pierwszy od długiego czasu poczuł, że chciałby napić się wódki. I nie sam. Chciał być z ludźmi. Albo chociaż pośród ludzi.

Gospoda kipiała gwarem. Na drewnianej nieporadnie przyciętej półce przymocowanej prowizorycznie do ściany nad kominkiem – w natychmiastowej reakcji na wydarzenie dnia – właściciel postawił telewizor przeniesiony ze swojego mieszkania. Sprzed kominka usunął kilka stołów, zastępując je rzędami wypożyczonych z kościoła drewnianych ław. W pierwszym rzędzie na środkowej ławie dokładnie naprzeciwko telewizora siedziała stara Siekierkowa. Kiwając się, z zadartą w górę głową wpatrywała się w ekran telewizora i odmawiała różaniec. Obok niej, z lewej strony, stała pełna niedopałków popielniczka z dymiącym się papierosem. Po prawej stronie Siekierkowej siedział, śpiąc z opuszczoną na ramię głową, wyraźnie pijany Jędruś, najstarszy syn Jazgotów mieszkających w chałupie najbliżej sąsiadującej z chałupą Siekierkowej. Na ekranie telewizora powtarzano obrazy zapadania się wież w Nowym Jorku.

Marcin zamówił dwa kieliszki wódki. Wziął je w dłonie i przepychając się ostrożnie pomiędzy stojącymi mężczyznami, poszedł do Siekierkowej. Usiadł na ławie obok popielniczki.

– Pani Siekierkowa! – powiedział, przekrzykując gwar dochodzący z tyłu. – Napije się pani ze mną?

Siekierkowa na krótko zatrzymała palce na różańcu i skinęła potakująco głową. Po chwili pocałowała różaniec, wepchnęła go do kieszeni swojego czarnego wełnianego swetra i wyciągnęła rękę po kieliszek. W tym momencie Jędruś Jazgot przechylił się na lewą stronę i całym swoim ciężarem oparł się o Siekierkową, wytrącając kieliszek z jej dłoni. Siekierkowa opuściła laskę na posadzkę gospody i obu dłońmi zaczęła odpychać od siebie Jędrusia. Marcin rzucił się do pomocy. Jędruś otworzył jedno oko i nie wiedząc, co się dzieje, próbował wstać, ale upadł na podłogę.

– Ty terrorysto jeden! – wykrzyknęła ze złością Siekierkowa do Jędrusia. – Ludzie w Ameryce umierają, a ty poszanowania nie masz! I wódkę mi rozlałeś, pijaku!

– Mamuśka, no co ty taka dzisiaj... – odburknął bełkotliwie, kładąc jedną rękę na ławce i starając się podnieść. Po kilku nieudanych próbach zrezygnował.

– Oj Jędruś, Jędruś, wóda ci rozum już całkiem odjęła. Gdybym to ja była twoja mamuśka, tobym na tobie już dawno krzyżyk postawiła i z chałupy w świat przepędziła. Boś pijak i wstyd przed całą wsią swoim dzieciakom przynosisz.

– Mamuśka, no co ty, mamuśka... – usłyszeli mamrotanie dochodzące z podłogi.

Siekierkowa ze zrezygnowaniem machnęła ręką.

– Podaj mi laskę, Marcinku, bo nawet patrzeć na niego nie mogę. Dobrze, że nie widzi tego stara Jazgotowa. Serce by jej pękło, bo to

jej pierworodny przecie. Wódkę mi roztrwonił, poszanowania dla
Ameryki nie ma, świata nie rozumie, boleści z innymi nie czuje...
Pójdź do lady i kupże mi, Marcinku, na te smutki jeszcze raz. A ja
pozbieram się w tym czasie i podejdę do ciebie. Nie chcę jeszcze
wracać do chałupy. Od nerwów reumatyzm mnie boli i wystraszona
jestem dzisiaj. Jak Jamroży rano w dzwony uderzył, to zaraz wiedziałam, że na nieszczęście bije. Ale ognia we wsi nie widziałam, tom poszła na plebanię się zapytać. Walczakowa mnie wpuściła, pod telewizor zaprowadziła i zaczęła mi objaśniać, że telefon był, Jamrożemu
kazali w dzwony bić, ale że Nowy Jork daleko od Biczyc, to przecież
nic takiego. Durna ta Walczakowa jak owca. Głupia jak ciupaga. Nowy Jork czy Nowy Sącz, co za różnica przy takim nieszczęściu...?
A teraz już idź do lady, bo napić się trzeba. Szczególnie dzisiaj. I na
reumatyzm, i na smutek... I na urodziny – dodała smutnym głosem.

– Pani Siekierkowa, dzisiaj ma pani urodziny!? Naprawdę?

– Ano mam. I też się urodziłam we wtorek. A mojego Kaziczka
takoż porodziłam na jedenastego. Ale on był niedzielny. Razem my
urodzeni. Tylko że ja za długo żyję. Matka nie powinna pochować
syna. To się Panu Bogu coś bardzo pokręciło, że mnie staruchę na
tej ziemi ciągle trzyma, a Kaziczka zabrał do siebie. Dużo Mu się
ostatnio kręci. Z tą Ameryką dzisiaj też. Jakby czym innym był zajęty i od świata się odwrócił... – westchnęła. – Co ja teraz będę miała
za urodziny. Naznaczone boleścią ino, bo ludziska tego gruzowiska
w Ameryce do końca świata już nie zapomną.

Pochylił się i pocałował ją w rękę.

– Najlepsze życzenia, pani Siekierkowa. Na następne sto lat. Nie
wie pani nawet, jak bardzo się cieszę, że... – przerwał na chwilę,
szukając właściwych słów. – Że panią w swoim życiu spotkałem.

– A co ty, Marcinku, tak dzisiaj mówisz, jakbyś z miłosnej książki
czytał? – zaśmiała się chrapliwym głosem, sięgając ręką do kieszeni
w spódnicy i wyciągając paczkę z papierosami. – Jakżeś miał mnie
nie spotkać, jak tyś syn Marcinowej – dodała cicho, próbując ukryć
wzruszenie. – Dobryś jest chłopak, Marcinku. Poszanowanie masz
dla każdego i ludzi słuchać potrafisz.

– Pani Siekierkowa – rzekł nieśmiało – tyle lat panią znam, a jak
pani ma na imię, to do dzisiaj nie wiem...

Wyciągnęła papierosa i powiedziała:

– Matka chciała mi dać Dobrosława, ale ksiądz na chrzcie matkę skrzyczał, że za mało święte imię. To zmieniła na Magdalenę. Ojciec matce tego nigdy nie wybaczył i mówił, że za mało pieniędzy księdzu w kopercie dała. Jakby dała więcej, toby świętą Dobrosławę też sobie przypomniał. A jakby nie przypomniał, toby wymyślił. Matka księdza usłuchała i mówiła do mnie Magdalena, a ojciec do końca życia Dobrusia. Dwojga imion byłam, Marcinku. Ojciec jak mnie tulił, to mówił Dobrusia, a gdy mamusia, to mówiła Magdalenka. Ale pewnie tak miało być, bo dla ojca byłam zupełnie kim innym niż dla mamusi. Można kochać razem to samo i nazywać inaczej. Gdyby ci w Ameryce to wiedzieli, toby dzwony dziś nie biły. Dopiero jak ojciec zginął na wojnie, to zostałam Dobrusia, bo mamusia chciała, aby było po ojcowemu. Do księdza poszła i na Dobrusia zmieniła. Aby w papierach było raz na zawsze po tatowemu. A teraz już wódki mi przynieś, Marcinku...

*

Trudno uwierzyć, że to było rok temu, pomyślał.

Do Nowego Sącza dotarł wczesnym wieczorem. Wsiadł do swojego samochodu zaparkowanego na ulicy nieopodal budynku dworca. Nie miał ochoty wracać do Biczyc. Na skrzyżowaniu tuż za dworcem skręcił w ulicę prowadzącą do muzeum.

Przy drzwiach jego biura leżał zapakowany w ozdobny papier niewielki karton. Podniósł go, wszedł do biura i włączył komputer. Rozpakował karton. Za przezroczystą folią z delikatnym złocistym napisem „Vileroy & Boch" znajdował się porcelanowy biały kubek z przykrywką zasłaniającą także porcelanowe sitko. Do kubka oliwkowozieloną tasiemką przywiązana była mała czarna torebka zielonej herbaty. W kubku znalazł złożoną w kwadrat kartkę ozdobnego papieru listowego:

80 stopni Celsjusza, wieczkiem zakryć napar i poczekać minimum dwie minuty, fusy herbaty można zalewać kilkakrotnie. Chciałabym, aby pił Pan dobrą herbatę także wtedy, gdy nie rozmawiamy.

Mira

PS Proszę nie przynosić tego kubka, przychodząc do mnie do biura na herbatę (brakowało mi tego wczoraj...). Kupiłam dla Pana drugi. Dokładnie taki sam. Stoi na półce przy kasetach i dotyka mojego...

Wziął delikatnie kubek w dłonie i oglądając go ze wszystkich stron, uśmiechnął się do siebie. Starał się sobie przypomnieć, kiedy ostatnio dostał od kogoś prezent, cokolwiek, ot tak, bez żadnej specjalnej okazji. Nie potrafił. Nie było nikogo takiego, może poza jego braćmi i ich rodzinami – ale to przecież jest zupełnie co innego – dla kogo byłby na tyle istotny, aby ten ktoś zechciał pomyśleć, wyróżnić go, ofiarowując mu swój czas, swoją uwagę, i postanowił sprawić mu radość. Poczuł rodzaj rozczulenia. Ostrożnie przeniósł kubek i postawił go na półce regału naprzeciwko komputera. Obok pucharów z zawodów hipicznych, kamieni, które znajdował w górach, starej pordzewiałej podkowy i kolekcji drewnianych miniaturowych figurek aniołów.

W jego skrzynce pocztowej czekał na niego e-mail od Karoliny. Przed przeczytaniem wysłał e-mail do Błażeja, informując go, że dotarł do Biczyc. Dopiero potem wrócił do listu Karoliny. Pisała, że ciągle wszyscy czekają na niego w Giżycku i że znalazła interesujące strony internetowe dotyczące stadnin koni. Poza tym szczegółowo instruowała go, jak szukać, używając wyszukiwarek internetowych, wszelkiej informacji w Internecie.

Internet to dżungla i czasami przypomina śmietnik informacji. Ale czasami można w nim znaleźć prawdziwe perełki. Ostatnio w ten sposób natrafiłam na stronę mojej najlepszej koleżanki z ogólniaka. Straciłam z nią kontakt wiele lat temu, gdy zaraz po maturze wyjechała z rodzicami do Australii. Wczoraj zupełnie przypadkowo okazało się, że od trzech lat mieszka w Warszawie. Tylko dwie ulice dalej od bloku, w którym mam mieszkanie! Gdyby nie Internet, pewnie ciągle żyłabym w przekonaniu, że mieszka gdzieś na końcu świata, i nigdy nie udałoby się nam spotkać.

Jakub! – pomyślał natychmiast.

Podekscytowany wywołał podany przez Karolinę adres wyszukiwarki i w pole zapytania wpisał imię i nazwisko Jakuba. Po chwili zobaczył na ekranie listę adresów kilkudziesięciu stron internetowych. Spośród kilkuset łącznie. Większość z nich była po angielsku, kilkanaście po niemiecku, kilka także po japońsku. Tylko trzy strony były po polsku. Zaczął czytać pierwszą z tych po polsku.

Strona zaczynała się od podania adresu jakiegoś instytutu naukowego w Monachium, po którym następowała długa, uporządkowana chronologicznie od najnowszych do najstarszych lista publikacji dotyczących zastosowań informatyki w genetyce. Przeważały angielskie tytuły, w których rozumiał tylko pojedyncze słowa. Przy końcu listy znalazł publikację w języku polskim z afiliacją przy Uniwersytecie Wrocławskim, zawierającą odnośnik kierujący do stopki na dole strony. Tekst tego odnośnika zawierał coś, co go poruszyło:

Publikacja ta jest wynikiem badań w ramach mojej pracy magisterskiej. Żadna inna moja publikacja nie jest dla mnie tak ważna jak ta. W całości dedykuję ją Natalii.

Nie miał wątpliwości. To był Jakub! Zgadzało się wszystko. Zgadzała się informatyka, zgadzał się Wrocław, a przede wszystkim zgadzało się to nawiązanie do Natalii. Małym drukiem, gdzieś na zupełnym końcu. Aby nie razić swoją obecnością. Nie przeszkadzać innym ważnym sprawom. Ale Jakub właśnie taki był. Zawsze najważniejsze rzeczy mówił najciszej, jak gdyby obawiając się, że mógłby komuś zająć swoim życiem zbyt wiele czasu. Tak naprawdę to wtedy podczas tych kilku tygodni we Wrocławiu najbardziej ujął go swoją niespotykaną skromnością i przeświadczeniem, że o sobie mówić się powinno jak najmniej. Na tym chyba polegała jego charyzma, umiejętność zbliżania i w pewnym sensie przywiązywania do siebie każdego, kto spędził z nim nawet bardzo krótki czas. Przy nim miało się wrażenie, że posiada się cały czas jego niezakłóconą uwagę. Potem, gdy na dodatek okazywało się, że ta skromność – znając jego osiągnięcia – nie jest żadną przyjętą dla świata pozą, ale wynika z wrażliwości, zaczynało się zauważać, że ma się do czynienia z kimś bardzo wyjątkowym.

W dedykacji słowo „Natalii" było podkreślone. Marcin ustawił na tym słowie kursor i kliknął myszą. Po chwili zobaczył na ekranie fotografię Jakuba. Trafił na jego prywatną stronę internetową! Karolina miała zupełną rację ze swoim „gdyby nie Internet...". Nie mógł uwierzyć, że dotychczas sam nie wpadł na ten pomysł.

Długo wpatrywał się w twarz mężczyzny z fotografii, próbując porównać ją ze wspomnieniem, które latami nosił w sobie. Rodzaj smutnego zamyślenia w jego twarzy pozostał niezmieniony. Zmarszczki mimiczne wokół oczu były głębsze, czoło wyższe z wyraźnymi zakolami. Cała twarz była bardziej pociągła, nieomal wychudzona, przez co oczy wydawały mu się o wiele większe, niż je pamiętał z ich wrocławskiego okresu. Ale to uważne, charakterystyczne dla Jakuba smutne spojrzenie z tamtych czasów pozostało takie samo.

Często się zastanawiał, jak ludzie postrzegają swoje starzenie się. Czy także ulegają iluzji, że tak naprawdę pozostają tacy sami? Jemu wydawało się, że się nie zmienia, że ciągle jest taki sam, tylko inni się zmieniają. Pewnie gdy się na siebie spogląda każdego dnia, nie zauważa się tych zmian.

Ciekawe, czy stara Siekierkowa też tak uważa, spoglądając na swoje odbicie w lustrze? – pomyślał.

Zaczął czytać tekst zamieszczony obok i pod fotografią. Bardzo mało było informacji o prywatnym życiu Jakuba. Mieszkał w Monachium. Pracował w jednym z tamtejszych instytutów naukowych. Wymieniał książki, które czyta, wiersze, które go wzruszają, muzykę, bez której nie może żyć, koncerty, w których uczestniczył, miejsca, które odwiedził, ale także coś tak osobistego i tak trywialnego jak perfumy, których zapach jest go w stanie zatrzymać. Z dołączonych komentarzy można było odczytać, czym się fascynuje, co go wzrusza, czego nie lubi, do czego dąży i co osiągnął. Dwa magisteria, doktorat w USA, habilitacja w Polsce, długa na dwa ekrany lista publikacji...

Fakt, że Jakub jest naukowcem, zupełnie Marcina nie zdziwił. Gdy zdarzało mu się myśleć o nim, to podświadomie, bo przecież nie miał o nim żadnych informacji, kojarzył go z nauką. Z rozmów z tamtych czasów wyraźnie wynikało, że to był jedyny świat, z którym Jakub wiązał swoje plany na przyszłość. Przy tym już wtedy był nietypowy. To, że studiował matematykę i informatykę, nie przeszkadzało mu być, jak on to wtedy nazywał, „rozpoetyzowany". Nie zamknął się w swoich dziedzinach, czytał poezję, słuchał oper, interesował się malarstwem. Teraz jest inaczej – wie to z opowiadań Karoliny – ale wtedy w latach siedemdziesiątych nie było to niczym szczególnym. Oprócz studiowania fizyki, ekonomii, budowy okrętów czy energetyki wypadało zachwycać się Marquezem, rozumieć przesłania dramatów Kantora i Grotowskiego, dostrzegać ponadczasowość w filmach Bergmana, czytać Rilkego i kłócić się o sens współczesnego malarstwa. Wszystko to należało do swoistego, oczekiwanego przez innych kanonu wiedzy, jaką należało posiąść niezależnie od kierunku studiów, który się wybrało. Często była to tylko moda, której się ulegało, czasami przykry obowiązek, któremu należało sprostać, aby nie być posądzonym o prostactwo. Moda na intelektualizm i obowiązek wiedzy. Miało to świadczyć o przynależności do wybranej grupy i dowodzić wrażliwości, która wtedy także była w modzie. W zadymionych pokojach akademików lub w studenckich klubach, udowadniając wszystkim swoją wrażliwość, analizowało się obrazy, wiersze, książki, koncerty tonem geniuszy, którzy po prostu wiedzą wszystko, co trzeba wiedzieć, w odróżnieniu od niedouczonych ignorantów. Bardzo często było to nieautentyczne, naciągane, suche, sztucznie naukowe, naskórkowe i brzmiało jak opowieść nauczyciela mówiącego z przejęciem o strukturze komórki, której nigdy nie widział pod mikroskopem. Pamięta, że nie miał zaufania do zdziwień i emocji wyrażanych w trakcie takich rozmów.

Dopiero Jakub przekonał go, że może być inaczej. Jakub rzadko kiedy zabierał głos w tych dyskusjach. A jeśli już, to tylko wtedy, gdy ktoś opowiadał tak kosmiczne bzdury, że pozostawienie tego bez komentarza mogłoby utwierdzić wygłaszającego swoje pamflety w przekonaniu, że inni zamilkli z podziwu. Do wszystkiego zachowywał dystans, nigdy nie atakował, nie krytykował bezpośrednio tego, co mówią inni. Wszystko formułował raczej w formie pytania lub wątpliwości niż twierdzenia. Za każdym razem podkreślał, że „to jest jedynie jego zdanie", że jest matematykiem i nie jest pewien, czy ma prawo, jak on to nazywał, „oceniać poetów". Z tego, co Marcin przeczytał przed chwilą na jego stronie, wynikało, że to „rozpoetyzowanie" przetrwało w Jakubie do dzisiaj.

Nie było żadnej wzmianki o jego rodzinie. Nie było także nic o Natalii ani o żadnej innej kobiecie. Strona zawierała galerię fotografii z miejsc, które odwiedził: Nowy Orlean, Dublin, wyspa Whight, Sydney, Melbourne, Tokio, Hongkong, Kuala Lumpur, Kraków, Paryż, Londyn, Lizbona, Genewa, Zurych, Nowy Jork...

U dołu strony podany był jego prywatny adres e-mailowy: Jakub@epost.de oraz adres instytutu, w którym pracuje. Poniżej adresu na czarnym tle, obok fotografii płonącego nagrobnego znicza była wpisana data 4.07.2002 z następującym po niej podkreślonym zdaniem w języku angielskim: I love New York even more. Obok, po polsku widniało zdanie: „To także mój Nowy Jork". Nie miał wątpliwości, że ma to związek z zamachem na WTC i dzisiejszą rocznicą tych wydarzeń.

Wstał na chwilę od komputera, nastawił wodę na herbatę i otworzył szeroko okno. Zgasił górne światło, a zapalił lampę stojącą na biurku obok sterty segregatorów. Odczekał do momentu, aż woda w czajniku zaczęła wrzeć, i z kubkiem herbaty powrócił do komputera. Kliknął w tekst obok fotografii znicza i zaczął czytać.

I ♥ New York even more...

Czwartek, 4 lipca 2002, 8.45 rano. Nowy Jork

Stacja kolejowa i metra Grand Central. Środek Manhattanu. Młoda dziewczyna z czarną chustą na głowie z niezapalonym papierosem w ustach stoi przy ścianie złożonej z drewnianych tablic. Zaraz przy wejściu do dworcowych delikatesów na Grand Central. Tłum ludzi pomimo święta i wczesnej pory.

W ręku ma plik żółtych ulotek formatu A4. Na przedramieniu wymalowaną wyraźnie czarnym mazakiem liczbę 275. Na ulotkach tekst po angielsku, hiszpańsku i arabsku oraz skserowana fotografia młodego brodatego, uśmiechniętego mężczyzny, siedzącego przy monitorze komputera, z małą dziewczynką na kolanach. Rozdaje ulotki przechodzącym w pośpiechu ludziom, mówiąc cicho po angielsku z arabskim akcentem:

– Gdyby pan go gdzieś spotkał, to proszę powiedzieć, że czekamy na niego. Gdyby pan go spotkał, to proszę mu powiedzieć, że czekamy na niego. Gdyby pan...

Niektórzy biorą te ulotki i czytają, inni biorą i natychmiast wyrzucają do pobliskiego kosza, część ignoruje dziewczynę zupełnie, jeszcze inni uciekają.

Na ulotce z twarzą uśmiechniętego brodatego mężczyzny tekst: „Zaginiony. Wyszedł z domu 11 września 2001 rano. Pracował na 79. piętrze południowej wieży WTC. Wszelkie informacje proszę kierować…".

Wyszedł i dotychczas nie powrócił. Wyszedł jak każdego ranka. 275 dni temu.

Pierwsza drewniana tablica pojawiła się na Grand Central wieczorem we wtorek 11 września 2001. Jeszcze ciągle monitory, wstawione spontanicznie do pobliskich delikatesów, pokazywały, jak w nastawionym na „powtarzaj nieustannie" odtwarzaczu wideo, scenę zapadania się wież, a już była tablica. Teraz jest ich kilka. Stoją jedna przy drugiej na środku holu prowadzącego do peronów i kas. I tak na dobrą sprawę przeszkadzają przesuwać się temu tłumowi, który przelewa się każdego dnia przez Grand Central. Ale jeszcze nikt nie zaprotestował. Bo chociaż dla ludzi, którzy przypinają te kartki, są one jak miejsce spotkań tych, którzy nie tracą nadziei, to tak naprawdę dla całej reszty te tablice są jak cmentarz, na który przychodzi się pomodlić za zmarłych. A cmentarze należy z szacunkiem mijać. Nawet jeśli są w samym środku kolejowego dworca.

Na tablicach przypięte są pinezkami, przyklejone przylepcem lub klejem kartki papieru. Białe, różowe, niebieskie i zielone lub żółte. Za folią, postrzępione, wyrwane ze szkolnego zeszytu. Czyste i poplamione. Na nich nazwiska. Imiona. Daty urodzenia. Fotografie. I numery pięter.

Czasami dwie fotografie na jednej kartce. Dwóch ludzi. Z tej samej rodziny. Tylko nie z tych samych pięter. Czasami także nie z tych samych wież. Ktoś przypiął dzisiaj pod niektórymi kartkami małe bukieciki kwiatów. Ktoś wsunął za kartki małe chorągiewki z gwiazdami i czerwonymi pasami. Kartki różowe, niebieskie, zielone lub żółte. Każda z nich zawiera zdanie: „Ostatnio widziana/y w WTC Tower 1…".

Dzisiaj jest 4 lipca. Pierwszy 4 lipca po 11 września.

Inny 4 lipca w innym Nowym Jorku. Jestem tutaj akurat tego dnia.

Bywałem tutaj wielokrotnie. Kongresy naukowe, targi, kilkumiesięczne projekty realizowane na nowojorskich uniwersytetach, wyjazdy turystyczne z przyjaciółmi, jednodniowe pobyty w drodze gdzieś dalej. Nowy Jork jest częścią mojej biografii. Tak jak Wrocław, Dublin czy Monachium.

Wieże zawsze przecież były. Amerykanie nie lubią, jak się o tym mówi, że „były". Odpowiadają, że „wkrótce będą". Amerykanie, gdy myślą o „9/11" i WTC, czują się poniżeni. Spoliczkowani. Zawstydzeni... I to jest uczucie, które dominuje. Gdy już przestaną mówić o terroryzmie, „obłędnym fanatyzmie" i o tym, „że oni zwyciężą", to po prostu są zawstydzeni. Dziura po WTC na Manhattanie jest jak blizna. Ale to nie jest dla nich blizna po honorowym pojedynku.

A jednak wielu chce tej blizny dotknąć. Tak realnie. Pójść pod tę dziurę na Manhattanie, schylić się lub uklęknąć i dotknąć ziemi przy Ground Zero. Wielu uważało, że najlepszym dniem na to jest 4 lipca. Pomimo ostrzeżeń, że „Nowy Jork może spodziewać się kolejnych ataków" (CNN), pomimo pokrzykiwania patriotycznych martyrologów z Waszyngtonu, że „w Nowym Jorku jesteśmy bezpieczni, ale pomimo to powinniśmy pokazać światu, że demokracja wymaga ofiar" (konferencja prasowa rzecznika Departamentu Stanu), ludzie przyjechali tutaj, aby 4 lipca przeżyć właśnie na Ground Zero.

Tak jak ja.

3 lipca

Wracam porannym lotem z kongresu naukowego w Columbus Ohio, aby po dwóch dniach pobytu w Nowym Jorku polecieć dalej na Florydę. Kiedyś do samolotów lecących w obszarze Stanów Zjednoczonych wsiadało się i wysiadało jak do autobusów miejskich. Teraz trzeba być na dwie godziny przed lotem, pozwolić się prześwietlać, rewidować, otwierać sobie walizki, podręczne torby i czasami nawet portmonetki, odpowiadać na pytania, znowu dać się prześwietlać. Tak było także w Columbus, rano tuż przed lotem.

Cicha milcząca kolejka zdenerwowanych ludzi. Czytali gazety. Słuchali wiadomości. „USA Today" podało na pierwszej stronie wyniki ankiety. Ponad 53% Amerykanów uważa, że USA i najprawdopodobniej właśnie Nowy Jork lub Waszyngton staną się w tygodniu od 1 lipca do 7 lipca celem spektakularnego ataku terrorystycznego.

3 lipca to dobry dzień na zamachy. Wprawdzie 4 lipca jeszcze lepszy, ale i 3 lipca można przejść do historii. Dlatego gdy losowo wybrano z kolejki młodą kobietę i kazano jej otworzyć walizkę i pomimo głośnych protestów przy wszystkich w kolejce dotykano i wykładano na metalową płytę całą zawartość, łącznie z tamponami, nikt nie wstawił się za nią. Wszyscy ze zrozumieniem traktowali to, co jeszcze 276 dni temu nie byłoby możliwe.

Na lotnisku w Nowym Jorku policja przy wyjściowym Gate, policja w korytarzach prowadzących do hali odbioru bagażu, policja z psami w samej hali. Ludzie uśmiechają się do policjantów, pozdrawiają ich. Obecność policji sprawia, że czują się bezpieczniej. NYPD – New York Police Department – to od „9/11" jeden z najbardziej popularnych napisów na T-shirtach w USA.

Zaraz po *I ♥ New York even more* (Kocham Nowy Jork nawet bardziej).

Jadę taksówką do hotelu. Dostojny Roosevelt Hotel. Marmurowy wielki hol przesadnie wychłodzony klimatyzacją. Kryształowy żyrandol nad mahoniowym eliptycznym stołem. Na stole bukiet ze słoneczników w półtorametrowym wazonie z egipskimi ornamentami. Pomiędzy słonecznikami amerykańskie flagi. Na mahoniowym stole także amerykańskie flagi częściowo zakrywające biały pas folii z czarnym napisem *We will never forget*. Nigdy nie zapomnimy.

Roosevelt Hotel to stary typowy nowojorski wieżowiec. Kilkanaście pięter. Zbudowany w latach trzydziestych XX wieku. Starszy od Empire State Building. Świetnie położony. Skrzyżowanie 45 ulicy i Madison Avenue. Epicentrum Manhattanu. Dwie przecznice od 5 Alei. Stoję w kolejce do recepcji. Przede mną starsza kobieta. Słyszę, jak rozmawia z recepcjonistą.

– Czy mógłby mi pan dać pokój zaraz nad restauracjami? Wie pan, ja nie mogę już szybko schodzić po schodach. A jakby co, no wie pan... to mnie stratują.

Recepcjonista wcale nie reaguje zdziwieniem. Potem, gdy zagadnąłem go na ten temat, mówi, że teraz bardzo często ludzie, rezerwując miejsca w hotelach w Nowym Jorku, zaznaczają, że chcą mieć pokoje na najniższych piętrach. Gdy nie mogą ich dostać, zdarza się, że rezygnują z rezerwacji. Myślę o tym, jadąc windą na czternaste piętro, gdzie jest mój pokój.

4 lipca

Poranek w mieście, które nigdy nie zasypia. 8 rano. Upał. Ponad 35 stopni i wilgotność bliska 85%. Śniadanie w małej kawiarence na rogu 45 i 5 Alei. Dziennikarka CNN w telewizorze podwieszonym pod sufitem przeprowadza telekonferencję z szefem NYPD. Potem wywiad z byłym burmistrzem Giullianim. W małej kawiarni prawie wyłącznie turyści. Niektórych spotykam jakiś czas potem na pobliskim Grand Central. Tak jak ja stoją i czytają. Białe, różowe, niebieskie, zielone lub żółte kartki przypięte do drewnianych tablic stojących w holu dworca. Nazwiska, imiona, numery pięter. Dziewczyna z numerem 275 na przedramieniu rozdaje swoje ulotki.

Metrem jadę do stacji World Trade Center. Nazwa pozostała. Pasażerowie obserwują się uważnie. Mało kto rozmawia. Zaczynam niepokoić się swoimi myślami:

Gdybym był terrorystą, to w pierwszej kolejności chciałbym wysadzić w powietrze Statuę Wolności, potem Empire State Building, następnie Brooklyn Bridge, a dopiero na końcu wagon metra...

Ground Zero

Nie ma już gruzu. Obszar wielkości stadionu piłkarskiego otoczony dwuipółmetrowej wysokości płotem z drucianej siatki. Specjalne ścieżki przy płocie pozwalają obejść plac dookoła. Od północnej strony, za płotem, spory teren wyłożony betonowymi płytami. W rogu tuż przy skarpie do głębokiego na cztery, pięć pięter dołu po wywiezionym gruzie stoi krzyż. Zrobiony z fragmentów stalowych konstrukcji fundamentów południowej wieży WTC. Pordzewiały, ciemnobrązowy krzyż na piedestale z większego fragmentu betonu wydobytego z gruzowiska. Pod krzyżem kwiaty. Flaga amerykańska. Kilka zniczy na drewnianej płycie. Po lewej stronie transparent przypięty do siatki ogrodzenia. Na białym tle czarne litery: WE WILL NEVER FORGET.

Cisza.

Wszyscy chodzą w milczeniu. Atmosfera jak w kościele lub na cmentarzu. Chce się uciszyć tych, co nieopatrznie powiedzą coś zbyt głośno. Zastanawiam się, czy mi wolno... Wspinam się z aparatem ponad siatkę ogrodzenia i fotografuję. Dwa sąsiednie wieżowce przykryto czarną gęstą siecią. Czerń na kilkadziesiąt pięter. Jakiś Japończyk pyta policjanta, czy można gdzieś „kupić trochę gruzu z WTC". Policjant stara się za wszelką cenę zachować spokój i odpowiada, że nie można.

Spaceruję ścieżkami wokół ogrodzenia. We fragmencie ścieżki prowadzącym przy przykrytym czarną siatką wieżowcu przybite do drewnianych drzwi zdjęcia strażaków, którzy zginęli w akcji ratowniczej. Wysuszone kwiaty. Hełm strażacki. Ktoś przypiął relację młodego strażaka. Ręcznie pisany tekst. „Kopiąc tam, znajdowaliśmy buty. Setki par butów".

W pewnym momencie stoi się po wschodniej stronie Ground Zero. Ogromny dół na kilka pięter, zamknięty z każdej strony równo przyciętymi fragmentami fundamentów, wystających stalowych konstrukcji. Taki dół, jak gdyby przygotowany, aby złożyć w nim jakąś monstrualną trumnę.

Nikt nie wie dokładnie, ilu ludzi zginęło 11 września tutaj. Zresztą liczba ofiar od pewnej wysokości już nie działa na wyobraźnię. 5 lub 6 tysięcy. A może 4 tysiące...

Byłem na wieży WTC kilkanaście razy w życiu. Przeważnie stało się w długiej zawiniętej kolejce. Raz do kasy, potem – aby wziąć udział w tym wydarzeniu. Ale to było za każdym razem czekanie na coś wyjątkowego i niecodziennego. Bo to było wyjątkowe miejsce. Kolejka była długa, a mimo to ludzie uśmiechali się, żartowali. Cieszyli się. Słyszało się różne języki, widziało się różne kolory oczu, skóry i włosów. Były malutkie niemowlęta w nosidełkach na plecach rodziców, były dzieci w wózkach, byli młodzi chłopcy i młode dziewczyny. Przychodziły całe szkolne klasy. Całe rodziny. Czas szybko mijał i potem było się TAM, i widziało się to, i zapierało dech. Wiem, bo byłem w tej kolejce i TAM kilkanaście razy. Potem się wracało z pamięcią pełną tego, co się widziało.

11 września 2001 rano także była kolejka. I do windy, i do kasy. I w tej kolejce czekały na wjazd na taras widokowy WTC także całe rodziny. Nikt nie wrócił.

Battery Park

Z nabrzeża przy Battery Park, najbardziej na południe wysuniętego punktu Manhattanu, odpływają statki dowożące turystów między innymi na Wyspę Statuy Wolności. Dzisiaj Battery Park jest wyjątkowo pusty. Nie trzeba stać w żadnych monstrualnych kolejkach. Przychodzi się, kupuje bilet i natychmiast wsiada na statek. Nawet trzeba czekać, aż statek wypełni się ludźmi. W każdy inny dzień jest to nie do pomyślenia.

I to wcale nie dlatego, że od września 2001 nie można wejść do wnętrza statuy. Ludzie się dzisiaj, 4 lipca, po prostu boją. I nie pomaga pokonać tego lęku ani policja przy nabrzeżu, ani kontrole przy wejściu na statki, ani zapewnienia szefa NYPD.

Kiedyś było można wejść nawet na koronę Statuy Wolności. Teraz nie. Oficjalnie mówi się wszystkim, że prowadzone są prace konserwacyjne. Nieoficjalnie mówi się, że uszkodzenie Statuy Wolności w przypadku terrorystycznego ataku byłoby zbrukaniem świętości. Dlatego można popłynąć na wyspę, ale zbliżyć do statuy nie wolno.

Wybieram przejażdżkę statkiem dookoła statuy, obok Ellis Island i po East River, aż pod Brooklyn Bridge. Niezapomniany widok linii Manhattanu, z którego wymazano jak gumką z rysunku dwa elementy. Bo wieże przecież „zawsze były". Statek zatrzymuje się naprzeciwko miejsca, gdzie „zawsze były". Załoga wyłącza silniki. Zapada cisza. Po chwili płyniemy dalej.

Pier 17

Z Battery Park przechodzę pieszo do tzw. Seaport we wschodniej części dolnego Manhattanu, tuż pod Brooklyn Bridge, pokazywany w większości amerykańskich filmów. Pier 17 to fragment Seaport i nazwa miejsca na nabrzeżu East River, gdzie zacumowano historyczne, muzealne żaglowce. Kiedyś wypływały stąd w rejsy prawdziwe żaglowce. Teraz jest to rodzaj parku rozrywki z kawiarniami, restauracjami, sklepami i ulicznymi artystami. Kolorowy tłum ludzi przychodzi tam, aby spędzić miło czas. Dzisiaj także jest tłumnie. Atmosfera relaksu. Leniwy tłum chodzący od sklepu do sklepu lub siedzący przy kawiarnianych stolikach. Wszędzie policja.

Na placu przed miejscem, gdzie cumuje muzealny żaglowiec „Peking", lokalne nowojorskie radio Kiss FM postawiło małą scenę i promuje swoją stację radiową.

Obok do wywiadów przygotowuje się lokalna telewizja. W pewnym momencie murzyński DJ z Kiss FM miksuje kawałki czarnej muzyki z Bronksu. Na plac przed sceną powoli wchodzą ludzie. Zaczynają tańczyć, tłum przed sceną gęstnieje. DJ zaczyna w takt muzyki wymieniać nazwy wszystkich stanów w USA. Każdemu towarzyszy krzyk tańczących.

Staruszka w śmiesznych okularach, kulawy gruby Murzyn z białym ręcznikiem na głowie i laską w lewej dłoni, młode dziewczyny z tatuażami na brzuchu, turyści z Niemiec w czapkach z Berlina, Japończycy z aparatami przewieszonymi przez ramię. Wszyscy tańczą. W pewnym momencie DJ wykrzykuje:

– *New York!!!*

Gdy opada wrzask, ludzie chwytają się za ręce i tańczą razem. Obserwuję poruszony tę scenę. W pewnym momencie dziennikarka telewizyjna stojąca tuż przy mnie wyłapuje z tłumu młodego człowieka.

– Nie ma pan obaw, że dzisiaj w Nowym Jorku może dojść do ataku terrorystycznego? Na przykład tutaj, na Pier 17, gdzie jest tyle ludzi... Nie obawia się pan tego?

Młody chłopak patrzy na nią i odpowiada:

– *Who the fuck cares at the moment...* (Kogo to do cholery obchodzi w tym momencie) – i pokazuje na tańczący tłum. Po chwili wraca i tańczy dalej.

Empire State Building

Tuż przed północą pomarańczową taksówką jadę pod Empire State Building. Odkąd został tylko dół po WTC, jest to jedyne miejsce, skąd można z góry oglądać Manhattan. Turyści wiedzą, że warto wjechać na górę dwa razy: w dzień i w nocy. Dzisiaj jest szczególna noc. 4 lipca. Za nami tradycyjne fajerwerki z okazji Dnia Niepodległości. Nie różniły się specjalnie od tych, które tu przeżyłem w przeszłości.

Przed budynkiem na ulicy kolejka czekających na wjazd. Jestem w ostatniej grupie. Empire zamyka drzwi dokładnie o północy. Przed wejściem do wind prześwietlanie wszystkich toreb. Przechodzenie przez wykrywacze metalu. W pewnym momencie pisk. Młodego mężczyznę zatrzymuje ochrona i każe wyłożyć zawartość kieszeni. Pośród rzeczy lądujących w plastikowym pojemniku jest Biblia, która ledwo mieściła się w tylnej kieszeni jego dżinsów. Ochroniarz otwiera Biblię, aby upewnić się, czy to nie atrapa książki. Oddaje mu ją. Słyszę, jak chłopak komentuje:

– Tak dla pewności...

Z góry rozpościera się widok zapierający dech w piersiach. Rozświetlony, tętniący świątecznymi światłami Manhattan. Ludzie stoją z twarzami przy ochronnej siatce, milcząco patrzą na te światła. W pewnym momencie podchodzę do południowej strony tarasu widokowego. Wpatruję się w to miejsce na horyzoncie, które kiedyś przesłaniały wieże WTC. Obok mnie stoi mężczyzna trzymający za ręce dwie kilkunastoletnie dziewczynki z twarzami przyciśniętymi do siatki. Prawdopodobnie jego córki. Słyszę wyraźnie ich rozmowę.

– Ja myślę, że oni kiedyś odbudują te wieże, prawda? – pyta ta młodsza.

Nie doczekawszy się odpowiedzi, sama dodaje:

– Były przecież takie fajne...

Zjeżdżam windą na dół. Minęła północ.

5 lipca

Nazajutrz jestem ponownie na Grand Central. Dziewczyna z czarną chustką na głowie rozdaje swoje żółte ulotki tak jak wczoraj i pewnie tak jak przez pozostałe minione 274 dni przed wczorajszym dniem. Gdy przechodzę obok niej, podaje mi kartkę. Uśmiecha się i mówi spokojnie:

– Gdyby pan go spotkał, to proszę mu powiedzieć, że my czekamy.

Idę dalej.

– Gdyby pan go spotkał... – słyszę za sobą głos dziewczyny podającej ulotkę następnej osobie.

Na przedramieniu miała wypisane czarnym mazakiem: 276.

Skończył czytać. Wstał od komputera i podszedł do otwartego okna. Zegar na wieży kościoła wybił północ. W ogrodzie przed muzeum gałęzie drzew poruszały się na wietrze, zasłaniając i odsłaniając migoczącą, od miesięcy zepsutą uliczną latarnię. Z ulicy dochodziły odgłosy kroków ostatnich przechodniów śpieszących do swoich domów. Czasami ciemność ulicy na krótką chwilę rozświetlały reflektory przejeżdżających samochodów. Dobiegł końca kolejny zwykły dzień. Jeszcze przedwczoraj pewnie by tak myślał: kolejny zwykły dzień... Ile miał takich zwykłych dni za sobą? Podobnych do siebie, zamkniętych w pętli powtarzających się tych samych czynności, tych samych ludzkich twarzy, tych samych miejsc, tego samego codziennego braku nadziei, że może być inaczej.

Jak mógł nie zauważyć, że ta pętla zaciska się wokół jego życia coraz bardziej każdego takiego „zwykłego" dnia? Z czego to wynikało? Z braku nadziei?

Dlaczego inni nie tracą nadziei? Wbrew wszystkiemu. Jaki numer wypisany mazakiem na przedramieniu miałby on, gdyby był jak ta dziewczyna z dworca Grand Central? Od jakiej daty zacząłby liczyć te numery? Od dnia, gdy uciekł sprzed drzwi mieszkania Marty, od dnia, gdy znalazł matkę leżącą na polu, czy od dnia śmierci matki?

A może to wynika z pogodzenia się, że tak być musi? Bo przecież nie ma dla kogo żyć, a życie dla samego siebie z definicji pozbawione jest dla niego jakiegoś ważnego celu, dla którego warto wstawać rano. Co to znaczy „żyć dla kogoś"? Dla kogo tak naprawdę żyje stara Siekierkowa, a dla kogo żyje jego brat Błażej? Kto z nich jest większym egoistą? Czy Siekierkowa, która żyje tak, jak chce, czy Błażej, który żąda, aby inni żyli tak, jak on chce? Z którego z nich świat i ludzie mają więcej pożytku? Czy z Siekierkowej, która idzie przez życie tak cicho, aby nawet jej własny los tego nie zauważył, czy z Błażeja, który przy biciu w bębny hałaśliwie dyryguje swoim losem?

Na czym polega umiejętność życia? Czy ta wyśmiewana i pogardzana przez innych dziewczyna z dworca w Gdańsku wykrzykująca całemu światu „kocham tylko siebie" posiadła tę umiejętność, czy ją utraciła? A może jest tylko mądrzejsza od innych, wie, że świat jest okropny, gdy przyjrzeć mu się dokładnie, i z pobytu na tym świecie może tylko cieszyć się dziecko albo idiota. A przecież poniżające jest być idiotą...

Od bardzo dawna nie zadawał sobie takich pytań. Nawet jeśli odczuwał potrzebę głębszego zastanowienia się nad swoim życiem, zdarzało mu się to bardzo rzadko. Uciekał od takich przemyśleń. Spychał na jakieś nieokreślone później. Bronił się przed nimi, ponieważ musiałby odpowiedzieć sobie na pytania, które ciągle jeszcze przywoływały bardzo złe wspomnienia. Wydawało mu się, że jeśli sobie ich nie zada, to będzie tak, jakby ich w ogóle nie było. Trochę jak dziecko, któremu się wydaje, że jak zamknie oczy, to nikt go nie widzi.

Nie był szczęśliwy, ale nawet jeśli tego nie zaakceptował, to przynajmniej tolerował. Kiedy się coś toleruje, najpierw to coś staje się znośne, a wkrótce zupełnie normalne i zwyczajne. I w tej zwyczajności, pogodzony ze swoim losem trwał. Dzisiaj pierwszy raz poczuł coś w rodzaju sprzeciwu. Nocna rozmowa z Błażejem w Gdańsku uzmysłowiła mu, że popełnia błąd, godząc się na samotność, z której... nic nie wynika. Bo przecież z jego samotności nie wynika absolutnie nic. Nie wybrał samotności, aby tworzyć coś ważnego w niezakłóconym odosobnieniu. Nie wybrał także samotności, aby poradzić sobie z jakimś cierpieniem. Tak było, być może, tuż po śmierci matki, ale to już dawno minęło. Nie poszukiwał także żadnej znaczącej prawdy, którą zazwyczaj nabywa się za cenę samotności. Nagle zdał sobie sprawę, że jego samotność była niekończącą się ucieczką od świata, który go skrzywdził i zranił. Nie bardziej przecież niż innych. I to nie jakichś dalekich obcych, anonimowych ludzi z ekranów telewizora lub fotografii w gazetach, ale tych z jego codziennego najbliższego otoczenia. Jego brat Piotr, kustoszka... Czy życie może bardziej zranić kogoś, niż ją zraniło? Zamiast pogodzić się z tym, że krzywda podobnie jak nagroda należą do ludzkiego losu i przeplatają się nawzajem, on jak rozkapryszony chłopiec obraził się na świat i demonstrował to, izolując się od niego.

Gdy ostatnio, szczególnie kiedy w jego życiu pojawiła się Emilia, zastanawiał się, co skłoniło go do wyboru tej samotności, coraz częściej przyłapywał się na jednym wytłumaczeniu tej decyzji. Po tym jak utracił Martę, przeraziła i przez długi czas paraliżowała go myśl, że już nigdy nikogo nie zdoła tak mocno pokochać. A to przekonanie już samo w sobie popycha ku samotności. Jest z definicji jakimś jej rodzajem. Przekonanie, że otarło się o anioła, że jest się jednym z małej garstki wybranych przez przeznaczenie pomazańców i że to zdarzyć się może tylko jeden jedyny raz na całą wieczność.

Co za bzdury opowiada! I do tego jakim językiem! Brakuje jeszcze tylko, żeby złożył ręce jak do modlitwy albo zaczął sypać sobie na głowę popiół! Jaka wieczność?! Jaki, do diabła, anioł?! Jedyne, co w tym wszystkim anielskie, to wyłącznie jego cierpliwość trwania w tym idiotycznym przekonaniu. Oszołomiony zdecydował... No właśnie, czym oszołomiony?! Miłością czy tylko chemią, którą tak pieczołowicie, zaniedbując wszystko i wszystkich, na atomy rozkłada jego braciszek? Okay, niech i tak będzie. Był oszołomiony, to fakt. Chemia czy miłość, obojętne. Może Błażej ma rację, że to jest to samo. Oszołomiony więc zdecydował się kiedyś na przypisanie władzy nad swoim życiem kobiecie, której to jego życie tak naprawdę nie interesowało. Dlaczego do dzisiaj pozwala, aby o spełnieniu miłości miała decydować w jego życiu jakaś konformistka?

Poza tym przez wczorajszą nocną rozmowę z Błażejem i dzisiejsze nieoczekiwane odnalezienie Jakuba zdał sobie sprawę, jak dużo czasu zmarnował w swoim życiu, co w tym czasie inni mogli przeżyć i co osiągnąć. W ciągu ostatnich dwudziestu czterech godzin zetknął się z dwoma ludźmi, którzy potrafili przerazić i pognębić innych swoimi osiągnięciami. Przy nich zauważało się natychmiast swoją małość, doznawało uwierającego i drażniącego poczucia straconego czasu.

Błażej i Jakub...

Czy są podobni? Czy dla obu każda minuta ich życia miała sześćdziesiąt sekund i czy za każdą z nich gonili? Co pcha ludzi do tej szaleńczej pogoni za uciekającą minutą? Czy jest to, jak twierdzi Błażej, pragnienie „posiadania znaczenia", czy może to, co do dzisiaj pamięta z rozmów z Jakubem, a co on nazwał „zapewnieniem sobie największej możliwej liczby przeżyć"? A może są to jedynie zwykłe ludzkie słabości przejawiające się w postaci pazerności na sukces czy obawie przed porażką? Czy warto tak nieprzerwanie gonić, nie oglądając się za siebie, ponieważ to, co za nami, czego tak pragnęliśmy i takim wysiłkiem zdobywaliśmy, jest jak mały pagórek, który zdobyty służy tylko po to, aby stojąc na nim, wyraźniej dostrzec kolejne szczyty? Nie oglądać się za siebie, ale także nie patrzyć w dół, powoli zapominając, co i kogo się tam zostawiło. Czy Jakub, podobnie jak Błażej, w drodze na górę także zostawił kogoś po drodze i czy też tego nie zauważa?

Wtedy, we Wrocławiu, mieli z Jakubem podobny sposób patrzenia na świat. Podobny poziom entuzjazmu, podobne plany. Mieli nawet podobne marzenia. I podobnie naiwną młodzieńczą wiarę, że te marzenia się spełnią. Któregoś wieczoru Jakub, tuż przed swym tajemniczym zniknięciem, powiedział:

– Najważniejsze to mieć w życiu marzenia...

To było ostatnie zdanie, które pamięta z ich rozmów. Nawet nie wie dokładnie, dlaczego akurat to zdanie. Może dlatego, że kiedy to powiedział, musieli zatrzymać się w trakcie spaceru i tłumaczyć Natalii, co to jest marzenie. Jakub nie potrafił tego w żaden sposób „wymigać". Natalia przewrotnie i trochę kokieteryjnie nalegała, żeby jej tego nie napisał. Ani na kartce, ani na jej ręce. Zamykała oczy, odwracała się i odchodziła kilka kroków. Koniecznie chciała, aby jej to „opowiedział". Wtedy Jakub zaczął wspinać się po ścianie akademika, przy którym się zatrzymali. Zaczął wchodzić do góry i spadać na dół, gdy tynk stawał się zbyt gładki i nie miał na czym oprzeć dłoni. Natychmiast, w innym miejscu ściany, powtarzał to samo. Natalia tego nie zrozumiała. Nie skojarzyła wspinania się w górę po ścianie z marzeniami. Po kolejnej próbie, gdy osunął się po raz kolejny, dał w końcu za wygraną. Podbiegł do Natalii, poprosił ją o długopis i napisał coś na jej dłoni. Wtedy zaczęła całować go po twarzy. Kawałek po kawałku. Miejsce przy miejscu. Marcin przypatrywał się im, czując się jak intruz, który mimowolnie stał się świadkiem czyjejś intymności. Po chwili odwrócił się i bez słowa wszedł do akademika. To był ostatni raz, gdy widział ich oboje. Nawet nie pożegnał się wtedy z nimi.

A on? Gdzie pozostały jego marzenia? Jakie marzenia, do cholery!? On nie ma żadnych marzeń. Ma swoją kanapkę wyciąganą z papieru śniadaniowego w południe, swój obchód muzeum o czternastej i ostatnio, jako najważniejszy cel w życiu, spłacenie kredytu na remont domu, w którym oprócz starej Siekierkowej, od czasu do czasu listonosza i Jamrożego z kolędą raz do roku, nie bywa nikt poza nim samym. Nie, on nie ma żadnych marzeń! I nikt go z tych marzeń nie okradł. Marta także nie. Sam je pogubił po drodze. I niech przestanie już w końcu spychać wszystko na tę biedną Martę!

Nagle poczuł narastającą w nim złość. Zamknął gwałtownie okno i wrócił do biurka. W swoim notatniku zapisał adres e-mailowy ze strony Jakuba i wyłączył komputer. Z szuflady wyciągnął czarny grubo piszący flamaster, którego używał do opisywania skoroszytów. Podwinął rękaw koszuli, odsłaniając przedramię lewej ręki. Na wewnętrznej stronie przedramienia flamastrem napisał dużą cyfrę 1. Zatrzasnął drzwi biura i szybko zbiegł schodami do samochodu.

Następnego dnia rano, stojąc pod prysznicem, przyglądał się swojej ręce i uśmiechając się do siebie, ścierał energicznie gąbką wyraźną jedynkę wypisaną na przedramieniu. Nie wyobrażał sobie, że mógłby, na przykład w biurze w muzeum, podwinąć rękawy koszuli i odsłonić przed kimś ten „tatuaż". Bez wątpienia pomyślano by, że zwariował i w ataku szału niemalże się okaleczył. Gdyby zaczął tłumaczyć znaczenie tej jedynki na ręce, tym bardziej brano by go za wariata. Może nawet niebezpiecznego dla otoczenia. Doskonale wiedział, że świat pomiędzy Biczycami i Nowym Sączem z reguły deklaruje jakieś nagłe i wyraźne odstępstwo od przyjętej normy zachowań albo jako chwilowe zamroczenie alkoholem, co traktuje się z charakterystyczną dla górali wyrozumiałością, pobłażaniem i współczuciem, albo jako chorobę psychiczną, która dla wielu ciągle jeszcze kojarzona jest z rodzajem pogańskiego nawiedzenia przez demony. A ponieważ wszyscy wiedzieli, że on nigdy się nie upija, postanowił, że dla niego samego będzie o wiele lepiej, gdy dokładnie zmyje z siebie ślady wczorajszej nocy.

Ślady wczorajszej nocy, pomyślał. Jak to dramatycznie i literacko brzmi w odniesieniu do tego, bądź co bądź, dziecinnego gestu. Tak jak gdyby mówił o nocy z kobietą, obok której budzi się człowiek rano, z przerażeniem stwierdza, że nawet nie pamięta jej imienia i chce za wszelką cenę się jej jak najszybciej pozbyć. Nigdy jak dotąd nie przeżył takiej „wczorajszej nocy", chociaż ze swoich wyjazdów na zawody hipiczne pamięta kilka tego typu relacji „z urwanego ostrego filmu w kinie nocnym" barwnie i ze szczegółami opowiadanych przez kolegów przy śniadaniu, na które składał się jeden lub dwa kufle piwa. Pamięta także, że zawsze zastanawiał się po takich opowieściach, kogo bardziej mu żal: tych kobiet czy kolegów.

On nie chciał zapomnieć wczorajszej nocy. To, że teraz ściera tę jedynkę ze swojej ręki, nie oznacza, że chciałby usunąć z pamięci wczorajsze postanowienie, które ta napisana w uniesieniu jedynka symbolizuje. Postanowił, że zacznie żyć inaczej. Swoje życie w pewnym sensie zacznie od nowa. Od kolejnego dnia. Dla niego pierwszego.

Gdy na lewym przedramieniu pozostał tylko czerwony ślad po przecieraniu go gąbką i na końcu szczoteczką do rąk, wyszedł spod prysznica. Przeszedł do szafy w sypialni i wysunął dolną szufladę. Na podłogę wyrzucił stertę nakrochmalonych prześcieradeł, powłok i ręczników z czasów choroby matki. Na dnie szuflady pod warstwą wełnianych spranych skarpet, które matka szydełkowała dla niego i jego braci, znalazł swoje dżinsy. Klęcząc na podłodze, obejrzał je dokładnie ze wszystkich stron. Ze zdziwieniem zauważył, że nie różniły się niczym od tych, które ostatnio miał na sobie Szymon, gdy przyjechał z Aśką do niego do muzeum. Podszedł do lustra i wciągnął je na siebie. Schudł przez te dziesięć czy może dwanaście lat, kiedy ich nie nosił. Podszedł do garnituru, który wczoraj wieczorem przewiesił na oparciu krzesła w kuchni, i ze spodni wyciągnął skórzany czarny pasek. Rozgrzał żelazko i zaczął prasować błękitną koszulę, którą wyjął z szafy. Jeszcze ciepłą od żelazka włożył na siebie. Z krawatem w dłoni podszedł do lustra. Przeciągnął go pod kołnierzem koszuli i zaczął wiązać. Przy ostatnim ruchu ręki przez chwilę się zawahał. Odkąd pracował w muzeum, nigdy się tam bez krawata nie pojawił.

Przyzwyczają się, pomyślał, jednym ruchem rozwiązując krawat i rzucając go przez głowę na łóżko.

Wrócił do kuchni. Włączył radio i nastawił czajnik. Podszedł do kalendarza ściennego przybitego gwoździem do framugi drzwi. Ciągle była przedwczorajsza data. Zerwał kartkę. Środa, jedenasty września. Poszedł z krzesłem do komórki i otworzył duży zakurzony karton stojący na najwyższej półce. Spod książek matki wydobył owiniętą w haftowaną chustę świecącą Matkę Boską. W eliptycznym naczyniu z pleksiglasu, za gęstym przezroczystym płynem znajdowała się figurka Matki Boskiej trzymającej na ramieniu Jezusa. Twarz

Matki Boskiej wyglądała jak po nieudanym liftingu, a Dzieciątko miało na stopach buty przypominające adidasy. Gdy potrząsnął energicznie naczyniem, z dna podniosły się małe skrawki białego plastiku, które miały imitować płatki śniegu. Powierzchnię figurki pokryto fosforyzującą farbą, i po naświetleniu świeciła w ciemności. Astronomiczny kicz, pomyślał. Takiego trudno by szukać u sprzedawców podobnego chłamu na straganach rozstawionych przy drodze prowadzącej do klasztoru w Częstochowie. Widocznie na straganach we francuskim Lourdes kupuje się dewocjonalne barachło ze znacznie wyższej półki. Jednego tylko brakowało do prawdziwego jarmarcznego ideału – pozłacanego kluczyka w plecach Matki Boskiej, którym nakręcałoby się pozytywkę odgrywającą pieśń kościelną.

A jednak ten wyjątkowy dowód bezguścia był mu bardzo bliski. W pewien sposób nawet dziwnie uroczysty. I wcale nie przez fakt, że – jak twierdziła Siekierkowa – poświęcił tę figurkę jakiś biskup z Krakowa. Głównie przez to, że kojarzyła mu się z wypełnionymi ciszą i spokojem wieczorami lub nocami wielu lat.

Czytając książkę lub gazetę, czekając, aż matka zaśnie, siedział w kuchni naprzeciwko otwartych drzwi do jej pokoju i co jakiś czas spoglądał w ciemność za framugą drzwi. Gdy dostrzegał delikatną błękitnawą poświatę luminescencji tej figurki stojącej na stoliku nocnym przy łóżku, znaczyło to, że matka zgasiła lampkę nocną i zmawia wieczorną modlitwę. Odczekiwał do momentu, gdy poświata wokół figurki stawała się niewidoczna, wchodził ostrożnie na palcach do pokoju i sprawdzał, czy matka jest okryta kołdrą. Upewniwszy się, że śpi, wracał do kuchni, wyłączał światło i szedł do swojego pokoju. Po śmierci matki jeszcze przez wiele tygodni, gdy siedząc samotnie w kuchni, odrywał na chwilę wzrok od książki leżącej na kuchennym stole, automatycznie odwracał głowę i spoglądał w ciemność za framugą, wypatrując niebieskawej poświaty. To trwało zazwyczaj tylko ułamek sekundy. Zapomnienie i przebłysk nadziei, że może jednak....

Któregoś razu wstał, wszedł do pokoju i schował figurkę w szufladzie stolika nocnego. Po kilku tygodniach owinął ją haftowaną chustą, z innymi rzeczami matki zamknął w kartonie i przeniósł do komórki.

Teraz postawił figurkę na parapecie okna za firanką. Z torby leżącej na fotelu wyciągnął swój telefon komórkowy. Odszukał numer Siekierkowej i zaczął mozolnie – od dawna zastanawiał się, kto wreszcie wpadnie na to, aby to uprościć – wstukiwać treść SMS-a.

Pani Dobrosławo, dobrze, że ma Pani ten maszt GSM na swoim podwórku. Dzięki temu moje życzenia urodzinowe będą mniej spóźnione. Życzę Pani wszystkiego najlepszego. Dopiero dzisiaj wypiję za Pani zdrowie. Marcin

PS Matkę Boską z Lourdes wyciągnąłem z kartonu. Stoi na parapecie okna, tak aby mogła Pani ją zobaczyć, przechodząc obok mojej chałupy.

Był pewien, że Siekierkowa potrafi złożyć w całość trzy SMS-y, na które jego telefon komórkowy podzielił – kiedyś dowie się, jaki geniusz idiotyzmu wpadł na pomysł, aby coś takiego w ogóle robić – wstukany i wysłany tekst. Zaśmiał się na głos, wyobrażając sobie Siekierkową kuśtykającą gdzieś akurat po wsi i sięgającą nagle do przepastnej kieszeni swojej czarnej spódnicy, aby spod różańca, książeczki do nabożeństwa, zapalniczki i paczki papierosów wydobyć telefon komórkowy. Gdyby pracował w dziale promocji operatora telefonii komórkowej, fotografię tej sceny powiesiłby na billboardach w całej Polsce z podpisem: „Życie jest zbyt krótkie, aby nie rozmawiać".

Wrócił do kuchni. Zaczął kroić chleb na kanapki. Sięgając do lodówki po masło, zmienił zdanie. Nie! Nie rozwinie dzisiaj w południe ze śniadaniowego papieru żadnych kanapek z pasztetem! Dzisiaj nie! Gdy o dwunastej wybije dzwon na wieży kościoła, pójdzie do kustoszki i zaprosi ją na obiad, to znaczy na lunch, jak to się teraz nazywa. Wejdzie do jej biura, pocałuje ją w rękę i powie:

– Pani Mirko, sprawiła mi pani wczoraj ogromną niespodziankę. Już dawno zapomniałem, jaka to radość otrzymywać prezenty. A pani dała mi dwa prezenty naraz. Bo to zdanie, że nasze kubki się dotykają... Może znajdzie dzisiaj pani czas, aby przyjąć moje zaproszenie i zjeść ze mną lunch? Moglibyśmy o trzynastej wyskoczyć do miasta i pójść do tej włoskiej restauracji obok księgarni? O czternastej bylibyśmy z powrotem w muzeum.

Będzie patrzył prosto w jej oczy. Nawet gdyby miał zrobić się na twarzy czerwony jak papryka, nie spuści wzroku z jej oczu. Nie, o tym dotykaniu się kubków nie wspomni, może pisała to pod wpływem jakiegoś chwilowego impulsu i dzisiaj... dzisiaj już, być może, nie chce o tym pamiętać lub się nawet tego wstydzi.

Było krótko przed dziesiątą, gdy zaparkował samochód na tyłach budynku na Lwowskiej. Nie pamiętał, kiedy ostatni raz pojawił się w pracy tak późno. Przy drzwiach wejściowych kłębiła się wycieczka młodzieży czekającej na otwarcie muzeum. Rozpoczął się nowy rok szkolny i nauczycielki historii – bardzo rzadko byli to nauczyciele – ze wszystkich szkół w okolicy przyganiały całe klasy na spotkanie z perłami sztuki cerkiewnej i historią rodu Lubomirskich w dziejach Nowego Sącza właśnie we wrześniu. Tak jak gdyby w listopadzie lub lutym sztuka cerkiewna i Lubomirscy tracili na znaczeniu. Już dość dawno wpadł mu do głowy pomysł, aby częściej niż tylko raz w roku przyciągać młodzież do muzeum i zorganizować regularne lekcje muzealne. Gdyby skoordynować to z programem nauki w szkołach i przekonać do tego nauczycielki – nie tylko te od historii, bo przecież można by dogadać się na przykład z Muzeum Nikifora w pobliskiej Krynicy – to zapełnialiby sale muzeum o wiele częściej z korzyścią i dla dzieciaków, i dla muzeum, które nigdy nie miało zbyt dużo pieniędzy. Poza tym taka „działalność edukacyjna na rzecz regionu" świetnie będzie wyglądać w sprawozdaniach do ministerstwa i do ratusza w Nowym Sączu. Był pewny, że udałoby mu się przekonać do swojego pomysłu pracowników muzeum i namówić ich do prowadzenia takich muzealnych lekcji. Postanowił, że zanim cokolwiek zacznie robić, najpierw porozmawia o tym z panią Mirą. Najlepiej już dzisiaj, w trakcie lunchu. Uśmiechnął się do siebie. Przecież ona jeszcze nawet nie wie, że jedzą dzisiaj razem lunch...

Wszedł do budynku tylnym wejściem przy kotłowni i korytarzami przemknął się chyłkiem do swojego biura. Nikt nie musi wiedzieć, że zjawił się w pracy aż tak późno. Prosto od drzwi, ciągle z teczką w dłoni, podszedł do biurka i włączył komputer. I pomyśleć, że jeszcze kilka miesięcy temu tę szarą skrzynkę traktował jak rodzaj trochę lepszej maszyny do pisania...

Zdjął marynarkę, powiesił do szafy i przeczesał dłonią włosy, przeglądając się w pękniętym lustrze przyklejonym do wewnętrznej strony drzwi. Był nieogolony. Ostatni raz golił się przed wyjazdem do Gdańska. To było trzy dni temu!

Jak mogłem tego nie zauważyć w domu?! – pomyślał zdenerwowany. Że też akurat dzisiaj!

Wrócił do biurka. W pierwszej chwili miał ochotę połączyć się z Internetem i sprawdzić, czy Emilia napisała. Miał jej po tych dwóch dniach tyle do opowiadania. Postanowił, że odłoży to na wieczór, i sięgnął po skoroszyt z zaległą korespondencją. Przetarg na wymianę instalacji elektrycznej w budynku, zaległy list od konserwatora książek i starodruków z Krakowa, wyjaśnienie i protest do zakładów wodociągowych za błędnie naliczone należności. Z wysokości sumy, którą obciążano muzeum, można by sądzić, że gdzieś tu znajduje się kryty basen. Odpowiedzi na podania o pracę w muzeum. Tych ostatnich, chociaż nie dawali żadnych ogłoszeń ani do Urzędu Zatrudnienia, ani do prasy, nadchodziło coraz więcej. Prymusi uczelni, historycy, konserwatorzy zabytków, poloniści, socjolodzy, ale także ekonomiści i fizycy, ze znajomością trzech języków i umiejętnością obsługi komputera pisali w swoich podaniach, że „marzą" wprost o pracy w ich małym prowincjonalnym muzeum. To, co czytał w gazetach o bezrobociu w ich rejonie, nie było przesadzone.

Po godzinie ślęczenia nad papierami zrobił sobie krótką przerwę i zszedł na dół. Zatrzymał się w otwartych drzwiach do sali z ikonami. Kustoszka grupie znudzonej młodzieży z przejęciem opowiadała historię ikony Łukasza, starając się ignorować popiskujące telefony komórkowe. Zauważyła go i uśmiechnęła się, przerywając w pół zdania. Szeptem zapytał stojącej najbliżej dziewczyny, gdzie znajduje się opiekun ich grupy. Palcem wskazała na młodą opaloną kobietę w czarnych spodniach, obcisłej elastycznej białej bluzce i przeciwsłonecznych okularach przesuniętych z twarzy na blond włosy spięte w koński ogon. Nie był pewny, czy dziewczyna go dobrze zrozumiała. Rozejrzał się po sali. Wskazana przez uczennicę kobieta nie różniła się zbytnio wyglądem i jego zdaniem także wiekiem od pozostałych dziewcząt. Po kilkunastu minutach kustoszka zamilkła i gdy młodzież powoli zaczęła wychodzić, podszedł do kobiety z okularami we włosach. Przedstawił się i gdy się upewnił, że faktycznie jest nauczycielką, zapytał, czy byłaby zainteresowana muzealnymi lekcjami historii i czy jego pomysł ma szanse akceptacji dyrekcji jej szkoły. Młoda kobieta okazała się wychowawczynią tej klasy. Zaczęli rozmawiać.

– Lekcje historii bezpośrednio w muzeum?! To genialny pomysł! – powiedziała z uśmiechem. – Oczywiście, że byłabym zainteresowana, i jestem pewna, że moja klasa także. Nareszcie można by zobaczyć historię, a nie tylko o niej czytać. Naprawdę superpomysł! – mówiła, poprawiając ręką włosy. – Przekażę natychmiast pana sugestię naszemu dyrektorowi. On także jest historykiem, więc...

Starał się uważnie słuchać. Miała błyszczące wargi, zielonkawe oczy i mały, ledwie widoczny pieprzyk na prawym policzku. Gdy gestykulowała, materiał obcisłej bluzki przykrywający jej lewe ramię obsuwał się, za każdym razem bardziej odsłaniając wąskie ramiączko stanika, którego biel wyraźnie kontrastowała z opaloną skórą. Od momentu, gdy dostrzegł to ramiączko stanika, przestał jej słuchać. Tylko patrzył. Z obawy, że ona zauważy, jak wpatruje się w jej nagie ramię, co chwila starał się przenosić wzrok na jej dłonie, które momentami składała przed sobą. Gdy brała oddech, jej piersi podnosiły się, wypychając obcisłą bluzkę. W pewnym momencie zawstydzony odwrócił głowę, sprawdzając, czy nikt ich nie obserwuje. W sali oprócz nich nie było nikogo. Ręką dał jej znak i po chwili zaczęli wolnym krokiem iść w kierunku drzwi. Na pożegnanie podał jej swoją wizytówkę.

– Zadzwonię do pana po rozmowie z naszym dyrektorem – powiedziała, patrząc mu w oczy.

Musiała zauważyć, że patrzy na jej odkryte ramię. Zaczerwienił się. Podniosła lewą rękę i wpychając kciuk pod ramiączko stanika, przesunęła je delikatnie wzdłuż obojczyka w kierunku szyi. Ramię pozostawiła odsłonięte. Uśmiechnęła się do niego i wyciągając rękę na pożegnanie, dodała:

– Może jeszcze dzisiaj. Do widzenia, panie... – przerwała, spoglądając na jego wizytówkę – panie Marcinie.

Patrzył, jak powoli schodzi po schodach, kołysząc biodrami. Po chwili wmieszała się w grupę czekających przed muzeum uczniów i stracił ją z oczu.

Zamyślił się.

Ze zdziwieniem stwierdził, że nie potrafiłby powtórzyć nic z tego, co mówiła ta młoda kobieta. Tak był skupiony na... No właśnie, na czym? – zastanawiał się. Na strzępku jej przypadkowej nagości czy bardziej na ukrywaniu tego, co czuje, patrząc na nią? Zawsze najpierw wprowadzały go w zawstydzenie, a potem w niepokój takie nagle przychodzące ataki kłującego jak igła pożądania.

Pomimo że przez długie lata był i ciągle jest sam, ale przecież pogodzony ze swoją samotnością, nie traktował siebie jak seksualnego frustrata. Jeśli z czegoś się świadomie rezygnuje, to nie może być mowy o frustracji. Po Marcie, gdy znalazł się w swojej fazie chorego lęku, świat dzielił się na Martę i ludzi bez płci, więc to nawet nie była tak do końca rezygnacja. Później, gdy zachorowała matka, a on opanował swój lęk, zaczął odsuwać, aż w końcu odsunął swoje pragnienia na bardzo daleki plan i tylko czasami, najczęściej gdy odwiedzali go bracia ze swoimi rodzinami, miewał krótkie przebłyski tęsknoty za bliskością i dotykiem. Ale krótkim przebłyskom daleko jest przecież do frustracji.

Tak myślał i tak czuł. Jednakże świat dookoła niego myślał zupełnie inaczej. Ludzi z jego otoczenia, szczególnie tych z Biczyc, nieustannie interesowało jego życie seksualne, a nazywając rzecz dokładnie po imieniu, brak jego życia seksualnego. Na wsi góral od pewnego wieku „musi mieć babę pod pierzyną", bo inaczej „mózg mu się zrobaczy albo mu kiedyś prawa, a mańkutowi lewa, ręka od grzechu uschnie". Wiedział, że we wsi plotkowano na jego temat, opowiadano sobie wieczorami w gospodzie niestworzone historie o jego „wycieczkach do TIR-ówek" lub „sekretnej mężatce w Krakowie". Ignorował to, przemilczał, nie reagował. Ale tylko do pewnego momentu.

Pamięta, jak kiedyś podpity, ale jeszcze nie pijany Wojtuś Kudasik z drugiego końca gospody, tak aby wszyscy słyszeli, krzyknął do niego:

– A ty, Marcin, jako se bez baby te sprawy załatwiosz?! Przecie ty owiecek nawet ni mosz!

Gospoda najpierw zatrzęsła się od śmiechu, ale po chwili zapadła grobowa cisza. Wszyscy czekali na jego reakcję. Kudasik, przez wszystkich, nawet przez dzieci nazywany w Biczycach Kutasikiem, był najbardziej pogardzanym wiejskim łazęgą, parobkującym okazyjnie u bogatszych górali za wódkę lub za najmniejsze pieniądze, które natychmiast co do grosza przepijał. Kiedyś Kudasikowa w rozpaczy wyżaliła się Siekierkowej, że „Wojtuś w tydzień po komunii zabrał rower Marysi, pojechał z nim do Sącza i sprzedał na targowisku za dwie butelki wódki". Marysia, najmłodsza córka Kudasików, dla której ten rower był największym skarbem, odkąd dostała go w prezencie od wuja z Krakowa jako prezent komunijny, budziła się w nocy i konwulsyjnie płakała. Siekierkowa tego samego dnia wpadła wieczorem z furią do gospody, podeszła do Wojtusia i zaczęła laską, a potem różańcem okładać go po głowie, wykrzykując:

– Ty pomyjo jedna, własnego dzieciaka okradłeś, rower od świętej komunii Ruskim na targu za wódkę sprzedałeś! Dzieciaka własnego okradłeś!

Wojtuś uciekł wtedy w popłochu z gospody. Od tego dnia musiał parobkować na wódkę poza Biczycami i stał się dla górali po prostu nikim.

Marcin na tę zaczepkę musiał zareagować. Dopił resztkę wódki z kieliszka, rozejrzał się dookoła i upewniwszy się, że w gospodzie nie ma Siekierkowej, podszedł powoli do Wojtusia. Siedzący najbliżej górale odsunęli się pośpiesznie. Wszyscy we wsi wiedzieli, że „jak Marcin z nerw wyjdzie i przyłoży, to krew leci długo". Stanął obok przerażonego Wojtusia, który zdał się nagle zupełnie trzeźwy, sięgnął po duży kufel, z którego Wojtuś pił piwo, przysunął go na brzeg stołu, otworzył rozporek i zaczął wypełniać kufel swoim moczem. Potem spokojnie zapiął rozporek, postawił kufel Wojtusiowi pod nos, odwrócił się i bez słowa wyszedł przed szpalerem oniemiałych górali.

Od tego dnia mężczyźni we wsi przestali, przynajmniej głośno i publicznie, komentować jego życie seksualne. Kobiety przestały to robić około pół roku później.

Najstarszy syn Ziutka Gąsienicy, Władek, wyprawiał chrzciny swojego pierwszego dziecka. Sprosił całą wieś. Marcin nie przepadał za Gąsienicami, bo obnosili się we wsi ze swoim bogactwem. Wszystko musieli mieć pierwsi, wszystko musiało być największe i wszystko musiało być najdroższe. Gdyby mogli, to na samochodzie wylakierowaliby jego cenę, a na dachu chałupy wymalowaliby sumę kredytu, który zaciągnęli na jej budowę. Tak było od pokoleń w tej rodzinie. Widocznie pycha jest dziedziczna.

Nie miał ochoty wcale tam pójść, ale gdy Siekierkowa ubrana w odświętną chustę i nowe buty zapukała do niego i powiedziała, że bez niego „nie ruszy się z tej kuchni do Bożego Ciała", że „Gąsienica pomyśli, żeś panisko się zrobił i jak tylko wytrzeźwieje, to wszystkim po wsi opowie, żeś nie przyszedł, bo wszystkiego im zazdrościsz", dał się w końcu przekonać.

– Wystarczy, że w kościele byłem i prezent dałem. Co tam po mnie, pani Siekierkowa? Mamrotania pijanego Ziutka Gąsienicy mam wysłuchiwać? – bronił się do końca.

– Ty mi na Ziutka Gąsienicę złego słowa nie mów, Marcinku! On kulturę polubił, Kaziczkowych oper ze mną słuchał i jeszcze teraz, jak mnie spotka, to pyta, kiedy znowu z operami przyjdę do nich. Ręce myj, krawat zasupłaj i prowadź mnie zaraz do Gąsieniców, bo wódkę nam całą wypiją, zanim tam dokuśtykamy.

Wypić całej wódki nie zdołałby nikt. Nawet gdyby chrzciny trwały tydzień. Jak tradycja – u Gąsieniców – nakazywała, skrzynki z wódką stały demonstracyjnie pod ścianą w pokoju, w którym przy stole siedzieli goście. Od podłogi do sufitu skrzynki wódki. Aby tylko nikt broń Boże nie pomyślał, że mogłoby jej zbraknąć. Za skrzynkami stał duży przykryty białym obrusem stół z wystawą prezentów dla Agnieszki Gąsienicy, którą proboszcz ochrzcił rano w czasie specjalnej mszy. Nie zabrakło także nikogo ważnego ze wsi. U szczytu stołu, na honorowym miejscu, siedział proboszcz Jamroży. Zaraz obok niego wójt z żoną. Gąsienica zaprosił także Walczakową, ale, żeby nie budzić żadnych podejrzeń, posadził ją daleko od proboszcza. Obok wójta było miejsce dla Siekierkowej, która bez chwili wahania zażądała od Władka Gąsienicy, by przesunął wszystkich gości, wstawił dodatkowe krzesło obok niej, tak aby „mogła przypijać do Marcinka". Niespecjalnie przejęła się tym, że on pił tylko w czasie oficjalnych toastów, i przypijała przez cały wieczór do wszystkich, którzy mieli pełne kieliszki. Walczakowa bardzo szybko się upiła i nieustannie przekrzykując innych, wypytywała go uszczypliwie:

– A kiedy to będziemy na pana chrzcinach? Ale najpierw chyba na weselu, panie Marcinie, bo już czas najwyższy przecie!

Nie odpowiadał na jej zaczepki, ale słyszał, jak plotkowała na jego temat. Siekierkowa także to zauważyła. W pewnym momencie odwróciła się do niego i szepnęła:

– A ty, Marcinku, nie bądź markotny i zaniechaj. Wszyscy wiedzą, że Walczakowa jest głupsza od słoika powideł. Jak Jamroży może taką na plebanii nocować? Uszu musi nie mieć, jeno oczami się nachapał.

Gdy za którymś razem wyraźnie usłyszał, jak Walczakowa przez stół przekrzykuje do szwagierki Władka Gąsienicy: „Bo to przecie nienormalne, aby zdrowy chłop tak długo bez baby w nocy pokutował!", postanowił, że już czas na niego. Wstał z krzesła i zaczął po kolei żegnać się z wszystkimi. Gdy zaczął dziękować Gąsienicom za zaproszenie, przy stole zrobiło się nagle bardzo cicho. Mało kto w Biczycach wychodził o tak wczesnej porze ze chrzcin, a już z pewnością nikt, poza dziećmi, nie wychodził ze chrzcin tak trzeźwy. Ciszę przerwał skrzeczący głos Walczakowej:

– A gdzie to pana już ciągnie, panie Marcinie? Przecie nie do pustego łóżka?

W tym momencie ucichły wszelkie szmery w pokoju. Wiedział, że wszyscy wpatrują się w niego. Odwrócił głowę w kierunku Walczakowej i spokojnie powiedział:

– A wie pani, spieszę się, bo powietrze mi z kobiety ulatuje. Nieszczelna jest. Muszę ją przed snem na nowo nadmuchać.

Ziutek Gąsienica parsknął w kieliszek, który miał akurat przy ustach, rozpryskując wódkę prosto w oczy proboszcza. Joasia Gąsienica, siostra Władka, zaczęła się histerycznie śmiać i trzymając się za brzuch, wrzeszczała: „Ludzie, trzymajcie mnie, bo nie wytrzymam!". Siekierkowa, mocno już pijana, dostała takiego ataku kaszlu, że straciła równowagę i upadła z krzesłem na podłogę. Wójt z proboszczem Jamrożym jak jeden mąż ruszyli z pomocą, próbując na powrót postawić krzesło z leżącą na nim z zadartymi do góry nogami Siekierkową, podczas gdy wójtowa, klęcząc na podłodze, ściągała rozpaczliwie na dół halkę i spódnicę, które podczas upadku przesunęły się, zakrywając twarz Siekierkowej i odsłaniając jej pończochy i bieliznę. Siekierkowa nie przestawała się śmiać, powtarzając w kółko chrapliwym głosem: „Nieszczelna jest, muszę ją przed snem na nowo nadmuchać...".

Po tym incydencie w trakcie chrzcin Agnieszki, pierwszej córki Władka i Anieli Gąsieniców, także kobiety w Biczycach już nigdy więcej w jego obecności nie odważyły się komentować tego, co dzieje lub nie dzieje się w jego sypialni.

*

Nie odczuwał frustracji, ale momentami odczuwał niepokój. Niepokoiło go i nawet drażniło, że zdarzają mu się te ataki niekontrolowanego pożądania. Był pewien, że w takich momentach kobieta, której to dotyczy, musi natychmiast zauważyć, o czym on myśli, i albo go potępia za to, czując się molestowana, albo w duchu się z niego naśmiewa. Miał zresztą powody, aby tak sądzić.

Pamięta, że gdy zaczął pracować w muzeum, w drodze z Biczyc do Sącza, zaraz po wjeździe do miasta, zatrzymywał samochód i w małym osiedlowym sklepiku kupował codzienną gazetę. Wieczorami, po kolacji, czytał ją matce na głos. Sklepik prowadziły dwie kobiety. Były do siebie podobne, więc przypuszczał, że to matka z córką. Matka mniej więcej w jego wieku, córka nie miała więcej niż dwadzieścia pięć lat. Obydwie były nie tyle atrakcyjne, ile wyzywające. Niezależnie od pory roku zawsze opalone i niezależnie też od pory roku obydwie z przesadą odsłaniały dekolt. Młodsza z nich – zauważał to, gdy zdarzało mu się stać w kolejce – z reguły nie nosiła stanika i gdy obsługując klientów, nachylała się, aby sięgnąć po coś z niższych półek, odsłaniała swoje duże piersi. Któregoś razu zapatrzył się w te piersi i będąc już przy ladzie, w zamyśleniu nie zareagował natychmiast na jej pytanie. Gdy głośno zachichotała, zrobił się czerwony na twarzy i sięgnął do krawata, aby go rozwiązać. Szybko zapłacił za gazetę i wyszedł. Dopiero w domu wieczorem zauważył, że nie wziął tej gazety. Następnego dnia w sklepiku za ladą była starsza kobieta. Gdy skończyła obsługiwać staruszkę stojącą zaraz przed nim, wyszła nagle na zaplecze. Po chwili pojawiła się jej córka. Stanęła przed nim w różowej bawełnianej obcisłej bluzce. Pierwszy zapięty guzik znajdował się pod jej piersiami, ostatni nad jej odsłoniętym pępkiem. Ta starsza stanęła w drzwiach prowadzących do zaplecza i zaczęła go bacznie obserwować. Poprosił o gazetę. Dziewczyna, pomimo że sterta gazet znajdowała się tuż przed nią, celowo schyliła się pod ladę, praktycznie klękając tuż przed nim. W tym momencie zrozumiał, o co chodzi. Zignorował ją i demonstracyjnie odchylił głowę, spoglądając na swój zaparkowany przed sklepem samochód. Gdy wychodził, słyszał śmiech obu kobiet. Od następnego dnia gazety zaczął kupować w kiosku w pobliżu muzeum. Do dzisiaj pamięta to wydarzenie.

Głównie przez wspomnienie wstydu, który wtedy poczuł. Wtedy także pierwszy raz się zaniepokoił, bo zdał sobie sprawę, że te przypływy pożądania wcale nie musiały pozostawać tylko jego tajemnicą.

Przypomniał sobie rozmowę z Błażejem sprzed trzech dni. On wprawdzie nazywał to ogólnie emocjami, ale to był rodzaj myślowego skrótu. Nie tylko jego mądry brat, profesor od molekuł emocji, wiedział coś na ten temat. On także wiedział. Gdy studiował w bibliotece opasłe tomy, aby dowiedzieć się czegoś o swoim lęku, bardzo często natrafiał na opisy, które lęk – szczególnie ten przejawiający się w postaci nagłych ataków paniki – i pożądanie łączyły z sobą. Może te niespodziewane stany podniecenia są rodzajem spóźnionego echa lub atakami czkawki po strachu, który przeżywał permanentnie i intensywnie kiedyś przez długi czas?

W jednym z podręczników psychiatrii zaintrygował go opis niecodziennego eksperymentu przeprowadzonego przez młodą doktor psychologii, bodajże z Chicago, a z pewnością z USA. Zwrócił na ten opis uwagę tylko dlatego, że rozdział rozpoczynał się od zdjęcia autorki, zupełnie niepasującej wyglądem do powagi tej naukowej cegły – wyjątkowo atrakcyjnej blondynki, która bardziej przypominała mu dziewczynę z katalogu damskiej bielizny niż naukowca. Szczegółowo opisywała, jak to rozdawała grupie mężczyzn ankietę socjologiczną do wypełnienia, stojąc przy wyjściu z mostu. Raz, ubrana w krótką spódnicę i celowo rozpiętą marynarkę przykrywającą jedynie czarny stanik, stała przy typowym moście w centrum miasta, a w drugiej części eksperymentu – przy wiszącym moście nad głęboką przepaścią w jednym z parków rozrywki. W obu przypadkach prosiła mężczyzn o wypełnienie ankiety i przesłanie jej pod wskazany adres. Ponieważ była atrakcyjna, mężczyźni jej nie odmawiali. W obu przypadkach informowała ich, że gdyby mieli pytania, mogą do niej zadzwonić, i wręczała im swoją wizytówkę. I co się okazało? Mężczyźni z wiszącego mostu, którego przejście było związane z przeżyciem lęku, dzwonili do niej dużo częściej niż mężczyźni z mostu z betonu i stali, którzy nie byli konfrontowani z żadnym lękiem. Poza tym pytania ankiety były tylko pretekstem do rozmowy. Tak naprawdę większość tych dzwoniących mężczyzn – z próby wystraszonych – chciała się z nią umówić na kawę lub na kolację, wielu chciało nawet przyjść i „przedyskutować tę ankietę" w jej mieszkaniu.

Z wyników swojego eksperymentu wyciągała różne wnioski, ale najważniejszy był ten, że lęk jest bardzo często związany z pożądaniem.

Bardzo go to wtedy zdziwiło. Tym bardziej że w omówieniu i rozwinięciu artykułu atrakcyjnej pani psycholog wydawca książki wspominał, że wyniki tego badania są zgodne z wynikami badań na poziomie neurologicznym. I to zdumiewająco zgodne. Zamieszczał i omawiał encefalogramy sporządzone dla mózgów osób, które doprowadzono zdjęciami pornograficznymi do intensywnego podniecenia seksualnego, oraz porównawczej grupy osób, które po długich ćwiczeniach przygotowawczych miały pierwszy raz w życiu – oczywiste było, że umierają ze strachu – przejść bosą stopą po rozżarzonych do czerwoności węglach. Zamieszczone wykresy były prawie takie same.

On, gdy w swojej fazie lęku się panicznie bał, to albo uciekał jak oszalały, do całkowitego wyczerpania, albo łykał tabletki według swojego naiwnego grafiku. W obu przypadkach lęk mijał, a przynajmniej stawał się do zniesienia. Jeśli kilka lub kilkadziesiąt miligramów czystej chemii w postaci valium czy podobnej substancji mogło wpłynąć na mózg tak bardzo, że człowiek po krótkim czasie przestawał się bać, a nawet czuł rodzaj spokojnej błogości, i jeśli przy tym istnieje aż tak duże podobieństwo pomiędzy strachem a pożądaniem, to musi przecież istnieć jakaś równorzędna chemia, która napięcie tego pożądania zmniejsza lub całkowicie likwiduje. Gdy on czuje pożądanie – nawet dzisiaj, przed chwilą, wobec tej nauczycielki historii – to emocją, która dominuje, jest nieodparte pragnienie dotyku. Patrzył na opalone nagie ramię tej nauczycielki lub na jej unoszące się pod stanikiem piersi i… chciał ich przecież dotknąć. Gdy ludzie czują pożądanie, to chcą być dotykani, dotykają się nawzajem lub, jeśli to jest niemożliwe, dotykają się po prostu sami. I robią to, najchętniej w łóżku, do momentu, w którym napięcie tego pożądania zniknie. Dla większości tym momentem jest orgazm. Dotykiem i reakcją na dotyk wytwarzają w sobie, wewnętrznie, chemię podobną do tej, którą on pobierał z zewnątrz, łykając kolorowe tabletki. W obu przypadkach, lęku i pożądania, ta chemia musi pojawiać się oczywiście w mózgu. W przypadku pożądania najwięcej powinno jej tam być tuż przed, w trakcie lub tuż po orgazmie. I powinna być to chemia, podobnie jak ta w jego tabletkach, która w swoim działaniu w bardzo krótkim czasie – więc musi pojawiać się w dużym stężeniu – uspokaja, rozluźnia, a nawet usypia. Szczególnie, ku niezadowoleniu kobiet, na usypianie podatni są mężczyźni. Poza tym powinna być w stanie zapewnić przez krótki czas najwyższą przyjemność identyfikowaną przez ludzi jako rozkosz. To, że morfina i inne narkotyki działają w taki właśnie sposób, wiadome było od dawna.

Przypomniał sobie, co Błażej mówił o opiatach i o podziwianej przez niego Candace Pert, która jako pierwsza odkryła receptory opiatowe. Nie wiedział wiele o samych receptorach, ale znał nazwisko Pert. Światowiec Błażej mógłby być naprawdę dumny ze swojego małego braciszka zamkniętego na podhalańskiej wsi! Usłyszał o Pert nie z powodu opiatów, ale przy okazji pożądania. Może nie tyle usłyszał, ile wyczytał. I to w historii nadającej się wprost idealnie na scenariusz jednego z tych bezsensownych filmów, które puszczają po północy na Polsacie. Jest w niej wszystko, czego widz po takich filmach może oczekiwać: leje się obficie krew, jest okrucieństwo, jest zwierzęcy seks i na dodatek wszystko kończy się happy endem.

Pert ze swoją asystentką Nancy Ostrowski, która zanim zajęła się orgazmami zwierząt, przez bardzo długi czas nosiła się z zamiarem wstąpienia do zakonu, przeprowadziła jedyny w swoim rodzaju eksperyment. Zamykały w klatce samca i samicę chomików, wstrzykiwały im radioaktywny opiat, który miał konkurować w mózgu z oczekiwanymi tam naturalnymi opiatami podobnymi do morfiny, tyle że wytwarzanymi wewnętrznie, i mierzyły ich stężenie w mózgu. Aby uzyskać dane, zdejmowały samca z samicy w różnych fazach aktu kopulacji, odcinały im głowy, wyciągały mózgi i robiły z tych mózgów rodzaj płynnej zawiesiny – brrr, jak Błażejowi mogło przyjść do głowy, aby nazywać coś takiego koktajlem! – którą następnie umieszczały w probówkach. Nauka potrafi być bardzo okrutna i krwawa. Ale wynik eksperymentu miał swoje szczęśliwe zakończenie. Poziomy wewnętrznych morfin w zmiksowanej zawiesinie z mózgów chomików przed i po akcie kopulacji – jak na razie nie wiadomo, czy chomiki przeżywają przy tym orgazm – różniły się jednoznacznie: o dwieście procent!

Zaspokojone pożądanie, podobnie jak uspokojony lęk, są podobne nie tylko dla psychologa, mają nie tylko podobne wykresy fal mózgowych, ale także podobną chemię. I to nie tylko u chomików! Pert nie zatrzymała się bowiem na badaniu pożądania chomików. Chciała koniecznie udowodnić, że u ludzi ten mechanizm jest identyczny. Trudno było z oczywistych względów zastosować tę samą procedurę eksperymentu u ludzi. Na to nie wpadłby nawet najbardziej perwersyjny reżyser filmów dla Polsatu. Nawet teoretycznie możliwe pobieranie krwi w odpowiednich „momentach", stojąc przy łóżku kochających się ludzi, zaburzyłoby wyniki pomiarów. Pert wpadła na inny pomysł. Zdecydowała się mierzyć poziom tych wewnętrznych morfin – Błażej nazwałby je pewnie bardziej naukowo endorfinami – nie we krwi, ale w innym płynie ustrojowym, w ślinie. Przygotowała specjalnie spreparowane paski gumy do żucia powodującej intensywne wydzielanie śliny i namówiła swojego męża do ich żucia i wypluwania do stojących przy łóżku probówek w różnych momentach ich wspólnego seksu. Zresztą nie tylko Pert i jej mąż to robili. Upartej i charyzmatycznej Pert udało się przekonać do swojego pomysłu większość przyjaciół z instytutu, w którym pracowała. Pomiary dokonane na zdobytym w ten niecodzienny sposób materiale potwierdziły wyniki uzyskane w eksperymencie na mózgach chomików.

Marcinowi po przeczytaniu tej krwawej historii jak ze szpitalnego taniego amerykańskiego horroru wszystko zaczęło się układać w całość. Wszystko z wyjątkiem jednego. Dlaczego i według jakiego schematu udawało mu się wielokrotnie zapanować nad panicznym strachem, gdy biegł jak oszalały, do całkowitego wyczerpania? Okazało się, że nie natrafił na żadne „brakujące ogniwo", bo i w tym nie było żadnej specjalnej tajemnicy.

Przeczytał o tym w „Gazecie Wyborczej", siedząc któregoś dnia w poczekalni u dentysty. I co dziwne – w długim wywiadzie z ministrem spraw zagranicznych Niemiec Joschką Fischerem. Interesował się Fischerem nie ze względu na politykę – politycy byli zawsze dla niego ludźmi, którzy, z powodu życiowych porażek, gdy już nie pozostało nic innego, zajęli się za pieniądze oszukiwaniem ludzi – ale ze względu na jego powierzchowność. Fischer w ciągu niecałego roku potrafił schudnąć o ponad czterdzieści kilogramów. Widział fotografie Fischera przed i po schudnięciu. Na tych ostatnich miał więcej zmarszczek, niż ma Siekierkowa, chociaż był od niej minimum dwa razy młodszy. Zresztą podobny był nawet do Siekierkowej, tyle że ona ma o wiele ładniejsze oczy i gładsze czoło. Fischer musi je marszczyć o wiele częściej. Politycy pewnie tak mają. Zmarszczone czoło uwiarygodnia. Nawet gdy mówi się tylko o pogodzie.

W wywiadzie dziennikarz nawiązał do drastycznej zmiany jego wyglądu. Fischer, nieprzekonująco zresztą, zaprzeczył, że poddał się jakiejkolwiek diecie. Powiedział, że przestał pić wino, zaczął codziennie biegać i ożenił się z młodszą od siebie o dwadzieścia siedem lat kobietą. Notabene jego trzecią żoną. Wcale tego nie ukrywał. Marcina to wyznanie Fischera ogromnie zdziwiło. W Polsce polityk z drugą żoną może zostać najwyżej wójtem. I to tylko w jakiejś wsi na Mazowszu blisko Warszawy lub w Wielkopolsce blisko Poznania. Bo w Małopolsce blisko Krakowa z pewnością nie. Fischer zażartował nawet, że na czele niemieckiego rządu stoi obecnie trzech mężczyzn, którzy w sumie mieli jedenaście żon. To mogło się nawet w przybliżeniu zgadzać. Schröder, gdy został kanclerzem, miał już czwartą żonę. W komentarzu, i to było najbardziej interesujące w tym wywiadzie, wyznał, że bieganie wprowadza go w stan zbliżony do euforii. Wszystkie przemówienia, jakie wygłosił w ostatnim roku, przygotowywał sobie w myślach właśnie podczas biegania. Dodał także, że nie jest wyjątkiem, bo większość biegających ludzi przeżywa po pewnym czasie, gdy robi to regularnie, coś w rodzaju narkotycznego haju, a na haju ma się bardzo wyostrzone zmysły i cięty język tak potrzebny politykom. Te zmultiplikowane żony i haj biegacza Marcin zapamiętał z tego wywiadu bardzo dokładnie. Wkrótce okazało się, że i w przypadku żon, i w przypadku biegania Fischer, mimo że polityk, nie kłamał. Niemiecki minister gospodarki Oskar Lafontain dodał swoje trzy byłe żony i jedną aktualną do jedenastu, a haj biegacza okazał się prawdziwym zjawiskiem neurobiologicznym, który odkrył i potwierdził wiarygodnymi danymi kolega Pert, amerykański fizjolog Peter Farell. Pobierał on krew biegaczom przed i po intensywnym joggingu. Okazało się, że podobnie jak po orgazmie, tak i po biegu poziom narkotyzujących wewnętrznych morfin we krwi badanych kobiet i mężczyzn wzrósł o wartość trzycyfrową. To, że ludzie, koty, myszy i pchły uciekają w popłochu, gdy są wystraszone, nabrało swojego naukowego uzasadnienia. Jego ucieczki przed Martą także.

Tak ścisłe – bo przecież dalej niż chemiczne cząsteczki pójść się już nie da – powiązanie przez naturę mechanizmów strachu z pożądaniem wydawało mu się dziwaczne. Jeśli już, to on, elektryk po politechnice, bardziej kojarzyłby z pożądaniem nie lęk, ale ból. A może to także jakaś inna Pert już dawno skojarzyła, tylko on nic o tym nie wie? Może z pożądaniem kojarzy się każdą z emocji? Patrząc na reklamy w kolorowych czasopismach, można by z pewnością tak sądzić. Będzie musiał kiedyś zapytać o to Błażeja. W każdym razie, gdy przypominał sobie widok siedzącej przed nim Marty sczesującej z włosów krople wody na nagie piersi, to poczuł nie strach, lecz autentyczny przeszywający ból. Czy on, do jasnej cholery, już do końca swojego życia będzie wszystko odnosił do Marty!? Czy ta kobieta...

– Panie dyrektorze! – z zamyślenia wyrwało go wołanie. – Telefon do pana!

Szybkim krokiem minął portierkę stojącą w drzwiach muzeum i zaczął wchodzić po schodach na pierwsze piętro.

– Panie dyrektorze! Niech pan zaczeka! – zatrzymał go głos portierki. – Jakaś kobieta zadzwoniła do mnie na portiernię i pytała o pana. Nie znała pana wewnętrznego numeru, a że stał pan na schodach, to pomyślałam, że nie ma co przełączać tej rozmowy do biura. Jeśli to coś ważnego, zaraz ją poproszę...

– Dziękuję, pani Wando. Nie trzeba. Odbiorę tutaj.

Cofnął się ze schodów i wszedł pospiesznie do ciasnej portierni. Podniósł z blatu stolika sklejoną brudną taśmą słuchawkę telefonu.

– Słucham, w czym mógłbym pani pomóc?

– Marcin? – usłyszał cichy wystraszony kobiecy głos w słuchawce. – Dlaczego cię nie ma? Od trzech dni cię nie ma... Czy powiedziałam coś złego, czy powiedziałam coś niewłaściwego?! Dlaczego cię nie ma? Zawsze byłeś... tak martwiłam się o ciebie!

Ze słuchawką przy uchu odsunął się od stołu i kopnął drzwi. Zamknęły się z trzaskiem.

– Emilia?

– Emilia. Tak. Emilia.

– Byłem w Gdańsku...

Czuł drżenie prawej powieki i suchość w ustach. Oparł czoło o ścienny kalendarz wiszący nad stolikiem i z całych sił przycisnął słuchawkę do warg.

– Byłem w Gdańsku u Błażeja i wróciłem... Nie chciałem cię budzić... co ja mówię... To znaczy nie chciałem cię...

– Będziesz chciał dzisiaj, prawda?

– Było bardzo późno. Już wczoraj tak bardzo chciałem ci wszystko opowiedzieć, ale napisała Karolina i znalazłem w sieci Jakuba, i zacząłem czytać, i on napisał tak pięknie o WTC, i potem pomyślałem, że chciałbym... – mówił potokiem niedokończonych zdań jak mały chłopiec, który bardzo spóźnił się do domu i teraz chce koniecznie jak najszybciej usprawiedliwić się przed rodzicami.

– Będę dzisiaj czekała na ciebie.

– Emilka...

Usłyszał dźwięk odkładanej słuchawki.

– Zaczekaj, proszę!

Przez chwilę wpatrywał się w słuchawkę telefonu. Nie mógł uwierzyć w to, co przed chwilą się zdarzyło. Emilia zadzwoniła do niego! Zupełnie bez zapowiedzi. „Jakaś kobieta zadzwoniła...” – przypomniał sobie słowa portierki. Jakaś kobieta... Coś takiego! To nie jest „jakaś kobieta"!

Inaczej wyobrażał sobie ten moment. Bardziej uroczyście i odświętnie. To nie miało wydarzyć się w pośpiechu, tak znienacka, rano, w obskurnej portierni. Chciał, aby to było po spokojnym, pełnym myśli o niej dniu, wieczorem, gdy będzie sam w zaciemnionym biurze. To miało być dla niego wyczekane zamiast nieoczekiwane. Wyczekane z radosną, pełną napięcia niecierpliwością dzieci spoglądających ukradkiem podczas wigilijnej kolacji na prezenty leżące pod choinką.

Był pewien, że przyjdzie taki dzień, że nie wystarczą mu – wierzył, że jej również – tylko słowa czytane na ekranie komputera i podda się w końcu ciekawości i pragnieniu usłyszenia, w jaki sposób i jakim głosem ona te słowa wypowiada. Ale jak na razie nie był jeszcze do tego momentu przygotowany, przesuwał go w czasie.

Może ona także, nigdy bowiem w ich rozmowach nie pojawiła się prośba o numery telefonu. Emilia musiała odnaleźć numer do muzeum w książce telefonicznej.

Także zupełnie inaczej wyobrażał sobie ich pierwszą rozmowę. Ileż to razy układał ją sobie w myślach! Wiedział, co powie na początku, o co zapyta i nawet wiedział, jak o to zapyta. Czasami także znał już jej odpowiedzi. A teraz? Teraz nie pamięta nawet dokładnie, co jej powiedział przed chwilą. Ale za to pamięta, jaki miała głos. Niski, cichy, zmysłowy, niespokojny, bardziej dziewczęcy niż kobiecy. I smutny. Taki, jaki sobie wyobrażał. Jedynym, czego się nie spodziewał, było charakterystyczne „r", które wymawiała z wyraźnie słyszalną wibracją. Tak bardzo po francusku.

W zasadzie powinien się tego spodziewać. To oczywiste, że po pięciu latach romanistyki skończonej z wyróżnieniem pozostaje wibrujące, gardłowe „r". Odkąd się dowiedział, czym Emilia zajmuje się na co dzień, zaczął uczyć się francuskiego. Nie powiedział jej tego i jeszcze przez jakiś czas nie powie. Kupił w księgarni na rynku podręczniki, kasety do samochodu, płyty CD do domu i biura i każdego dnia czyta, robi wszystkie zadane ćwiczenia, słucha i powtarza wymowę, uczy się na pamięć słówek i wymawia je na głos. Jego „r" jest jeszcze okropne, ale pracuje nad tym. Uczy się w samochodzie, wieczorem w muzeum, w domu przed snem. Któregoś dnia napisze do niej długi list po francusku. Nie żaden tam e-mail! Prawdziwy list! Taki, którego można dotknąć, przytulić, powąchać, poplamić winem lub herbatą jaśminową, dotknąć wargami, schować pod poduszkę albo w kartonie przewiązywanym wstążką, zabrać ze sobą do torebki, zmoczyć łzami lub rozerwać na strzępy. Na prawdziwym papierze, napisany prawdziwym wiecznym piórem. Zacznie od zdania, którego nie odważył się napisać do niej jak dotychczas nawet po polsku: *Je suis heureux que tu sois là…* Cieszę się, że jesteś, Emilio...

Jak ona to powiedziała? „Będziesz chciał dzisiaj, prrrrawda?". Będzie chciał! Prrrawda! *Oui, c'est vrai!* Tak, to prawda!

Odłożył słuchawkę i wyszedł z portierni. Przy schodach zatrzymał się i odwracając głowę w kierunku portierki, rzekł z uśmiechem:

– Pani Wando, niech pani kupi nowy telefon. Taki, jaki się pani najbardziej spodoba. Niech pani weźmie fakturę na muzeum i przyniesie do mnie. Ten, który pani ma w portierni, jest chyba jeszcze sprzed wojny, co?

Portierka natychmiast zgasiła papierosa w metalowej popielniczce i wyciągając chusteczkę higieniczną z kieszeni fartucha, powiedziała:

– Sprzed wojny to ja jestem, panie dyrektorze. Telefon jest dobry, tyle że spadł mi na podłogę parę razy i potrzaskał się trochę. Ma pan na czole... gryzmoły. Musiał pan się spocić i oprzeć się łysiną o mój kalendarz. Mogę panu to zetrzeć, chce pan?

Nachylił bez słowa głowę w jej kierunku.

– Pan jakiś taki inny jest dzisiaj, panie dyrektorze – mówiła, pocierając chusteczką jego czoło. – Jakby, tak na moje oko, z pięć lat młodszy się pan zrobił. Dobrze panu bez krawata. Mój mąż nieboszczyk to tylko do kościoła na nasz ślub krawata zaciągnął, ale na cywilnym to stał jak ten cep bez. A potem to już do śmierci go więcej nie ubierał. Na chrzciny i pogrzeby też nie. Taki był uparty, chociaż on nie góral, tylko Pomorzak. Jeszcze tylko chwila moment, panie dyrektorze, już prawie nic nie widać. Ale do trumny to mu krawat ubrałam. Żeby był tam na górze taki sam elegancki, jako był ze mną przed ołtarzem. O, już gotowe, panie dyrektorze. Może się pan teraz znowu ładnym niewiastom pokazywać. – Patrzyła na niego z zadowoleniem i naraz zaczęła szeptać, rozglądając się nerwowo, aby sprawdzić, czy nikt ich nie podsłuchuje: – A ta nauczycielka, co u nas była i co pan z nią na schodach zagadywał, to Marzenka Piórek, najstarsza córka moich sąsiadów z przeciwka. Dobra dziewczyna, matka powiada, że gospodarna i oszczędna, dzień dobry wszystkim mówi i na noc zawsze do domu wraca. Ona ciągle jeszcze panna na wydaniu. I do tego ładna jak z obrazka. Ale to sam pan widział. – Uśmiechnęła się do niego.

– Dziękuję, pani Wando. Naprawdę dziękuję. Gdyby nie pani, to pewnie chodziłbym z tą pieczątką na czole, przepraszam, na łysinie, przez cały dzień.

– A proszę bardzo, panie dyrektorze. Proszę bardzo. A łysina panu pasuje. Każdemu mądremu pasuje...

Poszedł na górę do biura. Usiadł za biurkiem, próbując skupić się na pracy. Gdy robiło mu się gorąco, sięgał ręką do szyi, próbując rozwiązać krawat, którego nie miał. Wstawał, podchodził do okna, otwierał je, aby po kilku minutach zamknąć, bo zrobiło mu się bardzo zimno. Robił świeżą herbatę, zapominając, że poprzednia wystygła i nieruszona stoi na biurku. Przekładał papiery na biurku z miejsca na miejsce, nie mogąc się zdecydować, który z nich jest ważniejszy. Co go, do diabła, obchodzi nawiązanie „bratniej współpracy" z muzeum w Mińsku? Oni chyba tam na Białorusi ciągle nie zauważyli, że trzeba by zmienić swój papier firmowy i przestać się ośmieszać tą cuchnącą na odległość komuną „bratnią i internacjonalistyczną". Zupełny bezsens! Dzwoniła Emilia... Ciekawe, czy w Ciechocinku jest jakieś muzeum?

Był zdenerwowany, podniecony. Włączył modem. Po chwili usłyszał znajome piski i skrzeczenia. Gdyby miał wybierać najbardziej ulubiony dźwięk, poza muzyką oczywiście, to bez wątpienia wybrałby odgłosy wydawane przez modem podczas łączenia się z Internetem. Wstał od biurka, zamknął drzwi na klucz. Chciał być sam. Po chwili zaczął pisać.

Emilko,

pani Wanda, nasza portierka w muzeum – to ona odebrała Twój telefon – starła mi właśnie pot z czoła po naszej rozmowie. Twierdziła, że miałem pod tym potem odciśnięty na czole jakiś napis. Nie wiem, co tam mogło być napisane, ale jedyne, co mi przychodzi do głowy, to... Twoje imię. Było go pełno w mojej głowie, ale żeby zaraz musiało odcisnąć się na czole? I to od zewnętrznej strony?! Jeśli się to powtórzy, będę zmuszony nie wychodzić z domu, ponieważ ostatnio tak często myślę o Tobie, że ten napis musiałby być na moim czole nieustannie, a ja wcale nie chcę nikomu tłumaczyć, kim dla mnie jest Emilia. Zresztą sobie jak dotychczas sam nie potrafię odpowiedzieć na to pytanie. Wiem tylko, że jest dla mnie ważna i wyjątkowa...

Poza tym pani Wanda powiedziała mi, że wyglądam pięć lat młodziej. Według niej przez to, że nie miałem dzisiaj, po raz pierwszy od chyba właśnie pięciu lat, krawata. Ale to nie przez krawat. Pani Wanda się myli, i to podwójnie. Wcale nie chodzi o krawat i nie o pięć lat. To jest ponad dziewięć lat. Może wyglądam jak ktoś pięć lat młodszy – jeśli to prawda, to już nigdy nie zawiążę krawata – ale czuję się w przybliżeniu jak ja sam przed około dziewięciu laty. Przez długi czas żyłem w przekonaniu, że pewien dzień przed dziewięciu laty był pierwszym dniem mojego życia. Potem przyszedł inny dzień, który sam uznałem, zupełnie bez sensu, za ostatni. Gdybym opowiedział to Twoim koniom w stajni, toby się uśmiały.

Potem, gdy zachorowała moja matka, skończyłem z arytmetyką i w ogóle nie liczyłem dni. Dopiero dzisiaj, to było z pewnością po północy, więc naprawdę dzisiaj, znowu zacząłem. Od pierwszego. Nawet dla pewności napisałem sobie na lewym przedramieniu czarnym grubym mazakiem wielką, widoczną z daleka jedynkę. Tak aby rano, gdy się obudzę, przypomniała mi, co czułem i co postanowiłem w nocy. Ludzie często w nocy mają zupełnie inne emocje niż rano. Nie mówiąc o postanowieniach. Szczególnie mężczyźni.

I tego nowego wyjątkowego pierwszego dnia zadzwoniłaś do mnie Ty!

I czuję się, Boże, czuję się... specjalnie wyróżniony. Szczególnie tym – wiem, to bardzo egoistyczne z mojej strony – że dzwoniłaś tak bardzo zaniepokojona. Wiesz, że żadna kobieta oprócz mojej matki i starej Siekierkowej, o której Ci już tyle razy pisałem, nie powiedziała mi nigdy: „Marcin, tak martwiłam się o ciebie". Żadna. Ta z okresu pomiędzy pierwszym i ostatnim dniem mojego poprzedniego życia także nie. Może tak miało być? Może na takie coś trzeba czekać więcej niż jedno życie?

Nie pamiętam wiele z tego, o czym rozmawialiśmy, ale pamiętam Twój głos. W momencie gdy odłożyłaś słuchawkę, chciałem Ci opowiedzieć o tym, że byłem w Gdańsku. Musiałem tam pojechać. Chciałem tam pojechać. Chciałem porozmawiać z moim bratem Błażejem o...

Nagle usłyszał pukanie. Przestraszony odwrócił głowę do drzwi. Nie był pewny, jak bardzo słyszalne jest stukanie w klawiaturę. Pukanie się powtórzyło. Nie odpowiedział. Ktoś za drzwiami nacisnął delikatnie klamkę. Po chwili usłyszał oddalające się kroki. Dopisał:

Emilko, muszę wracać do pracy. Nawet pierwszego dnia nowego życia trzeba pracować.

Wszystko opowiem Ci dzisiaj wieczorem.

Będę czekał na Ciebie. Tam gdzie zawsze.

Wstał od biurka. Podszedł do otwartego okna i wychylił się, opierając dłonie na parapecie. Zastanawiał się. Po chwili wrócił do komputera i bez wahania podpisał:

Twój Marcin

Wysłał. Wyłączył modem. Przesunął papiery na środek biurka i na palcach podszedł do drzwi. Delikatnie przekręcił klucz w zamku. Wrócił pośpiesznie do biurka i zaczął pisać na kartce brudnopis listu do muzeum w Mińsku. W zasadzie czemu nie? Komuna komuną, ale co mają do tego ikony? – pomyślał, uśmiechając się do siebie.

Słyszał, że na kościelnej wieży zegar wybija jedenastą. Postanowił skończyć pismo do marszałka województwa małopolskiego. To był ich ostatni projekt, któremu poświęcał wiele myśli i czasu. Planowali zwrócić się w najbliższym czasie do kurii w Tarnowie o przekazanie na rzecz ich muzeum, oczywiście nieodpłatnie, przepięknego drewnianego sosnowego kościółka w pobliskiej Łososinie Dolnej. Mogliby go wtedy rozebrać, przenieść do ich parku etnograficznego, tam w skansenie odtworzyć w najdrobniejszych szczegółach i poddać gruntownej konserwacji. Kościółek nabrałby nowego życia. Ale do tego potrzebne są pieniądze. Duże pieniądze. Pan marszałek województwa, gdyby go tylko przekonać do pomysłu, mógłby takie pieniądze komuś odebrać – praktycznie zawsze dostawali tylko „komuś odebrane" pieniądze – i dać im.

Pomijając fakt, że kościółek z Łososiny to prawdziwa architektoniczna i muzealna perełka, ten projekt interesował go także z bardzo osobistych względów. Odnawiając go, zadbałby o coś, co było jak rodzinna pamiątka. Ich matka przez długie lata aż do śmierci przyjaźniła się z rodziną Stosurów z Łososiny Dolnej i często synów, gdy byli jeszcze małymi chłopcami, tam zabierała. Każda taka wizyta kończyła się lub zaczynała w „kapliczce", jak matka nazywała ten kościół. Klękali wszyscy w jednym rzędzie przy drewnianej skarbonie, pokornie schylali głowy i modlili się na głos. Adam często się spóźniał albo zapominał tekstu modlitwy. Matka nigdy na niego nie krzyczała, tylko spokojnie rozpoczynała modlitwę od nowa. Około piątego razu niecierpliwy Błażej miał już tego dosyć, dawał silnego kuksańca Adamowi i albo Adam za szóstym razem powiedział modlitwę do końca, albo zaczynał płakać. Wtedy matka przerywała tę ceremonię i chcąc pocieszyć spłakanego Adasia, zaczynała tulić go do siebie i głaskać po głowie. W obu przypadkach osiągali to, czego wszyscy razem chcieli najbardziej: mogli wyjść przed kościółek i wreszcie się bawić. Kiedyś zimą najstarszy syn Stosurów zabrał aparat fotograficzny ze sobą i poszedł razem z nimi do kapliczki. Do dzisiaj ma pożółkłą i zbrązowiałą na odwrocie, wyblakłą czarno-białą fotografię. Klęczą na obu kolanach przy matce, od najwyższego do najniższego, ze złożonymi przed sobą dłońmi. Nie widać wyraźnie twarzy na tej fotografii. Adaś, który nie potrafił nauczyć się żadnej modlitwy na pamięć, ale przed matką zawsze udawał największego świętoszka, ma na tym zdjęciu głowę pochyloną prawie do posadzki. Widać jedynie twarz Błażeja. Tylko on z całej piątki nie schylił głowy i z udawaną powagą spoglądał dumnie w obiektyw aparatu. Widocznie nawet już wtedy, gdy był ciągle jeszcze dzieckiem, miał problemy z pokorą i pochylaniem głowy przed kimkolwiek lub czymkolwiek...

Marcin skończył pisać list do marszałka. Był z siebie dumny. To nie jakieś zwykłe urzędowe pismo z błaganiem o jałmużnę od prowincjonalnego referenta. To, co napisał, było niemal jak odezwa! I ten tytuł: „Wielce Szanowny Panie Marszałku". Czuł się, jakby pisał do Piłsudskiego. Śmieszyły go czasami tytuły, które nadawano urzędnikom. Przed wyborami ktoś był „panem Zenkiem", a po wyborach nie odwracał głowy, gdy nie usłyszał „panie marszałku". Musi to nim poruszyć! – pomyślał, zacierając ręce z zadowolenia. Powoływał się na troskę o dobro każdej ziemi, ale głównie małopolskiej i nowosądeckiej, na dbałość też o wszystko, ale głównie o skarby kultury narodowej i chrześcijańskiej. Gdzie jak gdzie, ale w Małopolsce „wartości chrześcijańskie" są jak wytrych – wie o tym od dawna – który otwiera skarbonki, państwowe, bo przecież nie własne, pozostające w pieczy prominentów o wszystkich politycznych kolorach. Od czarnego po czerwony. Co ciekawe, czerwoni na wieść o „wartościach chrześcijańskich" wyciągali, jak dotychczas, o wiele więcej pieniędzy ze skarbonek niż czarni.

Zegar przestał bić. Południe. Marcin wstał od biurka, sięgnął do teczki, szukając pakunku z kanapką. Dopiero gdy się upewnił, że nie ma tam zawiniątka w papierze śniadaniowym, przypomniał sobie o zaplanowanym lunchu z kustoszką.

– Dzisiaj żadnego pasztetu! – powiedział ze śmiechem do swojego odbicia w lustrze, sprawdzając, czy pani Wanda usunęła całość tajemniczego napisu z jego czoła.

Na szczęście nie zaczął od „może znajdzie dzisiaj pani czas, aby przyjąć moje zaproszenie i zjeść ze mną lunch", kiedy wszedł do pokoju kustoszki.

– Niech pan siada, panie Marcinie, zaraz będzie herbata. Woda już się grzeje. – Wskazała głową na parujący czajnik, gdy tylko pojawił się w drzwiach.

Siedziała na parapecie okna i potrząsała energicznie dłońmi, jak gdyby coś z nich strzepywała.

– Zabrał pan ze sobą kanapkę? – zapytała z uśmiechem.

– Skąd pani wie, że...

– Że co? Że kanapka w południe? – przerwała mu w pół zdania. – To wiedzą wszyscy w muzeum, panie dyrektorze. Tutaj wszyscy o wszystkich wszystko wiedzą. Wszystko albo nawet więcej. Nie zauważył pan tego jeszcze? Podoba się panu ten kolor? – Wysunęła przed siebie dłonie.

Podszedł powoli.

– Jaki jest pana ulubiony kolor lakieru na paznokciach kobiety?

Chwilę milcząco wpatrywał się w jej dłonie. W pewnym momencie nachylił głowę i delikatnie przycisnął usta do jej lewej dłoni.

– Niech pan uważa! Pobrudzi się pan, nie są jeszcze całkiem wyschnięte... Co pan robi?! – wykrzyknęła. – To znaczy... to znaczy dlaczego? – zapytała szeptem po chwili.

– Dziękuję za pakunek pod moimi drzwiami. Naprawdę dziękuję. Cieszę się, że mamy takie same kubki.

Uśmiechnęła się do niego, nie cofając ręki.

– Kolor jest bardzo ładny. – Spojrzał ponownie na jej dłonie. – Świetnie pasuje do pani włosów. Gdyby był jeszcze odrobinę ciemniejszy, bardziej ciemnowiśniowy, byłby wprost idealny. Ale to tylko

moje zdanie, pani Mirko. Da się pani dzisiaj zaprosić na lunch?
– zapytał niepewnie, patrząc jej w oczy.

Zsunęła się powoli z parapetu. Nie cofnął się. Stanęła na podłodze, całym ciałem opierając się o niego.

– To nie ma pan dzisiaj kanapki? – zaśmiała się. – Tak myślałam. Nie wygląda pan dzisiaj na...

Stała tak blisko, że poczuł jej oddech na szyi.

– Przepraszam, pani Mirko... – powiedział, robiąc pośpiesznie krok do tyłu.

Podeszła do regału, na którym leżała jej torebka.

– Chodźmy – odwróciła się w jego kierunku, stając przy drzwiach.

Gdy znaleźli się na ulicy przed muzeum, zapytała:

– To gdzie mnie pan porywa?

– No... no na lunch. Do restauracji – odpowiedział zaskoczony.

– Ale do jakiej, panie Marcinie?

Zaczerwienił się.

– Nie przychodzi mi żadna konkretna do głowy. Bardzo dawno nie jadłem z nikim lunchu – zaczął się tłumaczyć. – Prawdę mówiąc, z nikim nie jadłem lunchu w Nowym Sączu. To mój pierwszy w życiu lunch – dodał zawstydzony.

– Wie pan co? Jest pan momentami tak rozczulający, że chciałoby się pana przytulić. Chodźmy na rynek. Tam pewnie coś znajdziemy.

Usiedli na zewnątrz pod pomarańczowymi parasolami. Gdy przyszła kelnerka, nie wiedział, co zamówić. Wybrał to co ona. Po godzinie, gdy kończyli jedzenie, zapytał, czy napiłaby się z nim wina do obiadu. Zaczęła się głośno śmiać. Zamówił francuskie. Jakiekolwiek francuskie. Dopiero przy winie przestali rozmawiać o muzeum. Opowiadała mu o swojej ostatniej wycieczce do Krakowa, o spotkaniu jej klasy maturalnej w Toruniu, na które nie wie, czy pojechać, bo to tylko konkurs na to, kto „zestarzał się najładniej", o remoncie w jej mieszkaniu, który trwa tak długo, że „chyba zaczął się dokładnie w tym samym dniu, w którym skończył się poprzedni remont". Opowiadał jej o Biczycach, o swoim przyjacielu Jakubie, którego odnalazł po tylu latach w Internecie, o Siekierkowej, która jest jego zdaniem „najstarszą Polką używającą serwisu SMS", o tym, że myśli o przygarnięciu jakiegoś kota, aby ktoś na niego czekał, gdy wraca z muzeum do domu.

Po trzecim kieliszku wina, gdy zażartowała, że będzie musiał „zanieść ją do muzeum i że najlepiej będzie, gdy wejdą wejściem od kotłowni, aby nie wywołać skandalu", przypomniał sobie, że to tylko przerwa na lunch i że powinni wracać. Zapytał panią Mirę, co sądzi o pomyśle zorganizowania lekcji muzealnych. Spojrzała na niego poważnie.

– To o tym pan rozmawiał z tą blondynką w okularach we włosach? Wyglądała przy tym, jakby miała za chwilę rzucić się na pana... – dodała uszczypliwie, podnosząc kieliszek do ust.

Powiedziała mu, że także czasami myślała o tym, jak przyciągnąć ludzi do muzeum, że pomysł jest świetny i że może na nią liczyć. Chętnie opowie młodzieży wszystko, co wie. Ma nawet pewną wprawę, bo robiła już takie muzealne lekcje wielokrotnie, gdy pracowała jeszcze w muzeum w Toruniu.

– Raz nawet dla klasy Agnieszki...

Zamilkła. Dotknął jej ręki.

– Czy mógłby pan zamówić jeszcze jedno wino? – zapytała po chwili z uśmiechem. – Jak szaleć, to szaleć. Pan też nie zrobił dzisiaj obchodu muzeum o czternastej! Pani Wanda nigdy tego panu nie zapomni. Od kiedy ma pan ten brulion, z którym chodzi pan po muzeum? Sądząc po stanie okładki, musi być starszy niż nasze ikony...

Wybuchli głośnym śmiechem. Dał znak kelnerce. Podeszła do nich z rachunkiem.

– Nie! My jeszcze zostajemy. Prawda, pani Mirko? Jeszcze dwa wina, proszę.

Gdy kelnerka odeszła, pani Mira ściszyła głos i nachyliła się ku niemu.

– Czy mogę pana o coś zapytać? O coś bardzo osobistego?

Spojrzał na nią uważniej, prostując się na krześle.

– Pan wygląda dzisiaj zupełnie inaczej. Gdy wszedł pan do sali dzisiaj rano, w pierwszej chwili pomyślałam, że to pana młodszy brat. Naprawdę! Czy coś szczególnego wydarzyło się przez te ostatnie dwa dni w pana życiu? Czy jest pan... – Przerwała. – Czy jest pan może zakochany?

Zaniemówił. Nie spodziewał się tego pytania.

– Przepraszam pana. Wiem. Posuwam się za daleko. Ale to wszystko pana wina! To pan mnie przecież upił – dodała z głośnym śmiechem.

Po drodze z restauracji zatrzymali się przy perfumerii w rynku. Zaczekał na zewnątrz. Czuł wino w sobie. Bardzo dawno nie pił żadnego alkoholu. Nie przypuszczał, że tych kilka kieliszków wina może tak podziałać na niego. Był rozluźniony i spokojny. Nie czuł żadnego pośpiechu. Nawet gdyby kustoszka dopiero po godzinie wyszła ze sklepu, nie zrobiłoby to na nim żadnego wrażenia. Było mu dobrze i błogo. Jeśli tak czują się każdego dnia w czasie poobiedniej sjesty Hiszpanie, to zaczynał rozumieć, dlaczego jest ona tak ważna w ich życiu...

Oparty o okno wystawowe perfumerii, z ciekawością przyglądał się spacerującym przechodniom. Nie potrafił sobie przypomnieć, kiedy ostatnio był na spacerze. Nie chodził od lat na spacery. On tylko przemieszczał się pomiędzy dwoma punktami. I to głównie samochodem. Biczyce, trasa do muzeum, czasami, wyjątkowo, bank, ratusz lub sklep spożywczy w centrum Sącza. Wieczorem ta sama trasa do Biczyc, tylko w odwrotnym kierunku. A przecież kiedyś bardzo lubił spacerować...

Ubierał matkę. Przenosił ją na rękach na wózek, okrywał wełnianym pledem i pchał przed sobą. Każdy taki spacer był dla matki jak odświętne wydarzenie. Pamięta jej uśmiech, gdy mijali ludzi po drodze. Każdy się zatrzymywał, pozdrawiał, opowiadał o sobie. Gdy nie było zbyt zimno, dochodził do Siekierkowej, wpychał wózek do chałupy i wychodził na zewnątrz. Po godzinie Siekierkowa odprowadzała ich do domu i zostawała u nich do późnego wieczoru. Nigdy nie mogły się nagadać. Matka przykuta do łóżka i Siekierkowa od dziesięcioleci nieopuszczająca wsi potrafiły nieustannie o czymś rozmawiać. Znały się tyle lat, praktycznie nic ważnego w ich życiu się nie wydarzało, a pomimo to zawsze miały sobie coś ciekawego do powiedzenia. Wydawało mu się to niesamowite i na swój sposób wzruszające...

– Ten kolor miał pan na myśli? – usłyszał nagle głos kustoszki.

Stała przed nim z wyciągniętą dłonią. Poczuł zapach lakieru do paznokci. Delikatnie objął nadgarstek jej wyciągniętej ręki swoimi palcami i przyglądał się uważnie.

– Ten na serdecznym palcu, pani Mirko, prawda?

– Nie! Nieprawda! Ten na wskazującym – roześmiała się. – No nic. Przez chwilę brałam pana za wybitnego znawcę kobiecych paznokci. Ale to także bardzo dobra wiadomość! Po pierwsze, znaczy to, że nie ma pan jednak doświadczenia z kobiecymi palcami, i po drugie, że ten lakier, co mam na pozostałych palcach, też się panu podoba, prawda?

Uwolniła delikatnie rękę z jego uścisku.

– Ale chyba teraz już trochę mniej niż w południe? Bo teraz mnie pan nie pocałował – dodała kokieteryjnie. – Nie szkodzi. I tak dostanie pan ode mnie prezent. Pomyślałam, że musi pan całkowicie zaszokować muzeum i zacząć zostawiać po sobie w każdej z sal swój zapach po obchodzie o czternastej. Ten chyba będzie najbardziej pasował do pana nowych dżinsów i tego trzydniowego zarostu, w którym wygląda pan... po prostu intrygująco. – Podała mu zawinięte w folię małe ciemnoniebieskie pudełko przewiązane białą wstążką. – Niech pan się nie pogniewa na mnie, ale muszę coś powiedzieć. W pana dzisiejszym wyglądzie brakowało mi czegoś. Myślałam o tym, patrząc na pana w czasie naszego lunchu. I w końcu odkryłam. Brakowało panu zapachu!

Speszony obracał w dłoniach nerwowo pakunek, nie wiedząc, jak się zachować.

– Dlaczego jest pani dla mnie taka dobra? – zapytał w końcu.

Zignorowała jego pytanie.

– No niech pan w końcu otworzy to pudełko! Chcę natychmiast poczuć, jak to pachnie na pana skórze. Ponieważ nalegał pan na francuskie wino, którym mnie pan tak szarmancko upijał, więc pomyślałam, że ucieszą pana francuskie perfumy. Znam ten zapach od dawna. To „Jaïpur" francuskiej firmy Boucheron z Paryża. Oni robią głównie biżuterię, ale ostatnio także perfumy. Ten moim zdaniem jest... Na co pan czeka? No, niech pan otwiera!

Odwiązał powoli wstążkę, rozerwał folię i wyciągnął elegancką buteleczkę z żółtawym płynem.

– Niech pan mi pozwoli – powiedziała pani Mira, odbierając butelkę z jego dłoni.

Spryskała jego szyję odrobiną płynu, stanęła na palcach, oparła głowę na jego ramieniu i przysunęła nos do jego skóry.

– Zmysłowo! Całe szczęście, że nie pachniał pan tak dzisiaj rano. Ta blondyna opuściłaby przed panem nie tylko bluzkę, ale także i stanik. No widzi pan, co pan ze mną zrobił?! Co ja wygaduję? Przepraszam, panie Marcinie! Nie powinnam pić przy panu wina. Staję się wredna i... zazdrosna. Chodźmy już. Sprawdzimy, czy w międzyczasie nie wyrzucili nas z pracy.

Gdy znaleźli się na Lwowskiej, zapytała:

– Czemu nagle stał się pan taki milczący? Nawet mi pan nie powiedział, czy podoba się panu ten zapach.

– Dziękuję, pani Mirko. Sprawiła mi pani ogromną radość. Perfumami także, ale najbardziej tym, że zechciała pani ze mną spędzić ten czas.

– To ja panu dziękuję. To także był mój pierwszy lunch... z mężczyzną. Od czasu Agnieszki... – dodała cicho.

Nie mógł się doczekać wieczoru. Zrobił obchód sal, dopiero gdy upewnił się, że wszyscy już poszli do domu i został sam w muzeum. Przez niektóre sale przechodził tak jak ktoś zwiedzający muzeum po raz pierwszy, a nie jak ktoś, kto pracuje tutaj od lat i od lat każdego dnia w pomiętym ze starości brulionie inwentaryzuje ikony tak jak magazynier umywalki na zapleczu sklepu z wyposażeniem łazienek. Nie potrafił sobie tego w żaden sposób sensownie wytłumaczyć, ale nawet jego rutynowy obchód był dzisiejszego dnia inny. Zatrzymywał się, wpatrywał się, czytał opisy, w myślach dopowiadał do obrazów historie.

Przy ikonie Łukasza zatrzymał się na dłużej. Przypomniał sobie zachwyt Aśki i jej spontaniczny okrzyk: „Proszę, niech pan nie zapala. Jeszcze chwilę nie. Proszę!". Są momenty w życiu, które chciałoby się zatrzymać na zawsze. A chociaż na trochę dłużej. Na „jeszcze chwilę". Za wszelką cenę nie zapalać światła w obawie, że znikną. Czuł, stojąc pod tą ikoną, że cały jego dzisiejszy dzień był jak taki moment. Co to będzie, gdy któregoś dnia będą spacerować po tych salach z Emilią?

Wrócił do swojego biura około dziewiętnastej, połączył się z Internetem i czekał. Wprawdzie wiedział, że Emilia zazwyczaj pojawia się na czacie dopiero krótko po dwudziestej, ale wydawało mu się, że jeśli wszystko inne tak szczęśliwie zaskakuje go dzisiejszego zwariowanego czwartku, to może i Emilia pojawi się wcześniej. Czekając, pomyślał, że mógłby wykorzystać ten czas i napisać do Jakuba. Otworzył program poczty komputerowej. Pojawiła się wcześniej! Był e-mail od Emilii!

Panie Dyrektorze! (tak nazywała Cię pani Wanda, gdy zadzwoniłam, i „dyrektor" wypowiadała z prawdziwym szacunkiem)

Lubię panią Wandę.

Polubiłam ją od pierwszego wypowiedzianego przez nią zdania „Słucham, muzeum...".

Tak się bałam, że zadzwonię i...

I usłyszę Ciebie.

Usłyszałam głos obcej kobiety. Musiałam się zachować. Urzędowo, poważnie i oficjalnie. Zapomnieć w jednej chwili, że czuję się jak przestraszona licealistka, która w końcu się przemogła i dzwoni do chłopaka: on jej się bardzo podoba, przypatruje się jej w czasie dużej przerwy, ale nie ma odwagi podejść.

Dobrze, że jako pierwszego nie usłyszałam Ciebie.

Bałam się, że to mnie przestraszy, zawstydzi, sparaliżuje i w ciągu jednej sekundy, jak domek z kart, runie misternie w myślach wyreżyserowany plan mojej pierwszej rozmowy z Tobą.

I tak runął – jak sam słyszałeś – ale i tak jestem z siebie dumna, że przedstawienie w ogóle się odbyło. Bo to jest przedstawienie w pewnym sensie. No sam powiedz, czy nie jest rodzajem pełnego napięcia słuchowiska pierwsza telefoniczna rozmowa dwóch osób, które się nigdy nie widziały, wiedzą o sobie już tak wiele, mają wyuczone na pamięć swoje role, ale zupełnie nie znają ról partnera? W moim przypadku słuchowisko zawierało jeden dodatkowy bardzo istotny element dramatyzujący fabułę: Ty, biedaku, nawet nie wiedziałeś, że masz brać w nim udział!

Jeśli Ty także miałeś swoje własne wyreżyserowane słuchowisko pod tytułem „Moja pierwsza rozmowa z Emilią" i ja Ci wszystko zepsułam, to wybacz mi. Musiałam zadzwonić. Chciałam się koniecznie upewnić, że mogę przestać się martwić. Przestać martwić się o Ciebie. Że u Ciebie wszystko dobrze i że zniknąłeś tylko na chwilę, że nie uraziłam Cię niczym i że dalej mam powód, aby zanim wieczorem pojadę do mojego małego pokoiku przy stajni, chcieć malować usta, spryskiwać się perfumami, poprawiać fryzurę, nakładać cień na powieki, malować paznokcie, siedzieć przez godzinę przed otwartą szafą, wkładając i zdejmując sukienki, których nie nosiłam od lat...

Czy lubisz, gdy kobiety noszą sukienki?

1. Tak się bałam, wybierając numer telefonu...

Nie wiedziałam wprawdzie, jak można poznać po głosie kogoś, kogo nigdy przedtem się nie słyszało, ale byłam pewna, że ja mimo wszystko poznam. Tyle razy wyobrażałam sobie Twój głos, że nie mogło być inaczej. Bałam się, że zaniemówię. Albo że Ty zaniemówisz. Tego drugiego bałam się o wiele bardziej. Mogłeś przecież zaniemówić z wrażenia, zaskoczony moim natręctwem i bezczelną próbą wdarcia się do Twojego pozainternetowego życia. Nigdy nie dałeś mi takiego prawa i może wcale nie zamierzałeś mi go kiedykolwiek dać. Bałam się, że dzwoniąc do Ciebie, dowiem się o tym. Boże, jak ja się tego bałam...

2. Tak się cieszyłam, wybierając numer telefonu...

Cieszyłam się głównie na to, że dzwoniąc do Ciebie, przekroczę pewne granice. Minimum dwie ważne dla mnie granice.

a. Po pierwsze, granicę własnej dumy.

Nie jestem dojrzewającą licealistką, a gdybym nawet nią była, to i tak nie zadzwoniłabym do tego chłopaka z dużej przerwy. Moja kobieca duma by mi na to nie pozwoliła! Bo niby dlaczego miałabym zadać sobie trud wyszukania numeru telefonu i zadzwonić do niego pierwsza? Ten chłopak przecież widziałby, jak na niego patrzę, jak wyszukuję go wzrokiem pośród innych, jak się czerwienię, gdy spotkają się, niby przypadkowo, nasze spojrzenia, jak staram się być zawsze w tym samym miejscu szkolnego korytarza, aby mógł mnie tam znaleźć, jak demonstracyjnie przechodzę, czwarty raz (!) w ciągu jednej przerwy, obok niego do toalety, jak na trzy minuty niby się obrażam, odwracając się do niego plecami, gdy zamiast spoglądać na mnie, rozmawia z jakąś małolatą z pierwszej klasy wpatrującą się w niego maślanymi oczami. Ty tego spektaklu, oczywiście w innej, dorosłej postaci, bardziej pasującej do dojrzałej ponadtrzydziestolatki zobaczyć nie możesz. Jeśli tak, to kobieca duma ma mniej powodów, aby być dumna, co jednocześnie przy Twojej chłopięcej roztkliwiającej mnie czasami nieśmiałości – wiem, że bez znaku z mojej strony nie zadzwoniłbyś nigdy, prawda? – odebrało mojej dumie wszelki sens i...

I ta granica stała się raczej łatwa do przekroczenia.

b. Po drugie, granicę mojego dostępu do Ciebie.

Przyjeżdżam na spotkanie z Tobą i sadzam Cię na wirtualnym krześle przed moim komputerem na dwie, maksymalnie trzy godziny w czasie naszych czatów. Czatuję na każde słowo, które napiszesz. Zabieram je ze sobą w pamięci do domu i... tracę do Ciebie dostęp.

Chciałabym – czy wolno mi tego chcieć? – mieć uczucie, że „gdyby co" to jest nie tylko sieć, ale jest także telefon. Stałeś się dla mnie ważniejszy niż inni najważniejsi moi przyjaciele. Oni wszyscy mogą do mnie dzwonić o każdej porze dnia i nocy. I ja do nich. Po to są telefony i po to są przyjaciele. Ukartowałam sobie plan, że gdy zadzwonię do Ciebie pierwszy raz, rozszerzę sobie dostęp do Ciebie. Nie po to, żeby do Ciebie wydzwaniać (proszę, nie obawiaj się tego!), ale żeby mieć uczucie, że mogłabym to zrobić. Uczucie, że mogę coś zrobić, jest dla mnie ważniejsze niż samo robienie tego.

I dzisiaj zrobiłam coś takiego. Zadzwoniłam. Zrobiłam coś, co na początku uznałam za całkowicie niemożliwe. Już wiem, że to potrafię.

3. Taka byłam podniecona, wybierając numer telefonu...

Siedziałam w moim pokoju na poddaszu i udawałam przed sobą, że tłumaczę. Żeby się uspokoić, nie tłumaczyłam artystów, tylko notariuszy. Akty darowizny zawsze mnie uspokajały. Ale tym razem nic z tego nie wychodziło. Nie można tłumaczyć i patrzeć nieustannie na telefon w tym samym czasie, prawda? Trwało to około godziny. Zrobiło mi się bardzo gorąco, choć dzisiaj był chłodny poranek. Otworzyłam okno. Zdjęłam bluzkę. Zostałam w spodniach i w staniku. Siedziałam półnaga z telefonem ściśniętym między udami. Wielokrotnie wybierałam Twój numer. Za każdym razem kończyłam przed ostatnią cyfrą i za każdym razem byłam bardziej przestraszona i bardziej... podniecona. Jakaś dziwna kombinacja uczuć, nie uważasz? Gdy jestem podniecona, to w pierwszej kolejności nabrzmiewają i wilgotnieją mi wargi, tak jak gdybym cały czas myślała o zjedzeniu cytryny, a w drugiej zaczynają napinać mi się sutki moich piersi (anatomicznie i medycznie to brodawki, ale ja tam wolę tradycyjne nazwy; sutki natychmiast sugerują miejsce, które się ssie). Były tak napięte i twarde, że myślałam, że przebiją się przez stanik.

Po rozmowie z Tobą były chyba jeszcze twardsze...

Marcinku, pomyślałam, że zechcesz poznać „krótką historię pewnej rozmowy telefonicznej" i dlatego dzisiaj wyjątkowo już w południe pojechałam do stajni. Najpierw przeczytałam Twój e-mail. Oddaliłam się zaraz potem od komputera, aby być sama. To może głupie, ale ja uciekam od ludzi, gdy jestem bardzo szczęśliwa. Nie chcę się tym z nikim dzielić. Nawet dzielić się powietrzem, którym oddycham w takich momentach. Chcę to przeżywać w samotności. Tylko sama ze sobą.

To chyba musi być uwarunkowane genetycznie. Mój tato też taki był. Powiedział mi kiedyś, że tego dnia, gdy się urodziłam, prosto ze szpitala pojechał rowerem do lasu „posiedzieć sobie na polanie, ze szczęścia, Emilko". Gdy zdałam maturę, zawieźli mnie tam z mamą. Tata zabrał ze sobą małą choinkę i ją tam zasadził. Potem wszystkim w żartach opowiadał, że jest w 4/3 prawdziwym mężczyzną: zbudował dom, posadził drzewo, spłodził córkę i nie zwariował przed jej maturą.

Czy Twój tato też zasadził drzewo? A może zasadził pięć drzew?

Emilia

PS Opowiesz mi o chorobie Twojej mamy?

Nie chciał skończyć czytać. Przewinął ekran ponownie na górę i zaczął od początku. Niektóre zdania i za drugim razem czytał dwukrotnie. Najpierw urzekała go uroczystą czułością, aby, zupełnie bez ostrzeżenia, kilka linijek dalej przejść do odważnego i niczym nieskrępowanego erotyzmu. Przy tym pisała to z taką prostolinijną szczerością, że wszystko wydawało się naturalne. I przypominający fragmenty z pamiętnika nastolatki opis rozterek na temat „czy kobiecie wolno zrobić pierwszy krok", i opis, jakby wyjęty żywcem z „Playboya", nabrzmiałych wilgotnych warg i twardniejących z podniecenia sutków.

W jednej chwili zatęsknił za nastrojem z dzisiejszego popołudnia. Wstał od komputera i zbiegł do samochodu. Pojechał do restauracji w rynku. Kelnerka, która obsługiwała w czasie lunchu, ciągle tam była. Poznała go. Poprosił o wino, które pił w południe.

– Ale całą butelkę. Proszę ją otworzyć dla mnie i potem zatkać korkiem. Czy sprzedajecie także kieliszki?

– Kieliszki? Nie... nie wiem. – Zaśmiała się głośno. – Zapytam szefa.

Nie sprzedawali. Ale mogą pożyczyć, jeśli obieca, że zwróci do jutra. Obiecał. Kelnerka ponownie znikła w kuchni. Bardzo długo nie wracała. Niecierpliwie spoglądał na zegarek. Zbliżała się dwudziesta. Nie chciał stracić ani jednej minuty ze spotkania z Emilią. W końcu kelnerka pojawiła się, niosąc foliową torbę z butelką wina i dwoma owiniętymi w papier kieliszkami.

Dwa kieliszki, pomyślał, uśmiechając się do siebie. No tak, to przecież oczywiste...

Spóźnił się. Gdy wrócił do biura, Emilia czekała już na niego. Nalał wino i duszkiem wypił pierwszy kieliszek. Napełnił go ponownie i postawił przy klawiaturze. Zaczął wstukiwać pierwsze zdania:

Oui, c'est vrai!
Barrrdzo chciałem dzisiaj spotkać Ciebie...

Nigdy dotychczas ich spotkania nie kojarzyły mu się z „randką". Zresztą już samo słowo „randka", jego zdaniem, trywializowało to, czego po takich spotkaniach oczekiwał. Wydawało mu się poza tym zbyt melodramatyczne, cukierkowate, dziecinne, niepoważne dla kogoś w jego wieku. Dla niego były to po prostu „rozmowy z Emilią". Dzisiaj jednakże po raz pierwszy przeżywali – nie miał co do tego najmniejszych wątpliwości – swoje najprawdziwsze rendez-vous. Ze wszystkim melodramatycznym i słodko-cukierkowatym, co do niego należy. Dzisiaj go to nie drażniło i wcale mu nie przeszkadzało. Dzisiaj tego właśnie pragnął i dzisiaj sprawiało mu to ogromną przyjemność. Żartowali, flirtowali, byli uwodzicielscy, zaskakiwali się dwuznacznościami, okazywali sobie czułość, zadawali sobie niedyskretne pytania i jeszcze bardziej niedyskretnie na nie sobie bez wahania odpowiadali. Po raz pierwszy pisali o dotyku. Nieśmiało i mimochodem. Dokładnie tak jak dąży się do dotyku w czasie pierwszej randki: przypadkowe spotkania dłoni wyciągniętych w tym samym momencie po bilet w kasie kina, pocieranie palcem skóry nad wargą, gdzie został okruch po serniku w kawiarni, przypadkowe objęcie w autobusie, który zbyt gwałtownie zahamował przed skrzyżowaniem, nagłe dotknięcie wargami włosów w zatłoczonym tramwaju. Tyle że oni nie mieli ani autobusu, ani tramwaju, ani kina. Musieli opowiedzieć swój dotyk słowami. I opowiadali go na najróżniejsze sposoby. W pewnym momencie napisała:

Dotknąłeś mnie...
Znowu inaczej.
I znowu tak jak lubię.
Czy nie uważasz, że pewne doznania są możliwe tylko przez kable łączące dwa komputery? Dwa światy, dwa życia, dwie wyobraźnie, ale jedno zdumienie, gdy coś, na odległość, czujemy tak samo?
Gdzieś przeczytałam, że Eskimosi mają ponad osiemdziesiąt słów, którymi nazywają śnieg.
Może jeśli coś jest dla kogoś ważne i odwieczne, to zaczyna się to nazywać na tysiąc sposobów.
Zaczynam rozumieć Eskimosów.
Całe szczęście, że na Grenlandii nie piszą o śniegu po francusku!

Zaczynali powoli splatać ze sobą swoje biografie i swoje światy. Rozpoznawać i kojarzyć z konkretnymi osobami imiona ludzi, którzy mieli znaczenie dla losów ich obojga. Ona zaczynała o Błażeju pisać „Błażej" zamiast „Twój starszy brat z Gdańska", on o Martynie „Martyna" zamiast „Twoja najlepsza koleżanka z roku". On zaczynał „podziwiać pana Michała od stajni", ona „zakochiwała się powoli w Siekierkowej".

W pewnym momencie napisała:

Już czas na mnie.
Gdy wrócę do domu, pierwsze co zrobię, to pocałuję swój telefon. Potem zdejmę sukienkę i na metce z instrukcją prania i prasowania grubym flamastrem napiszę cyfrę 1. Tak dużą, jaka tylko się zmieści. Będzie mi łatwiej wyszukać ją z szafy następnym razem. Gdybym zapomniała, że miałam ją dzisiaj na sobie. Ale nie zapomnę. Następnie rozepnę stanik, by sprawdzić, czy nie ma dziur...

Wiem, że zasnę dzisiaj bardzo późno. Ale to nic nie szkodzi. Zacznę tłumaczyć „Małego Księcia" po raz dziewiąty. Jestem pewna, że Saint-Exupéry będzie tym razem zachwycony.

Je suis heureux que tu sois là.

Dobranoc

Twoja Emilia

PS Nie opowiedziałeś mi o Twojej mamie. To moja wina. Uwodziłam Cię, nie dając Ci chwili wytchnienia, prrrrrawda? Opowiesz?

PPS Czy pani Siekierkowa ma dostęp do Internetu w swojej chałupie?

Od tego wieczoru zawsze tak wyglądało jej pożegnanie: „Twoja Emilia". Nie potrafił zdefiniować, co tak naprawdę znaczy „Twoja". Jej nigdy o to nie zapytał. Ale tak było dobrze. Tak jak jest. Nie potrzebował żadnych definicji. Już raz chciał coś zdefiniować i potem umierał ze strachu. Chciał tylko, żeby była i żeby to trwało. Żeby czekał na wieczór już przy goleniu się rano, żeby chciał jej o tym czekaniu opowiedzieć i żeby ona, każdego dnia inaczej, się tym zachwycała.

I trwało...

Na metkach kolejnych sukienek pisała jedynki, zakochała się bezwarunkowo w Siekierkowej, przypominała mu, żeby opróżnił pralkę nastawioną poprzedniego wieczoru, wiedziała, jak na imię ma kelnerka przynosząca mu wino w foliowej torbie, znała na pamięć rozkład sal w muzeum i pokoi w jego domu, martwiła się razem z nim o Błażeja i Sylwię, bywała zazdrosna o kustoszkę, była...

Po prostu była w jego życiu. Tak jak żadna inna kobieta dotychczas. I to było najważniejsze. Rozumiała go. Uczucie wynikające z przekonania, że wreszcie spotkał kogoś, kto go do końca i ostatecznie rozumie, było dla niego ważniejsze niż wszystko inne. Któregoś wieczoru napisał do niej:

Zawsze mnie to zastanawiało, dlaczego ludzie się nie rozumieją. Dotychczas wydawało mi się, że jedyną osobą, która mnie rozumie, i to też nie do końca, jest ekspedientka w sklepie.

Odkąd jesteś, już tak nie myślę...

Wcale nie musiał nazywać tego, co odbywało się między nimi. Nie odczuwał też potrzeby określania jakimś terminem jej roli w swoim życiu. Nie była w żadnym wypadku ani „jego wirtualną kochanką", ani też „jego kobietą z netu". Te określenia go raziły. Odbierały godność temu, co działo się między nimi. Poza tym jak dotychczas, myśląc o niej, cierpliwie i wytrwale bronił się przed używaniem słowa „jego". W każdym dotyczącym jej kontekście. Ale to jej pierwszej chciał powiedzieć, że wieczorem poczuł się bardzo samotny i było mu smutno i źle, że w niedzielę wyszedł o świcie na Banach, spojrzał na góry i był bardzo szczęśliwy lub że oglądał w telewizji po raz czwarty „Zaklinacza koni" i płakał, czwarty raz przy tych samych scenach. Jej pierwszej. I jedynej...

Mijały miesiące. Zaczynał się grudzień. Rozmawiali na czacie. Pisali e-maile. Zadzwonił do niej w tym czasie tylko dwa razy. Ten pierwszy raz wcale nie był taki, jak planował. Nie było to „wieczorem po wyczekanym, pełnym myśli o niej dniu". Zadzwonił do niej dwudziestego pierwszego listopada, we czwartek. Około czwartej nad ranem.

*

Najpierw myślał, że to budzik. Zaspany wychylił spod kołdry rękę, aby go uciszyć.

Dzwonienie nie ustawało. Po chwili rozpoznał dźwięk dzwonka swojego telefonu komórkowego. Wstał i po omacku, obijając się w ciemności o meble, szukał swoich spodni. Telefon, jeśli nie zapomniał zabrać go z samochodu, zazwyczaj trzymał w kieszeni spodni. Dzwonienie wciąż nie ustawało. Klęknął przy fotelu, na którym przewiesił spodnie, i zaczął przeszukiwać kieszenie.

– Halo... – powiedział do słuchawki, siadając na podłodze i opierając się plecami o fotel.

– Marcin? To ja, Sylwia... – usłyszał niepewny głos po drugiej stronie.

Płakała.

– Sylwia, co się stało? Dlaczego płaczesz? Sylwia!?

– Przepraszam, że cię obudziłam. Tutaj jest dopiero wpół do siódmej.

– Gdzie jesteś?

– W San Diego. Ale to nieważne. Marcin, słuchaj... Jestem z niego taka dumna. Gdy skończył wykład, wszyscy na sali wstali z miejsc i klaskali. I on wtedy powiedział do mikrofonu, że najbardziej dziękuje... Marcin...

– Co powiedział?

– No, że najbardziej mnie dziękuje... I wtedy wyszłam, żeby do ciebie zadzwonić. Marcin, dobrze, że przyjechałeś wtedy do Gdańska. Zostajemy tutaj na pół roku. Błażej znalazł już szkołę dla Ilonki. Nie gniewaj się, że cię obudziłam. Muszę kończyć...

*

Poszedł z telefonem do łazienki, obmył załzawioną twarz i pierwszy raz w życiu zadzwonił wtedy do Emilii.

Drugi raz zadzwonił, gdy przyszła odpowiedź na jego e-mail do Jakuba. Przeczytał ją dopiero około północy. Nie chciał czekać z tą wiadomością do następnego dnia. Emilia często wracała do tematu Jakuba w ich rozmowach. Była także na jego stronie internetowej. Więcej niż o Jakubie chciała wiedzieć o Natalii. Fascynowała ją ta para. Musiał jej wielokrotnie opowiadać o tym, jak Jakub traktował kalectwo Natalii – jakby była to po prostu jej przyrodzona cecha. Tak samo jak kolor oczu lub karnacja.

Przeczytał e-mail Jakuba przez telefon.

Nie mogłem uwierzyć, że to naprawdę Ty. Bardzo rzadko sprawdzam moją skrzynkę na „epost.de", ale tego dnia zatrzymałem się na jeden dzień w Paryżu. W Paryżu mieszkam zawsze w hotelu Relais Bosquet koło wieży Eiffla. W recepcji hotelu mnie znają i dobrze wiedzą, że muszę dostać pokój z komputerem i dostępem do sieci. W Paryżu też zawsze sprawdzam tę skrzynkę. Przeważnie jest tam mnóstwo spamu, ale raz w roku, osiemnastego lipca, jest zawsze jeden ważny dla mnie e-mail. W zasadzie utrzymuję tę skrzynkę tylko dla tego jednego e-maila. I zawsze chcę go przeczytać właśnie w Paryżu...

Marcin, stary koniu!

Ile to lat? Policzysz za mnie dokładnie? Matematycy mają kłopoty z liczeniem do tyłu. Nawet ci z habilitacją. Ciągle jeździsz na koniach czy już reumatyzm Ci nie pozwala?

Sprawiłeś mi ogromną radość. Wróciłem do szczęśliwej, chyba naj-szczęśliwszej mojej przeszłości. Ciągle pamiętam, jak oblałem Cię kompotem w stołówce! Czereśniowy, prawda? Pamiętam też Twoje opowieści o górach. Pozdrowiłem Natalię. Ona Cię bardzo lubiła. Cza-sami byłem o to nawet zazdrosny. Byłeś przystojniejszy niż ja. Poza tym ona uważała, że masz najbardziej błękitne oczy, jeśli nie w Polsce, to przynajmniej we Wrocławiu. Denerwowało mnie trochę, że wpatru-je się w Twoje oczy. Całe szczęście dla mnie, że nie potrafiłeś migać...

Pozdrowiłem Natalię. Wirtualnie. Piszę czasami do niej e-maile i opowiadam jej, co tutaj się wydarza. O tym, że Marcin, ten góral, się odezwał, też jej napisałem. Jestem pewny, że się ucieszyła.

Natalia nie żyje.

Umarła tuż przed operacją. Wtedy we Lwowie. To był wypadek. Zapadłem się potem pod ziemię. Zniknąłem. Chciałem zniknąć. Dla wszystkich. Dla Ciebie także. Wybacz mi, proszę! Kiedyś Ci to wszystko dokładnie opiszę. Zaraz po moim powrocie do Monachium pogadamy, okay?

Jestem tylko przejazdem w Paryżu. Jutro lecę dalej. Do Princeton. Robię tam ważny projekt. Gdy lecę do Stanów, to zawsze przez Paryż.

Nie wiedziałem, że Błażej to Twój brat! Wasze nazwisko jest tak po-pularne, że nie wpadło mi to do głowy. Nigdy mi o nim nie opowiada-łeś. Znam Błażeja z jego artykułów. Świat jest taki mały!

Teraz muszę kończyć. Napiszę więcej z Monachium. Cieszę się, że mnie odnalazłeś!!!

Jesteś szczęśliwy tam w tych górach?

Uważaj na siebie.

Jakub

PS Nie mogę pozdrowić ani mojej żony, ani dzieci. Może kiedyś...

PPS Pisz na moją skrzynkę do instytutu. Chcę Twoje e-maile czy-tać nie tylko w Paryżu!

*

Od ich „pierwszego" wrześniowego dnia była w „swojej stajni" praktycznie każdego wieczoru. Tylko jeden raz zniknęła na kilka dni. Wtedy najbardziej odczuł, jak pustoszeje jego życie bez niej.

Nie wiedział, dlaczego wtedy znikła. To było około trzech tygodni po rozmowie telefonicznej i ich „pierwszej randce". Najpierw rozmawiali długo wieczorem. Potem, gdy ona jak zwykle wróciła do domu, został jeszcze w biurze i napisał do niej e-mail. Tego dnia była rocznica śmierci jego ojca. Pomyślał, że to najlepszy dzień, aby jej o nim opowiedzieć. Napisał jej także wtedy o matce i o jej chorobie. O ich bliskości, o jej pokorze w przyjmowaniu swojego kalectwa, o jego podporządkowaniu się do życia przez osiem lat z kimś na wózku inwalidzkim, o radościach wspólnych wieczorów z matką, o niepotrzebnej i drażniącej go momentami wdzięczności jego braci „za poświęcanie się dla mamy w imieniu ich wszystkich". W tym samym e-mailu – długo się wahał, czy to odpowiedni moment i czy jej tym nie urazi – napisał:

Śnią mi się ostatnio – a ja przecież jeszcze do niedawna nie miałem żadnych snów – Twoje sukienki i Twoje podziurawione staniki. W moich snach stajesz w butach na wysokich obcasach przede mną i przymierzasz je po kolei, pytając mnie o zdanie. Przy każdej kolejnej sukience i kolejnym staniku zapraszam Cię do tańca. Chociaż – potraktuj to jako ostrzeżenie (!) – ja zupełnie nie potrafię tańczyć. Godzinami nie mogę się zdecydować. W końcu naga podchodzisz do szafy, wyciągasz z niej habit zakonnicy i wkładasz go na siebie. Jest bardzo obcisły. Sutki Twoich piersi wypychają materiał. Zakrywam je moimi rękami i... i wtedy się budzę.

Ciekawe, jak Freud skomentowałby mój sen? Pewnie powiedziałby, że jest on „korektą niezaspokojonej rzeczywistości" albo coś podobnego...

Wróciła po kilku dniach. Wszedł po raz chyba setny tego dnia na czat i za sto pierwszym razem po prostu była.

Mogłabym dla Ciebie wkładać i zdejmować tysiąc staników i dwa tysiące sukienek. Mogłabym także dla Ciebie rozebrać się z habitu. Tylko nie proś mnie do tańca. Nawet w snach. Nie potrafię tańczyć. Ale się uczę. Obiecuję Ci, że się nauczę! I zatańczymy! Zobaczysz...

Tak postanowiłam i wykrzyczałam to całemu światu przedwczoraj na plaży w Świnoujściu. Mało kto to słyszał, bo był bardzo silny wiatr. Ale najważniejsze, że ja to usłyszałam.

Potem przez dwie godziny piłam z butelki moje ulubione bordeaux i pisałam list do Ciebie. Czasami płakałam. Pewnie przez to wino. Gdy butelka była opróżniona do ostatniej kropli, wepchnęłam do niej kartki z moim listem, zatkałam szczelnie korkiem i wrzuciłam do morza. Jestem pewna, że kiedyś ją znajdziesz, spacerując po jakiejś plaży, i przeczytasz mój list z dna butelki. Poznasz z łatwością, że to moja. List pachnie moimi perfumami, odcisnęłam na każdej stronie moje usta (specjalnie zabrałam szminkę na plażę), a do butelki oprócz listu wrzuciłam także małą białą muszelkę (tylko taką malutką dało się tam wepchnąć) i srebrny kolczyk, który zdjęłam z ucha. Zdjęłam także mój stanik, ale nie chciał przejść przez szyjkę butelki.

Byłyśmy z mamą w Świnoujściu przez kilka dni. Tam mieszka mój ulubiony wujek, młodszy brat mojego ojca, i tam także jest grób mojego ojca.

Lubię morze. Gdy byłam małą dziewczynką, to kiedy już przestałam chcieć być wychowawczynią w przedszkolu, marzyłam, by zostać marynarzem.

Potrzebny był mi ten wyjazd. Musiałam sobie w życiu poustawiać priorytety i odpowiedzieć sobie, co w życiu jest dla mnie ważne. Na początku listy ustawiłam teraźniejszość. Teraźniejszość jest od teraz dla mnie najważniejsza. Wcale nie przyszłość! Nie chcę już więcej na nic czekać. Nie chcę, aby ktoś wysłał do mnie SMS-a, wyznał mi miłość, napisał, że chce ze mną spędzić resztę życia, a potem okazało się, że pomylił numer telefonu.

Wrrrrróciłam i już teraz będę.

PS Wiesz, że nawet tam nad morzem myślałam o pani Siekierkowej? Są tacy mężczyźni lub takie kobiety, które chciałoby się sklonować. Dobrosławę Magdalenę Siekierkową z Biczyc koło Nowego Sącza chciałabym sklonować. Na wielką skalę!

I od tego dnia już nieprzerwanie była. Po wieczorach z nią wracał do domu w Biczycach, siadał przy herbacie w kuchni i tęsknił. Nie za rozmowami. Tęsknił za nią.

Czy można za kimś tęsknić i cieszyć się tym? – zastanawiał się którejś soboty.

Obudziło go ujadanie psa w sąsiedztwie. Ostatni weekend przed Bożym Narodzeniem. Tej soboty nie musiał wstawać, aby pojechać do muzeum. Jego dyżur – weekendowe dyżury, kiedy było najwięcej odwiedzających, dzielił na przemian z kustoszką – przypadał tym razem w niedzielę. Bezskutecznie próbował zasnąć. Świtało.

Wstał, obmył twarz zimną wodą. Wyszedł z domu i ruszył drogą w kierunku chałupy Siekierkowej. Patrzył, jak igiełki szadzi oblepiają zastygłe w bezruchu pojedyncze źdźbła trawy. Zeschłe gałęzie i osty polukrowane spiczastymi kryształami, płoty spowite zamarzniętą mgłą. Bajkowe drzewa powleczone białą koronką, jaką widział na brzegach serwet pieczołowicie dzierganych przez jego matkę. Porcelanowy poranek w Biczycach. Odświętny jak góralskie dziewczynki maszerujące do pierwszej komunii.

Góry spowite poranną mgłą majaczyły w oddali. Mieszkał w Biczycach od urodzenia i odkąd pamiętał, zawsze zachwycał go i uspokajał widok gór. Świat dzięki nim miał swój porządek i swoją miarę. Wszystko przemijało, a majestatyczne góry zawsze były takie same.

To była dziwna zima. Bezśnieżna. Śnieg leżał tylko wysoko w górach.

Minął chałupę Siekierkowej i z głównej drogi skręcił w boczną leśną ścieżkę. Po kilkuset metrach przedzierał się przez ogołocone z liści, pokryte szadzią krzaki jeżyn do porośniętej stwardniałym od zimna mchem stromej skarpy. Gdy był małym chłopcem, przychodził tutaj czasami z matką. Matka wyciągała z siatki książkę, on kładł głowę na jej kolanach, zamykał oczy i wyobrażał sobie historie i miejsca, o których mu czytała.

Książki były dla jego matki substytutem świata, którego nigdy nie poznała, a za którym czasami tęskniła. Nie miała do nikogo żalu, że ten świat zna tylko z książek. Nie uważała, że cokolwiek poświęciła, żyjąc w Biczycach. Tak żyła jej matka i tak żyła także matka jej matki. Daleki świat był dla innych i pogodziła się z tą myślą. Zresztą daleki świat wydawał się jej nie tylko piękny i tajemniczy, ale także niebezpieczny i groźny. Opowiadała, jak pierwszy raz rodzice zabrali ją do Nowego Sącza na odpust. Była bardzo niespokojna, gdy oddalili się od Biczyc na tyle, że nie było słychać dzwonu na wieży kościoła. Gdy ona była dzieckiem, kościelny dzwon wyznaczał swym dźwiękiem odległość. Dla niej daleki świat zaczynał się już tam, gdzie nie mogła dosłyszeć tego dźwięku...

Usiadł na skarpie. Rozmyślał o Emilii. Jakie ma oczy? Jakie dłonie? Chciałby usłyszeć, jak wypowiada jego imię. Nie przez telefon! Ale tak naprawdę. Patrząc mu w oczy, gdy siedzi przy niej. I nie na jakimś wirtualnym krześle, na którym go sadza, ale na prawdziwym. Drewnianym. Z sękami i historią. Nigdy do końca nie opisała, jak wygląda. Nigdy także jak dotychczas nie przysłała mu swojej fotografii. Kiedyś nieśmiało – może zbyt nieśmiało – poprosił ją o to, ale gdy przez kilka kolejnych dni nie reagowała na tę prośbę, nie odważył się poprosić drugi raz.

Wiedział, że ma długie włosy, które zawsze przed jazdą konną musiała ciasno upinać, aby zmieściły się pod toczkiem. Wiedział, że ma zielonkawe oczy, wiedział, że ma długie dłonie, wiedział, że drugi palec u jej stóp jest o wiele dłuższy od pierwszego, wiedział, że zasypia na prawym boku twarzą do ściany, wiedział, że nigdy nie słodzi herbaty, wiedział, że uwielbia kisiel malinowy z pięcioma czubatymi łyżeczkami cukru, wiedział, że kąpie się w wannie napełnionej wodą tylko do połowy, bo „woda może kiedyś się skończyć". Wiedział, że lubi być w łóżku, otulona po szyję kołdrą, gdy na dworze jest burza lub pada deszcz. Wszystko to i jeszcze innych tysiąc rzeczy wiedział o niej. I może dlatego, że wiedział to wszystko, tak bardzo za mało było jej w jego życiu.

Tęsknił za nią. I tam, na tej skarpie, drugi raz tego dnia zdał sobie sprawę, że sprawia mu radość ta tęsknota. W poniedziałek powie jej o tym. Powie wprost. Najprostszymi, najkrótszymi zdaniami. Tak jakby stał przed okienkiem na poczcie i pisał staromodny telegram: „Tęsknię za Tobą. Jesteś najważniejszą kobietą w moim życiu. Chciałbym Cię usłyszeć. Chciałbym Cię dotknąć. Chciałbym się z Tobą obudzić". Tak! W poniedziałek powie jej o tym! Dokładnie w ten sposób.

Wracając, poszedł drogą w kierunku kościoła. Tak dawno nie był przy grobie matki. Przechodząc przez puste podwórze prowadzące do cmentarza i do głównej bramy kościoła, zauważył przy schodkach do plebanii grupkę mężczyzn, którzy dyskutowali głośno. Niektórzy z nich siedzieli na schodach i pili piwo z puszek lub butelek.

– Marcin, podejdźże no tutaj – usłyszał głos Jacka Pilcha, młodszego syna sąsiadów mieszkających w chałupie graniczącej z Banachem.

Zbliżył się do schodów.

– Jamroży nie chco nam dać dyspensy. Zamknął się w plebanii i nie otwiero. Może ty z nim pogodosz. Mom chściny Jagusi na drugą niedziele. Jakież to chściny majom być bez wódki? Patrzej ze, co nam Jamroży napisoł...

Marcin uśmiechnął się, wszedł między mężczyzn na schody i zatrzymał wzrok na kartce przyklejonej na drzwiach prowadzących do plebanii:

„Od zaraz nie udzielamy żadnej dyspensy. Proboszcz parafii ks. Jamroży".

Odwrócił się i zszedł powoli na dół.

– Jak prawo, to prawo – powiedział i zaczął iść w kierunku cmentarza.

– Oj, Marcin, tyś juz nie nos. Tyześ się juz sceprzył i zbabiniał w tym Sączu do końca – dobiegł go podniesiony głos Jacka i zaraz potem wybuch śmiechu mężczyzn za sobą.

Słyszał o tych dyspensach od pracowników muzeum. Rocznie śluby trzeźwości składały tłumy górali. Na pół roku, na rok, niektórzy na całe życie. Większość z nich zwracała się do niedawna do swoich proboszczów, by dostać terminowe zezwolenie na upicie się do nieprzytomności. A to na ślub syna, a to na chrzciny wnuka albo zwykłe zaproszenie do kolegi, którego góral nie widział całą długą dobę. Przyznawanie dyspens sięgnęło ostatnio granic absurdu. Zdarzało się, że góral ślubował Bogu nie pić przez sześć miesięcy, ale po dyspensy sięgał co drugą sobotę. Widocznie Jamroży dostał przykazanie od biskupa i wywiesił tę kartkę. Inaczej by tego nie zrobił. Zbytnio cenił ofiary na tacę co niedzielę i zbyt dobrze znał górali. O tacę może martwił się nawet mniej. Wiedział, że nawet jeśli górale z zemsty nic nie zostawią, to z pewnością wyrównają mu to ich uszczęśliwione narzeczone, żony, siostry lub matki.

Górale pili od zawsze i dużo. Baba powinna siedzieć w domu, a góral w knajpie. Baba może co najwyżej przydreptać pod knajpę. I to najlepiej z taczką. Nie wypada jej do knajpy wchodzić. Ma czekać przed knajpą, z taczką, bez lamentowania, spokojnie jak cierpliwy taksówkarz na swojego pasażera. Gdy jest mróz i zamieć, to ma chuchać sobie w ręce. Sam wielokrotnie przypatrywał się, jak górale wynosili pijanych do nieprzytomności delikwentów i rzucali ich na taczki przypchane w środku nocy – ale zdarzało się, że już w południe – pod gospodę przez powiadomione wcześniej żony, narzeczone lub matki. Zwijali z przećwiczoną wcześniej wprawą ciało zamroczonego alkoholem kolegi, z którym przed chwilą pili, w taki sposób, aby mniej lub bardziej mieściło się na taczkach, i bez słowa, nie tracąc czasu, wracali dalej pić. Żony, narzeczone lub matki chwytały taczki i pchały przez śnieg, przez piach lub, gdy miały szczęście, po asfalcie, modląc się do Boga, aby nikt w tym czasie nie wyszedł przed chałupę i ich przypadkiem nie zobaczył. Matki przepychały taczkę razem z synami, narzeczone, szczególnie te z dużym od ciąży brzuchem, ze starszymi braćmi. Tylko żony musiały sobie radzić same.

Gdyby góral nie pił, toby śmierdział – tak mawiała Siekierkowa. Nawet ksiądz Tischner mówił przecież, że „gdyby górale nie pili, toby się wybili". Więc góral pić musi. Najlepiej z jednego dla wszystkich kieliszka i w dobrym towarzystwie. Najchętniej bez kobiet w pobliżu. Góral lubi pić. Szczególnie na chrzcinach albo na weselu, które kończy się dla weselników, a często i dla pana młodego, w izbie wytrzeźwień albo w szpitalu. Niekiedy – znał takie przypadki – także na cmentarzu. Góral z krwi i kości piwem poskromi kaca, a potem z żoną, ogolony i ubrany w najlepsze ubranie wybierze się do kościoła i zaśpiewa na cześć Boga w towarzystwie tak samo skacowanych innych górali. Chyba że się nie wybierze, bo ma na głowie wycieczkę ceprów, nagłą wódeczkę z kolegą, który akurat wrócił z Ameryki, albo akurat od kilku dni wieje halny. Gdy wieje, trzeba pić, bo halny daje w kość. Jak wieje zbyt mocno, to górale robią się bardzo nerwowi. Aby to przetrwać, to albo piją i śpiewają, albo się biją. Dobry góral musi się napić, gdy wieje halny. Psychoterapeutycznie. Gdy nie znajdzie już nikogo innego ze swoich, to wypije nawet w towarzystwie cepra ze Szczecina lub Łodzi. Jeśli ten mu oczywiście postawi. Ale lepiej będzie dla niego, gdy jednak postawi, bo nie ma nic dla górala cenniejszego niż honor. Honor jest cenniejszy niż wódka. Często cenniejszy niż życie. Szczególnie niż życie cepra ze Szczecina, Łodzi, Białegostoku, a może nawet tego z pobliskiego Nowego Sącza. Marcin miał zupełnie odmienne zdanie, co jest honorem, a co nim nie jest. Był pewien, że żaden z mężczyzn stojących na schodach przed plebanią nie zrozumiałby jego opinii na ten temat. Dlatego nie odwrócił się – to nie było wcale po góralsku – i nie zaczął kłótni z Jackiem Pilchem.

Przeszedł powoli do grobu matki. Podniósł kwiaty poprzewracane przez wiatr, zmiótł dłonią przegniłe brązowe liście pokrywające płytę. Wyrzucił do kontenera przy pompie wypalone znicze i skurczone, oszronione kwiaty z wazonów. Ukląkł przy grobie. Delikatnie dotknął dłonią lodowato zimnej płyty nagrobka. Modlił się.

– Lubisz ją, prawda? – wyszeptał, wpatrując się w fotografię na marmurowej płycie.

Czekał na ten poniedziałek, tak jak dziecko czeka na pierwszy dzień w nowej szkole, do której przenieśli go rodzice. Z napięciem, niecierpliwością, ciekawością, ale także ze strachem i niepewnością. Jak zostanie przyjęte, jaki będzie ten pierwszy dzień i, co ważniejsze, jakie będą następne dni po tym pierwszym dniu.

Miał wrażenie, że ten weekend ciągnie się w nieskończoność i poniedziałek nigdy nie nadejdzie. Gdy po południu skończył niedzielny dyżur w muzeum, nie wiedział, co ma z sobą zrobić. Napisał długi e-mail do Karoliny, uzupełnił nudne sprawozdania dla ministerstwa w Warszawie, przerobił dwie lekcje francuskiego, próbował czytać kolejny rozdział książki o Internecie, ale nie mógł się skupić i przerwał po kilku stronach. Wieczorem odszukał w biurku butelkę koniaku, którą dostał w prezencie od pracowników muzeum na urodziny, i pojechał do Piotra. To był ten z braci, który mieszkał najbliżej. W Nowym Sączu. Zaledwie kilka ulic od jego muzeum na Lwowskiej. Ostatni raz był w domu u Piotra prawie sześć lat temu, po pogrzebie jego żony.

Piotr był najstarszym z braci. Adam, gdy chciał coś od matki – pieniądze na lody lub lemoniadę, później na kino w Sączu – zawsze wysyłał po to Piotra. Kiedyś Błażej zapytał Adama, dlaczego sam nie poprosi mamy. Marcin do dzisiaj uśmiecha się rozbawiony, przypominając sobie odpowiedź Adama:

– Piotr jest najstarszy z nas. Zna mamę najdłużej.

Potem już tak zostało. Gdy coś chcieli od matki, wysyłali do niej z tym Piotra. „No idź, Piotrek, znasz przecież mamę najdłużej" – żartowali.

Piotr prawie wszystko miał pierwszy. Pierwsze buty, pierwszy rower, pierwszy zegarek na komunię. Oni to wszystko po nim przejmowali. Łącznie ze spranymi spodniami, połatanymi kurtkami, cerowanymi skarpetami, pogniecionymi czapkami. Nikogo z nich to nie dziwiło. Gdy coś matka kupowała dla nich wszystkich, na przykład piłkę lub sanki, to i tak – takie było niepisane rodzinne prawo – oficjalnym właścicielem stawał się Piotr i jego trzeba było zawsze pytać o zgodę lub w tajemnicy mu to wykradać.

Jednego Piotr nie miał pierwszy – matury. Najpierw wyprzedził go Stasiu, a potem Błażej. Gdy pod koniec roku szkolnego w trzeciej klasie ogólniaka, którą Piotr już raz powtarzał, okazało się, że znowu grozi mu repeta, matka po burzliwej całonocnej naradzie z Siekierkową przeniosła go do zawodówki w Sączu. To Siekierkowa ustaliła, że najlepiej będzie, jak Piotr nauczy się stolarki, „bo góralowi zawsze się przyda umieć strugać w drzewie". Piotr stolarki się nauczył, ale nigdy nic w drewnie potem nie wystrugał. Kiedy ukończył zawodówkę, akurat ich listonosz Makary szukał zastępstwa na wakacje. Zapytał, czy Piotr nie mógłby „pojeździć po ludziach". Piotr bardzo potrzebował wtedy pieniędzy, więc z chęcią przystał. Gdy wakacje się skończyły, wszyscy żałowali, że Makary wrócił z urlopu. Piotr był z listami średnio o godzinę wcześniej, przychodził z poleconym lub sądówką kilka razy, zanim zostawił awizo, na „amerykany" nigdy nie zostawiał awiza, tylko przynosił wielokrotnie aż do skutku, bez oficjalnego upoważnienia wypłacał renty i emerytury żonom, dzięki czemu górale nie mogli ich w całości przepić w gospodzie. Poza tym był młodszy, przystojniejszy i „swojak". Tamtego lata Piotr odkrył, że jego życiowym powołaniem jest sprawianie ludziom radości i roznoszenie listów.

Maturę, po roku intensywnych i drogich jak na pensję listonosza korepetycji, zdał cztery lata po Błażeju. W wieczorowym liceum w Nowym Sączu. Po maturze pojechał wypocząć pod namiot na Mazury do Mikołajek i poznał tam Henrykę Szmyt, w której się bez pamięci zakochał. Rok później w katedrze w Szczecinie – Henryka w Mikołajkach także była na wakacjach – odbył się ich ślub, a potem wesele w restauracji. Na ślub Piotra jechali pociągiem z Biczyc czternaście godzin, z trzema przesiadkami. Wódka skończyła się już przed oczepinami, rodzice „młodej" nie powitali „dzieciaków" chlebem i solą, i na dodatek nie można było dogadać się z częścią rodziny panny młodej, bo w Biczycach mało kto, a w zasadzie nikt nie mówił wtedy po niemiecku.

Henia, nazywana we wsi Helgą, przyjechała z Piotrem do Nowego Sącza. Zamieszkali w wynajętym umeblowanym pokoju „z aneksem kuchennym". Oznaczało to tyle, że pomiędzy kuchenką gazową a rozkładaną na noc wersalką zwisała podziurawiona w kilku miejscach wyliniała pomarańczowo-czerwona kotara kupiona w Cepelii.

Henryka znalazła pracę jako sprzedawczyni w delikatesach. Piotr roznosił listy, jak opowiadała o tym z dumą Henia, w „najlepszym rejonie" w Nowym Sączu. Najlepszy rejon dla listonosza jest wtedy, gdy mieszka w nim wielu emerytów i rencistów, którzy od każdego przekazu dają napiwki. Gdy rejon jest dobry, na napiwkach można zarobić dodatkowo prawie drugą pensję. Gdy rejon jest „najlepszy", to półtorej dodatkowej pensji.

Po czterech latach na wersalce za aneksem Henryka i Piotr poczęli syna Szymona. Gdy Piotr przyjechał do Biczyc, aby to ogłosić, wszyscy w rodzinie odetchnęli z ulgą, ponieważ po wsi już powoli plotkowano, że „Helga jakąś chorobę musi mieć w sobie". Zresztą o żonie Piotra nieustannie plotkowano w Biczycach. Rzadko przyjeżdżała na chrzciny i wesela, chodziła w za krótkich spódnicach do kościoła, nie przyjmowała komunii na Wielkanoc i przy stole „mądrowała się i gadała więcej niż Piotrek". Ale najbardziej przeszkadzała i denerwowała wszystkich „niemieckość" Henryki.

W górach tradycyjnie lubi się Amerykę, toleruje Anglię i Francję, ale ostentacyjnie nie znosi się „Szkopów". Henryka nic a nic się nie starała tego, zdaniem Marcina niesprawiedliwego, stereotypu Niemca zmienić. Wielokrotnie był na zawodach hipicznych w Niemczech i wyniósł stamtąd jak najlepsze wrażenia. Henia podczas spotkań rodzinnych w Biczycach przy każdej okazji głośno krytykowała „biedę i brud w Polsce", porównywała Biczyce i Nowy Sącz do „zadupia na końcu świata" i zachwycała się „przepięknymi wioseczkami w górach Bawarii, gdzie ludzie codziennie myją chodniki". Gdy Błażej ośmielił się któregoś razu zapytać, czy kiedykolwiek była w Bawarii – wszyscy i tak wiedzieli, że nie była – to na pół roku się obraziła i nie przyjeżdżała do Biczyc. Nikt za nią tam specjalnie nie tęsknił, ale ich matka nie mogła się z tym pogodzić, ponieważ Piotr całkowicie podporządkował się żonie i także przestał odwiedzać Biczyce. Któregoś dnia, widząc, jak bardzo matka to przeżywa, przemógł się, pojechał do niego do Nowego Sącza i poprosił, aby dla mamy zapomniał o tym, co „Błażej chlapnął językiem", i żeby z żoną zaczęli znowu odwiedzać ją od czasu do czasu.

Odwiedzali. Ale nic się nie zmieniło. Nieustannie opowiadała o tym, „że oni mają już wszystkie papiery, a tutaj siedzą tylko na walizkach i lada dzień wyjadą do Niemiec, bo tam nawet listonosz ma mercedesa i zarabia dwa razy więcej niż taki Błażej na jego uniwersytecie". Gdy zezłoszczona tymi bzdurami Siekierkowa, która zawsze mówiła, co myśli, przypomniała jej, że „Piotrek stolarz jest, po niemiecku ani be, ani me, a na świecie psy wszędzie boso chodzą, nawet u Niemców", to wstała od stołu, trzasnęła drzwiami i wyszła. Piotr po chwili bez słowa wyszedł za nią. Od tego czasu przyjeżdżał do Biczyc tylko w najgłębszej tajemnicy przed Henryką.

„Na walizkach" siedzieli w Nowym Sączu bardzo długo. Do klasy maturalnej Szymona. Przed świętami Bożego Narodzenia w 1996 roku pojechali na zaproszenie siostry i szwagra Henryki do Frankfurtu nad Menem. Chcieli po maturze syna przenieść się na stałe do Niemiec. Wszystko było przygotowane. Szukali nawet kupca na ich mieszkanie w Nowym Sączu. Na kilka dni przed wyjazdem Piotr z Szymonem przyjechali do Biczyc złożyć babci życzenia świąteczne.

Pierwszy raz od wielu lat matka płakała.

– To jest wasze życie, ale pamiętaj, nam się tylko wydaje, że świat jest gdzie indziej – powiedziała do Piotra, głaszcząc go po głowie. – Marcinku, podasz mi z szafy ten pakunek na górze? Ten w tym białym papierze w choinki. Daj to Heni ode mnie. – Wręczyła Piotrowi zapakowaną świątecznie paczkę. – I uważajcie tam na siebie.

Marcin wiedział, co jest w paczce. Szykowali ją razem poprzedniego wieczoru. Od Wszystkich Świętych, często do późna w nocy, szydełkowała lniany obrus dla Heni.

Rodzina siostry Heni mieszka w Sindlingen, zadbanej, pełnej parków robotniczej, zamieszkanej w dużej części przez cudzoziemców dzielnicy Frankfurtu nad Menem. Agata, siostra Heni, jest katoliczką, jej mąż Horst ewangelikiem. Na prośbę Horsta Wigilię zawsze obchodzili po polsku i po katolicku. Horst od pierwszej jego Wigilii w Szczecinie, kiedy to jeszcze jako narzeczony przyjechał do rodziców Agaty poprosić o jej rękę, uwielbia pierogi z kapustą, smażonego karpia, śledzie w śmietanie i dzielenie się opłatkiem. Poza tym sam mówi, że Agata gotuje najlepszy barszcz w Niemczech. Jednego dnia w roku, w Wigilię, Horst staje się najprawdziwszym polskim katolikiem. Potrafi nawet bezbłędnie zaśpiewać jedną zwrotkę „W żłobie leży". Jedno mu trochę przeszkadza w polskiej Wigilii – że rano piwo trzeba pić po kryjomu, bo „do opłatka ciągle post". Ale „od opłatka" już oficjalnie można. Po pierogach, barszczu, rozpakowaniu prezentów i kolędach Piotr siedział z Horstem na skórzanej kanapie w salonie i przy kolejnych piwach starał się jak najwięcej dowiedzieć o pracy listonosza w Niemczech. Im więcej pili piwa, tym bardziej Piotrowi się wydawało, że rozumie, co Horst do niego mówi. Szymon z Mathiasem – synem Horsta i Agaty – zamknęli się w pokoju na piętrze. Agata i Henia rozmawiały w drugim końcu pokoju. Około wpół do dwunastej Henia zaczęła namawiać wszystkich na pasterkę. Udało się jej namówić tylko Agatę. Najbliżej ich domu był kościół ewangelicki.

– Zupełnie taki jak nasz, tylko czasami księdzem jest kobieta – śmiała się Agata.

Mężczyźni zostali w domu. Agata z Henią poszły na pasterkę. Gdy weszły, kościół był już pełen ludzi. Przeszły do bocznej nawy, wypatrując miejsc. W przedostatnim rzędzie były dwa wolne. Henia zaczęła tam iść, Agata za nią. W pewnym momencie od strony głównej nawy kościoła do jednego z wolnych miejsc podeszła jakaś kobieta. Agata wycofała się, stanęła przy filarze i dała znak Heni, aby usiadła. Kobieta usiadła obok Heni. Organy zaczęły grać, wszedł ksiądz. Zaczęła się wigilijna msza.

Kobieta obok Heni wyciągnęła zatyczki dwóch ręcznych granatów, które przyniosła ze sobą w torebce. Była wtedy godzina 00:12. O tej godzinie stanął zegarek, który Henia miała na ręce. Znalazła go policja za gruzami zniszczonego wybuchem ołtarza. Granaty były produkcji jugosłowiańskiej, kobieta miała czterdzieści dziewięć lat, była rozwiedziona i najprawdopodobniej wybrała ten kościół zupełnie przypadkowo. Od dawna leczyła się psychiatrycznie po samobójstwie syna, który w 1989 roku rzucił się pod pociąg. Taki był, wydrukowany we wszystkich niemieckich gazetach, oficjalny komentarz powtórzony za wydanym podczas specjalnej konferencji prasowej oświadczeniem policji z Frankfurtu. Oprócz Heni i samobójczyni podczas eksplozji w kościele w Sindlingen zginęła jeszcze jedna kobieta. Trzynaście osób, w tym dwunastoletnie dziecko tej drugiej zmarłej kobiety, było rannych, siedem bardzo ciężko. Wszystkie przeżyły.

Fragmenty ciała Heni, które Piotr musiał przez następne dni po kolei identyfikować, zostały po dwóch tygodniach badań wydane z laboratorium przez niemiecką policję i spalone w cmentarnym krematorium we Frankfurcie. „Na koszt państwa, ponieważ rodzina ofiary nie może przedstawić polisy ubezpieczeniowej, a istniało podejrzenie, że koszty składowania szczątków przekroczą koszty kremacji". Bardzo niemieckie...

Urnę z prochami Piotr przewiózł do Nowego Sącza i po załatwieniu wszelkich formalności z proboszczem Jamrożym siedemnastego stycznia 1997 roku odbył się pogrzeb Henryki na cmentarzu w Biczycach. Rodzice Henryki przystali na prośbę Piotra, aby Henię pochować blisko niego i Szymka, a nie w Szczecinie. Po pogrzebie, prosto z cmentarza, autobus przywiózł wszystkich pod dom Piotra i Szymona w Nowym Sączu. Marcin zorganizował na ten dzień, ale dopiero po osobistej interwencji burmistrza, w opiece socjalnej specjalny samochód, którym transportował matkę na wózku inwalidzkim. Najpierw na cmentarz, a potem do domu Piotra.

Od zdarzenia we Frankfurcie Piotr był na silnych tabletkach psychotropowych. Wszystkimi przygotowaniami do pogrzebu i stypy zajmowali się Szymon i Agata z Horstem. Na gorącą prośbę matki Błażej robił wszystko, aby Piotr nie pił wódki tego wieczoru. Mimo to jakimś sposobem Piotr był z każdą godziną coraz bardziej pijany. W pewnym momencie zaczął szarpać się z Błażejem, uderzył brata w twarz i odepchnął gwałtownie Szymona, który chciał go powstrzymać. Po chwili pociągnął obrus, zrzucając całe nakrycie na podłogę i parząc gorącą herbatą gości przy stole.

– Spierdalajcie wszyscy! Wynocha z mojego domu! Co do jednego! – zaczął krzyczeć, zataczając się nad stołem. – Nienawidziliście jej wszyscy! Od pierwszego dnia! Bo była inna niż wy i chciała żyć jak człowiek, a nie tak jak wy na tym zadupiu! Wynocha mi stąd! Zrobiliście z niej gestapowca. To od was chciała uciec! Wynocha... – powiedział cicho, bardziej do siebie niż do nich.

Oparł ręce na stole i pochylony, zaczął głośno płakać. Horst posadził go na krześle. Agata zbierała potłuczone naczynia z podłogi, robiąc miejsce dla wózka matki. Siekierkowa podeszła i biorąc matkę za rękę, uspokajała ją:

– W boleści mówił, Cecylko. Piotrek jest dobry chłopak. W boleści rozum odchodzi, a wtedy trzeba wszystko przebaczyć...

Wszyscy pośpiesznie opuścili mieszkanie Piotra. Nawet jeśli go rozumieli, myśleli tak samo jak Siekierkowa i tak samo jak ona mu następnego dnia, po miesiącu lub może dopiero po roku przebaczyli, ale nigdy nie zapomnieli, że „zafajdano im honor". Górala można tylko raz wyrzucić ze swojego domu. Więcej tam już nie powróci.

Marcin zadzwonił do Piotra po tygodniu. Nie oczekiwał żadnych przeprosin. Chciał mu tylko powiedzieć, że zebrali z matką i braćmi pieniądze na nagrobek dla Henryki.

– Wypchajcie się ze swoimi pieniędzmi! – wykrzyknął pijany Piotr. – Ani ona, ani ja nie chcemy od was żadnej jałmużny. Żadnej! Słyszysz?! Żadnej!

I rzucił słuchawką.

Tak urwały się ich kontakty. Po pewnym czasie Piotr zaczął odwiedzać matkę, ale z bratem nie zbliżyli się do siebie. Stanął między nimi jakiś mur chłodu i obcości. Marcin zawsze interesował się życiem Piotra i wypytywał Szymona, co u ojca, ale nigdy nie zdobył się na to, aby sam go zagadnąć. Wiedział, że matka na to czeka, że chce, aby wszystko było tak jak dawniej, ale odkładał to zawsze na jakieś nieokreślone później. Podobnie było z pozostałymi braćmi. Gdy odwiedzali matkę, wypytywali ją o Piotra, ale mimo że przejeżdżali przez Nowy Sącz, żaden się tam nie zatrzymał i nie odważył się Piotra odwiedzić.

Jedyną osobą, która przyszła do domu Piotra po pogrzebie Henryki, była stara Siekierkowa. W Wigilię, dokładnie rok po wybuchu w Sindlingen i śmierci Henryki, upiekła makowiec i pojechała autobusem do Nowego Sącza. Drzwi otworzyła Agata.

– Jakaś pani do ciebie, Piotr! – zawołała zdziwiona w kierunku pokoju, w którym siedzieli Horst i Piotr.

– Upiekłam ci, Piotrek, makowca. Maku trzeba dużo jeść na narodziny Dzieciątka. Bo to szczęście przynosi – powiedziała Siekierkowa, wchodząc bez zaproszenia do mieszkania.

Piotr poderwał się, aby odebrać od niej płaszcz. Weszła do pokoju i usiadła przy stole na krześle obok Szymona. Zrobiła znak krzyża nad talerzykiem z opłatkiem i odwracając głowę do zdumionego Horsta, powiedziała:

– *Ich heisse* Siekierkowa. Stara Siekierkowa.

Marcin uważał, że powinien zapomnieć o „honorze górala". Prawdziwy honor górala to właśnie to, co zrobiła Siekierkowa. Nie znał przecież starszego górala niż ona.

*

– Szymona nie ma w domu – powitał go chłodno zaskoczony jego wizytą Piotr.

– Nie przyszedłem do Szymona. Pomyślałem, że dawno nie rozmawiałem z tobą przy koniaku – powiedział i uścisnął brata.

*

W poniedziałek rano wstał w pośpiechu. Gdy za bramą podwórza swojego domu zatrzymał auto, aby wysiąść i jak zwykle zamknąć bramę, spiker w radiu zapowiedział akurat Macy Gray. Nie wysiadł. Ruszył dalej. Przekręcił gałkę radia na maksimum. Po chwili dojeżdżał do granic Nowego Sącza.

Ta myśl pojawiła się nagle. Poddał się jej bez najmniejszego wahania. Tak jak gdyby dawno wiedział, że kiedyś nadejdzie i że tak będzie najlepiej. Minął znak drogowy zapowiadający skrzyżowanie. W lewo do Tarnowa, prosto do Sącza. Pięćdziesiąt metrów za skrzyżowaniem gwałtownie zahamował, sprawdził w lusterku, że nie jadą za nim samochody. Wypatrzył szerszy fragment płaskiego pobocza jezdni i skręcając w lewo, z piskiem opon zawrócił. Chwilę później był na drodze do Tarnowa. Po omacku znalazł w torbie telefon komórkowy. Wybrał numer kustoszki. Wyłączył radio w samochodzie i skupił się, aby nie okazać zdenerwowania.

– Mirko, mówi Marcin. Nie będzie mnie dzisiaj w muzeum. I jutro także nie. Muszę załatwić coś bardzo ważnego. Do zobaczenia w środę.

– Marcin, uważaj na siebie. Dzisiaj jest bardzo ślisko na drogach – usłyszał jej głos.

Przerwał połączenie. Przyśpieszył. Rozwiązał krawat i rzucił na tylne siedzenia. Dotknął dłonią swojej twarzy.

Na stacji benzynowej przed Ciechocinkiem się ogolę, pomyślał.

Jechał, zatrzymując się tylko na tankowanie. Im bliżej był Ciechocinka, tym większy czuł niepokój. Około piętnastej zbliżał się do Włocławka. Miał bardzo dużo czasu. Emilia pojawiała się na czacie zwykle dopiero około dwudziestej.

W Ciechocinku znalazł centrum handlowe. Kupił przybory do golenia i nową koszulę. W odcieniu lawendy. Tak jak ona lubi. Po chwili, będąc już przy samochodzie, cofnął się i ponownie wrócił do centrum handlowego. W sklepie na parterze kupił nowe buty. To było chyba typowe dla ich rodziny. Zawsze wkładali nowe buty, gdy miało wydarzyć się w ich życiu coś ważnego. „Można mieć pocerowane skarpety, ale na nową drogę trzeba wchodzić w nowych butach" – przypomniał sobie głos matki. Gdy umarła, znalazł w szufladzie szafy w jej pokoju karton z nowymi butami...

W recepcji jednego z sanatoriów dowiedział się, że stadnina koni z kawiarnią internetową znajduje się przy drodze prowadzącej do Torunia. Kilkaset metrów przed przejazdem kolejowym. W prawo na Toruń, w lewo na Włocławek. Pamiętał ten przejazd. Zapytał, gdzie są toalety. Ogolił się. Zmienił koszulę, włożył nowe buty. Stare wepchnął do kosza pod umywalką. Zaparkował samochód w centrum Ciechocinka i spacerem przeszedł pod tężnie. Minął kwiaciarnię. W pierwszej chwili odruchowo się cofnął. „Nie chciałabym nigdy od Ciebie dostać kwiatów. Nawet nie myśl o tym! Obcinanie kwiatów kojarzy mi się z egzekucją, a wsadzanie ich do wazonu z reanimacją" – przypomniał sobie jej słowa po tym, jak napisał, że znają się już trzy miesiące, a on ani razu nie podarował jej jeszcze kwiatów.

Pojawił się tam o wpół do ósmej. Zostawił samochód na małym parkingu naprzeciwko wejścia do głównej stajni. Wąska, wysypana żwirem, kręta ścieżka z parkingu prowadziła do budynku przypominającego halę fabryczną. Wszedł powoli po betonowych schodach i znalazł się w gwarnej sali restauracyjnej zamkniętej z jednej strony szklaną ścianą, za którą znajdowała się rozświetlona hala ujeżdżalni. Przechodzącego kelnera zapytał nieśmiało o komputery. Kelner poprowadził go do małego pustego pomieszczenia za wysoką drewnianą ladą baru, obok kuchni. Monitory migotały w mroku pokoju bez okien.

Więc to tutaj... – pomyślał, kładąc ostrożnie dłoń na klawiaturze jednego z komputerów.

Wrócił do sali restauracyjnej i usiadł przy wolnym stoliku tuż przy szybie oddzielającej restaurację od ujeżdżalni. Spoglądał niecierpliwie na zegarek. Salka z komputerami zaczęła powoli zapełniać się ludźmi. Minęła dwudziesta. Usłyszał podjeżdżający samochód. Otworzyły się drzwi do restauracji. Na wózku inwalidzkim siedziała młoda atrakcyjna kobieta. Dwóch mężczyzn stało za wózkiem. Jeden z nich przytrzymywał nogą drzwi, podczas gdy drugi w tym czasie wpychał wózek. Kobieta się uśmiechała. Miała długie rudawe włosy, spięte w kok. Prawą dłonią nerwowo je poprawiała, patrząc w podłogę. W sali restauracyjnej zrobiło się małe zamieszanie. Niektórzy goście wstawali z krzeseł, aby zrobić drogę dla wózka inwalidzkiego. W pewnym momencie młodszy z mężczyzn pchających wózek powiedział głośno do kobiety stojącej za barem:

– Pani Renato, Emilia dzisiaj jak zwykle. Około dwudziestej drugiej przyjedziemy po nią.

Po chwili wózek zniknął w salce z komputerami.

Marcin wstał gwałtownie z miejsca. Wybiegł na parking, wskoczył do samochodu. Z piskiem opon ruszył w kierunku asfaltowej drogi prowadzącej do miasta. Dopiero gdy kierowca z naprzeciwka zaczął histerycznie trąbić, włączył światła. Zatrzymał się po pięciu kilometrach na leśnym parkingu. Drżał. Czuł suchość w ustach i ucisk w klatce piersiowej. Otworzył oba okna. Oddychał ciężko. Coraz szybciej i płycej. Czuł nadchodzący atak lęku. Wychylił się gwałtownie i otworzył schowek. Szukając papierowej torebki, jednym ruchem ręki wyrzucił wszystko na podłogę. Obraz wózka i jej uśmiechniętej twarzy powracał do niego jak sekwencja powtarzanego filmu. Wtedy zobaczył uśmiech matki, którą czasami wypychał na takim samym wózku inwalidzkim na podwórze przed ich dom w Biczycach. Odwracała głowę i patrząc mu w oczy, mówiła:

– Synku... Obiecuję ci, że się nauczę! I zatańczymy! Zobaczysz...